Der Raub der Nofretete

Die Originalausgabe erschien unter dem Titel *The Rape of Egypt* bei Barrie & Jenkins, London

Die Deutsche Bibliothek – CIP-Einheitsaufnahme
France, Peter:
Der Raub der Nofretete: die Plünderung Ägyptens durch Europa / Peter France. Aus dem Engl. von Götz Ferdinand Kreibl. – München: Diederichs, 1995
Einheitssacht.: The rape of Egypt <dt.>
ISBN 3-424-01231-9

Lektorat: Matthias Wolf
Umschlaggestaltung: Ute Dissmann, München
Produktion: Tillmann Roeder, München
Satz: Uhl + Massopust, Aalen
Druck und Bindung: Pustet, Regensburg
Papier: holzfreies, säurefreies Werkdruck, Schleipen
Printed in Germany

ISBN 3-424-01231-9

Peter France

Der Raub der Nofretete

Die Plünderung Ägyptens durch Europa

Aus dem Englischen von
Götz Ferdinand Kreibl

Diederichs

Inhalt

Einführung

Ein Land der Antike

Am 21. März 1791 wurde Graf Alessandro di Cagliostro vom Heiligen Offizium in Rom zum Tode verurteilt. Das Urteil wurde in »lebenslängliche Festungshaft« umgewandelt: »Der Schuldige wird ohne Aussicht auf Begnadigung in strengstem Gewahrsam gehalten.« Und doch dürfte der Graf damals kaum eine Bedrohung für die Stabilität der »universellen katholischen Kirche« dargestellt haben. Er war einfach ein reisender Quacksalber und lebte in einer Zeit, in der die Konkurrenz in dem von ihm gewählten Beruf groß war.

Als junger Mann war der Graf aus einem Kloster, in dem er zum Priester ausgebildet wurde, ausgestoßen worden. Seitdem führte er ein unstetes Wanderleben. Er heiratete eine Frau ohne Vorurteile, die schöne Lorenza Feliciani, mit der er durch die Welt zog und Liebestränke und Elixiere ewiger Jugend und Schönheit verkaufte. Zeitweilig arbeitete er in einem obskuren alchimistischen Labor in der Whitcomb Street zu London. Doch wandte er sich bald wieder solideren Beschäftigungen zu. Er gelangte nach Salzburg, wo der vertrauensselige Fürsterzbischof Rohan das wundertätige Paar in die Kreise des europäischen Hochadels einführte. Man feierte den Grafen und seine Gattin am Hof Ludwigs XVI. und Katharinas der Großen. Ihre Popularität wuchs ins Unermeßliche, und bald mußte Militär für Ruhe und Ordnung sorgen, wenn sie sich irgendwo in der Öffentlichkeit zeigten.

Nach dem Urteilsspruch der Inquisition aber wurde Lorenza Feliciani in ein Kloster und der Graf in die Festung San Leo gesteckt, wo er 1795 starb.

Graf Cagliostros Leben liest sich wie ein barocker Roman. Es inspirierte Dumas und Schiller zu Romanen, Goethe und Katharina die Große zu satirischen Werken. Heute aber erinnert man sich Cagliostros, wenn überhaupt, nur noch in rührend abenteuerlichen Erzeugnissen der okkulten Literatur. Doch gebührt ihm ein Platz in der Geschichte nicht nur wegen seines aufregenden Lebens, sondern noch aus einem ganz anderen Grund. Er prägte die phantastischen Vorstellungen seiner Zeitgenossen über das Land, in dem, wie er vorgab, die Quelle seiner übernatürlichen Kräfte sprudelte: Ägypten.

Jedem, der es wissen wollte, erzählte er, er sei als Giuseppe Balsamo in einer armen Familie zu Palermo geboren, aber schon als Kind nach Ägypten »versetzt« worden. Er habe sich plötzlich in einer Höhle unter der Großen Pyramide wiedergefunden, wo ihm ein Geist namens »Groß-Kophta« erschienen sei und ihn in die zeitlosen Mysterien des Nils eingeweiht habe. Dem Knaben wurde erklärt, die »Große Wahrheit«, zu deren Wächter die Pharaonen bestimmt gewesen waren, müsse durch arkane Rituale neu belebt werden: den sogenannten »Ägyptischen Ritus«. Giuseppe erhielt den Auftrag, diesen Ritus der Welt wiederzugeben und ihn zur Grundlage des internationalen Freimaurertums zu machen. Jahre später gründete er in Paris die »Mère Loge d' Adoption de la Haute Maçonnerie Égyptienne« und errichtete einen der Isis geweihten Tempel, in dem er als Reinkarnation des Groß-Kophta den Vorsitz führte. Diese Rolle war es, die ihm den Bannstrahl Roms zuzog. Denn die Kirche konnte weder der Freimaurerei noch dem Ägypten der Okkultisten etwas abgewinnen.

Der Glaube, Ägypten sei ein Hort uralter Weisheit, hatte sich seit den Zeiten der Römer und der ersten Kirchenväter gehalten. Im Zeitalter der Aufklärung, als die Autorität der Kirche durch die Entdeckungen der Wissenschaft in Frage gestellt und zurückgedrängt wurde, lebte er wieder auf. Die Menschen fühlten sich von der Physik eines Newton und der Philosophie eines Locke angezogen und entzogen sich der von den Kanzeln befohlenen »freiwilligen Unterwerfung unter Gottes Willen«, wie es Voltaire nannte. Sie hörten lieber etwas von der Freiheit des Individuums und vernünftigem Maßhalten und verstanden darunter die Freiheit, in Sachen Religion Maß zu halten. Es war nur ein kleiner Schritt vom religiösen Glauben zum Glauben an die Vernunft.

Aber vielen genügten ethische Prinzipien ohne mystische und übernatürliche Aspekte doch nicht. Ihre Phantasie darbte. Deshalb entstanden überall Kulte, die ein Streben nach sittlicher Vervollkommnung auf der Basis geheimer Wahrheiten propagierten, wie sie Eingeweihten in esoterischen Zeremonien enthüllt wurden. Rosenkreuzer und Freimaurer hatten Hochkonjunktur. Beide behaupteten, die Geheimnisse, die sie besäßen, seien ägyptischen Ursprungs.

In den 30er Jahren des 18. Jahrhunderts erschien der Roman *Sethos*, in dem die zur Erlangung der Weisheit notwendigen Prüfungen und Rituale eingehend geschildert wurden. Er löste eine Ägyptomanie in Kreisen der Gebildeten aus. Gebäude in ägyptischer Architektur schossen überall in Europa aus dem Boden. Die Besitzer großer Landgüter wetteiferten, wer die meisten Obelisken und Pyramiden aufstellte. Auf Castle Howard standen vier große Pyramiden, im Park von Stowe zwei Boycott-Pavillons mit pyramidenförmigem Dach und eine von Sir John Vanbrugh entworfene 19 Meter hohe »Ägyptische Pyramide«. Das Tor von Sherborne Castle in Dorset bewachten ägyptische Statuen mit Votivtafeln. Der Turm der Lukaskirche in Finsbury hatte die Form eines ägyptischen Obelisken, und ägyptische Motive schmückten die Wände des Billardsaales in Cairness House, Aberdeenshire.

Bücher über Astrologie, Kosmologie, Alchemie und Magie überschwemmten den Markt. Die Autoren behaupteten gerne, ihre Weisheit gehe auf die »Hermetischen Schriften« zurück, die Schriften des Hermes Trismegistos. Dieser Name steht für eine ganze Literatur der Magie und Alchemie. Die Griechen hatten den ägyptischen Gott Thot mit ihrem Hermes gleichgesetzt. Zwar bestritten die Gelehrten immer wieder die Authentizität der Schriften und die Identität des angeblichen Verfassers. Aber Ägypten war weit. Jeder, der das Geheimnis heraufbeschwören und von der uralten, unergründlichen Weisheit sprechen wollte, konnte sich ohne Gefahr, der Lüge geziehen zu werden, auf das Land am Nil berufen.

Daher betraten im Jahre 1791, dem Jahr der Verurteilung Graf Cagliostros, auch Tamino und Pamina zum ersten Mal die Bretter, die die Welt bedeuten: die Bühne des »Theaters auf der

Wieden« in Wien. Sie hörten, wie der Hohepriester Sarastro die ägyptischen Götter Isis und Osiris anrief und bat, ihnen Zugang zur ewigen Weisheit zu gewähren.

Aber das Ägypten des 18. Jahrhunderts war nicht nur das Land der Antike, Wiege der okkulten Künste und Inspirationsquelle, aus der Landschaftsgärtner Ideen für exotische Bedürfnisse ihrer Kunden schöpften. Es war auch die Arena, in der dickköpfige Männer der Wissenschaft ihre Kräfte mit der Kirche maßen. Man diskutierte mit ebensolcher Leidenschaft über das Alter Ägyptens wie über die Wunder der Bibel. Nach Dr. John Lightfoot, Vizekanzler der Universität Cambridge und im 17. Jahrhundert eine Berühmtheit auf dem Gebiet der Bibelwissenschaft und des Judentums, war sogar das Weltall noch gar nicht so sehr alt. »Himmel und Erde, Zentrum und Peripherie, wurden im selben Augenblick und zugleich erschaffen, zusammen mit schweren Regenwolken ... und am 23. Oktober 4004 v. Chr. 9 Uhr morgens wurde der Mensch von der heiligen Dreifaltigkeit erschaffen.« Diese Angaben wurden von James Ussher, Erzbischof von Armagh, bestätigt und am Rand der Autorisierten Version der Bibel von 1701 mit abgedruckt. Sie galten als ebenso unfehlbar wie der Text selbst. Gestützt auf die Autorität der Bibel, zog man dann den Schluß, Ägypten habe kaum schon zu biblischen Zeiten eine Hochkultur hervorbringen können. Die Welt existierte einfach noch nicht lange genug. Statt dessen galt Ägypten als primitives Land, in das die Erzväter der Bibel in Zeiten der Hungersnot geflohen waren. Es war ein Ort des Aberglaubens und der Barbarei, der erst durch die Botschaft des Evangeliums erlöst wurde.

Aber diese Sicht der Geschichte war schon von Sir Walter Raleigh in seiner *Weltgeschichte* (1603–16) in Frage gestellt worden. Er hatte auf die Tatsache hingewiesen, daß schon zu Zeiten Abrahams »Ägypten prachtvolle Städte besaß ... nicht aus Lehmziegeln, sondern aus behauenen Steinen erbaut ... Diese Pracht muß eine Vorgeschichte haben, weit älter, als bisher vermutet worden ist.« Und der Schutzpatron aller Skeptiker, Voltaire, durchkämmte das Alte Testament selbst nach Beweisen für diese These. Er stieß auf die Erzählung, wo Abraham vom Pharao als Gegenleistung für die Gunst seiner Frau Schafe und Ochsen, Esel und Sklaven, Sklavinnen, Eselinnen und Kamele erhielt. Das zeigte doch, daß Ägypten schon zu damaliger Zeit ein reiches, mächtiges und daher auch sehr altes Land gewesen sein mußte.

Im 18. Jahrhundert konnten sich Theologen und Philosophen so herrliche Schreibtischschlachten über das Alter Ägyptens liefern, weil bis dahin nur wenige Menschen tatsächlich dort gewesen waren. Die meisten Informationen über Ägypten waren einfach falsch, die Wahrheit unbekannt. Mitte des 5. Jahrhunderts v. Chr. hatte mit großer Wahrscheinlichkeit Herodot das Land besucht, den Nil und die darin lebenden Tiere, die Götter und die Könige, und in allen Einzelheiten die Praxis der Einbalsamierung beschrieben. Als erster äußerte er die Vermutung, die Griechen hätten ihre Religion und Göttermythen aus Ägypten bezogen. Sein sizilianischer Kollege Diodor, Verfasser einer ganzen Bibliothek, behauptete in seinen Büchern, viele gefährliche Reisen, auch einige nach Ägypten, in den Jahren 60–57 v. Chr. unternommen zu haben. Er war ein ungemein produktiver Lieferant schöner, nicht nachprüfbarer Geschichten. Nach seiner Auffassung war Ägypten das dichtest bevölkerte Gebiet der damals bekannten Welt und hatte viel zur Kultur Athens beigetragen.

Anfang des 18. Jahrhunderts waren einige Reisende in die leichter zugänglichen Gebiete am Nildelta vorgedrungen und berichteten Merkwürdiges von Alexandria und Kairo. 1723 übergab Thomas Sergeant, Sammler von Altertümern, der »Society of Antiquaries« in London »eine Anzahl ägyptischer Götter, die gerade aus Groß-Kairo eingetroffen waren«. Darunter befanden sich »ein Bronze-Osiris, ein Bronze-Harpokrates, ein Terminus, eine beschädigte nackte Bronzeskulptur von beträchtlichem künstlerischem Wert, Isis mit Kind, ein kleiner ägyptischer Priester, eine Katze und ein geflügelter Käfer aus Stein, bedeckt mit Hieroglyphen in merkwürdig blauer Farbe«.

Zwischen 1720 und 1733 bereiste der Reverend Thomas Shaw, Vorläufer von Scharen englischer Theologen, nachdem er sich besonders intensiv mit Bibelwissenschaft und Botanik beschäftigt hatte, die Gegend um Alexandria und Gizeh. Er untersuchte die Sphinx und die Pyramiden und kam zu dem Schluß, letztere seien Tempel, keine Gräber gewesen. 1738 veröffentlichte er seine Entdeckungen und bemerkte, »keine Reise schenkt so viel Befriedigung wie eine Fahrt auf dem Nil«.

1737 drang der Reverend Richard Pococke noch weiter vor und segelte den Nil bis Philä hinauf. Zurückgekehrt publizierte er in den Jahren 1743–45 zwei Bände *Beschreibung des Orients*. Unabhängig von ihm reiste zur selben Zeit Friedrich Ludwig Norden, ein dänischer Schiffskapitän, der eine Sammlung von Zeichnungen und Kupferstichen veröffentlichte. Norden war dermaßen von Ägypten begeistert, daß er erklärte, die klassische Auffassung, nach der Griechen und Römer am Ursprung der abendländischen Kultur gestanden hätten, sei falsch. Ganz im Sinne Herodots und Diodors schrieb er: »Sprechen wir nicht mehr von Rom, schweigen wir über Griechenland.«

Aber so leicht ließen sich die klassischen Gelehrten von einem dänischen Schiffskapitän nicht einschüchtern. Im Niemandsland fast völliger Unwissenheit schlug der Streit über die Chronologie der Bibel und den Vorrang der Kulturen hohe Wellen. Am 30. November 1775 wurde in der »Society of Antiquaries« ein Papier von Dr. John Woodward verlesen, in dem vehement mit allen abgerechnet wurde, die behaupteten, die Juden oder Griechen könnten irgend etwas von den Ägyptern gelernt haben. Wie konnte Ägypten so alt sein, wenn doch die Architektur aus nichts als Pyramiden bestand – bloßen Haufen aus Stein, stupide einer auf den anderen gesetzt? Die Tempel, Gegenstand lyrischer Ergüsse vieler Reisender, waren doch nur plumpe barbarische Bauten, die Statuen darin unangenehm steif und unförmig. Und was die Reliefs und Bilder anbelangte, auf denen Schlachtensiege verewigt waren: Welche Siege konnten die Ägypter eigentlich vorweisen? Hatte nicht Kambyses das Land erobert und Pelusium im Handstreich eingenommen, einfach dadurch, daß er dem ägyptischen Heer Katzen und Hunde entgegentrieb, wodurch er die Soldaten, die ihre heiligen Tiere auf keinen Fall verletzen wollten, zur Kapitulation zwang?

Und auf das Argument, Ägypten habe unsterbliche Weisheit hervorgebracht, entgegnete Dr. Woodward, die Ägypter hätten die Gewohnheit gehabt, dem Leichnam ihrer Toten erst das Gehirn und die Eingeweide zu entnehmen, bevor sie ihn zur Wohnstätte der wandernden Seele präparierten. Aber welchen Nutzen sollte ein Körper noch haben, dem Gehirn und Eingeweide fehlten!

Am Ende des Zeitalters der Aufklärung hatte sich jeder sein eigenes Ägypten zurechtgezimmert. Den Okkultisten war es die Schatzkammer der alten Mysterien, den Materialisten lieferte es den Beweis, daß die biblische Geschichtsdarstellung und die Zeitrechnung der Kirche falsch waren, der Kirche galt es als barbarisches Land, geheiligt nur durch die Visionen Mose und die vorübergehende Anwesenheit Jesu, den Künstlern brachte es neue Schönheits- und Proportionsideale, und für die Historiker machte es den alten Griechen und Römern den Rang streitig. Doch Spekulationen blühen nur dort, wo gesichertes Wissen fehlt. Im Frühjahr 1798 rüstete sich ein Heer von Wissenschaftlern aus ganz Frankreich im Hafen von Toulon zu einer Invasion, die Ägypten aus der Märchenlandkarte von »Tausendundeiner Nacht« streichen und ihm seinen wirklichen Platz in der Geschichte der Menschheit anweisen sollte.

1

General Bonaparte, Mitglied der Akademie

Die französische Flotte, die während der Frühlingsmonate des Jahres 1798 im Hafen Toulon zusammengezogen wurde, sollte als Invasionsstreitmacht einen vernichtenden Schlag gegen England führen. Der Oberkommandierende, der 28jährige General Napoleon Bonaparte, plante, über den Ärmelkanal zu segeln, in England zu landen und die Engländer auf ihrem eigenen Territorium zu schlagen. Doch gab es Verzögerungen bei der Ausrüstung der Schiffe. Der Versuch der Regierung, eine Anleihe von acht Millionen Francs zur Finanzierung der Invasion aufzunehmen, scheiterte, und die Versorgung der nach Frankreich zurückkehrenden Soldaten, die in Italien und Deutschland gekämpft hatten, bürdete der Republik eine neue Last auf. Die Armada wurde zurückgepfiffen.

Der Haß auf die Engländer, die damals das letzte Hindernis für die französische Expansion in Europa darstellten, war allgemein. Deshalb stimmte das Direktorium nur zu gerne zu, als General Bonaparte eine Invasion Ägyptens vorschlug, durch die Britisch-Indien bedroht würde. Die Mitglieder des Direktoriums waren aber noch aus einem anderen Grund recht froh darüber, daß sich Bonaparte ins Ausland begeben wollte. Es kam ihnen ungelegen, daß ihm die patriotische Begeisterung der Franzosen entgegenschlug, die ihrer Meinung nach vor allem ihnen gebührte. Aber Ägypten war nicht nur angenehm weit von Paris entfernt, sondern damals auch ein recht günstig gelegenes Kriegsziel für französische Invasoren. Seit der französischen Eroberung Nord- und Mittelitaliens konnten hier Schiffe für die Mittelmeerflotte requiriert werden. Venedig allein stellte neun große Schlachtschiffe und zwölf Fregatten. Mit den Transportmitteln, Vorräten und Matrosen aus Genua, Civitavecchia und Ancona konnte eine Invasionsflotte gegen Ägypten ausgerüstet werden, ohne daß der

Säckel des Finanzministers zu sehr bluten mußte. Man billigte den Plan.

Bonaparte hielt Ägypten für eine leichte Beute. Theoretisch war das Land ein Außenposten des Osmanischen Reiches, das gegen Ende des 18. Jahrhunderts zu schwach und desorganisiert war, um sich noch verteidigen zu können. Seit mehr als fünfeinhalb Jahrhunderten stand Ägypten unter der Herrschaft der Mameluken, einer Kriegerkaste georgischer und tscherkessischer Herkunft, die der »Pforte«, dem Hof der Osmanen in Konstantinopel, nur kleine und unregelmäßige Tribute entrichtete. Gegen die Artillerie der Franzosen hatten die Mameluken nur Kavallerie aufzubieten, und Alexandria, der Hafen, in dem die Ausschiffung erfolgen sollte, lag ungeschützt jedem Angreifer offen. War aber Ägypten einmal erobert, konnte die französische Armee das Osmanische Reich und vielleicht sogar Britisch-Indien mit Krieg überziehen. Was sprach dagegen, daß sie in den Fußstapfen des von Bonaparte bewunderten Alexanders des Großen dann nach Norden marschierte und es dem großen Alexander gleichtat?

Aber nicht als Eroberer und General tat es Bonaparte in Ägypten seinem bewunderten Vorbild gleich, sondern auf ganz andere Art. Alexander, Schüler des Aristoteles, pflegte auf seinen Kriegszügen eine Schar Gelehrter mit sich zu führen – Geographen, Astronomen, Geologen, Metereologen und Künstler. Jede militärische war zugleich eine Forschungsexpedition. Daher entschloß sich auch General Bonaparte, bei seiner Invasion Ägyptens eine Anzahl Wissenschaftler mitzunehmen, die Kultur und Natur des Landes erkunden sollten. Die militärische Expedition endete in einer Niederlage, aber die Arbeit der Gelehrten legte die Grundlage für die nun folgende Entdeckung der Schätze des Niltals. Der General Bonaparte hat vielleicht wenig in Ägypten erreicht. Der Wissenschaftler Bonaparte verdient, daß man rühmend seiner gedenkt.

Nach seiner Rückkehr aus Italien im Jahre 1797 war Bonaparte in die Akademie der Wissenschaften, eine Sektion des »Institut de France«, gewählt worden. Diese Ehre verdankte er wohl weniger seinen intellektuellen Leistungen als dem Umstand, daß er die Museen Frankreichs mit den Kunstschätzen Roms und Florenz' gefüllt hatte. Auf diese Berufung war Napoleon sehr stolz. Er nahm die Gewohnheit an, Briefe und Dekrete noch vor dem »Kommandierenden General« mit »Mitglied des Instituts« zu zeichnen. Auch nahm er regelmäßig an den Sitzungen der Akademie teil, wobei er die glänzende Uniform der Mitglieder der Akademie trug, die Jacques-Louis David entworfen hatte.

Das Mitglied der Akademie Bonaparte hatte ein spezielles Interesse an Ägypten. Im Frühjahr 1798 hielt er vor der Akademie eine Ansprache über die Bedeutung des Niltals für die internationale Gelehrtenwelt. Er gab der Gelehrtenkommission, die sein Invasionskorps begleitete, Befehl, ein für allemal die Frage zu entscheiden, ob und inwieweit Ägypten zur Kultur der Antike beigetragen hatte.

Entsprechend diesem Auftrag wurde die Kommission der Wissenschaften und Künste zusammengestellt. Ihre unmittelbare und sehr praktische Aufgabe bestand darin, möglichst genaue wissenschaftliche Daten zu erheben, auf deren Grundlage der Krieg geführt werden konnte. War einmal der Sieg errungen, sollten die Mitglieder der Kommission eine ständige französische Kolonie im Land bilden.

Der Plan war einfach: Frankreich würde von der Einfuhr der landwirtschaftlichen Produkte Ägyptens profitieren, die mit Hilfe modernster wissenschaftlicher Methoden gezüchtet waren, und umgekehrt seine eigenen Manufakturerzeugnisse ausführen. Auch Ägypten konnte nur gewinnen, wenn es über eine starke und moderne Regierung sowie sichere Absatzmärkte in Übersee verfügte. Auf diese Weise würde man den Ägyptern durch den Kontakt mit der fortgeschrittensten Kultur des modernen Europa die Segnungen der Zivilisation zuteil werden lassen. Doch auch die europäische Wissenschaft würde bei diesem Arrangement nicht leer ausgehen. Sie war jetzt endlich in der Lage, die eigentliche Geschichte des Ägyptens der Pharaonen zu erforschen und die wirkliche Bedeutung der alten Denkmäler festzustellen.

Die Kommission setzte sich zusammen aus 21 Mathematikern, drei Astronomen, 17 Ingenieuren, 15 Vermessungstechnikern, zehn technischen Zeichnern und drei Schießpulver-Experten. Die Funktionen dieser technischen Fachleute für eine moderne Invasionsarmee mit kolonialen Absichten liegen auf der Hand. Weniger deutlich war der Nutzen der Bildhauer, Musiker und Literaten, die ebenfalls dabei waren. Sie brachten eine Bibliothek von rund 500 Bänden mit, unter anderem die gesamte *Encyclopédie*, die Protokolle der »Académie des Sciences«, die Werke Voltaires, den Koran und die hinduistischen Veden, sowie eine Sammlung von Reisebeschreibungen, Handbücher der Militärgeschichte und technische Werke über Ingenieurkunst und Chirurgie.

Die meisten Mitglieder der Kommission waren noch jung, manche erst Anfang zwanzig. Der verdienteste und berühmteste von ihnen war der Mathematiker Gaspard Monge. Er war erst 52. Aber seine Frau hatte sich dagegen ausgesprochen, daß er sich in so »vorgerücktem Alter« an diesem Unternehmen beteilige. Sie nannte ihn einen »verrückten Alten«. All diese jungen Leute steckte Bonaparte mit seinem Enthusiasmus an, und als sie aufbrachen, gab Monge der Stimmung der Kommission in einem Brief an den Kommandierenden General Ausdruck:

Ich sehe mich also in einen modernen Argonauten verwandelt. Das ist nur eines der vielen Wunder unseres neuen Jason. Er durchpflügt den Ozean nicht auf der Suche nach einem Goldenen Vlies, dessen materieller Wert ohnehin kaum noch steigen kann. Er bringt vielmehr die Fackel der Vernunft in ein Land, das seit Urzeiten ihren Schein hat entbehren müssen, vergrößert dadurch das Reich der Philosophie und trägt den Ruhm der französischen Nation bis zu den fernsten Grenzen.

Die Zeit an Bord der »L'Orient«, eines Schlachtschiffes mit 120 Kanonen, verbrachte Bonaparte größtenteils in seiner Kabine. Sie war von Admiral Bruyes eigens für einen Kommandierenden General ausgesucht worden, der wußte, daß er während der ganzen Fahrt seekrank sein würde. Bonaparte hatte Monge Ordre gegeben, arabische und griechische Druckerpressen an Bord zu installieren. Vor dem eigentlichen Krieg wollte er einen Propagandafeldzug führen. In der Absicht, eine französische Kolonie in Ägypten zu gründen, wußte Bonaparte sehr genau, daß sich eine Kolonialmacht nur mit Duldung, wenn schon nicht Zustimmung der Beherrschten halten kann. Also mußte das ägyptische Volk davon überzeugt werden, daß ein Wechsel seiner Herren durchaus in seinem Interesse lag. Der erste Schritt war daher, den

Ägyptern beizubringen, daß die Franzosen nicht als Unterdrükker, sondern als Befreier kamen. Als die Flotte vom Hafen Malta auslief, fühlte sich Bonaparte immerhin stark genug, folgende Proklamation an die Ägypter zu diktieren:

Wodurch zeichnen sich denn die Mameluken aus, daß sie allein ein so leichtes, angenehmes Leben führen sollten? Durch Klugheit, Begabung, Tugend? Wo besonders gutes Land ist, da gehört es den Mameluken. Wo ein schöner Sklave, ein schönes Pferd, ein schönes Haus ist, da gehört es den Mameluken. Wenn wirklich Ägypten ihr Privateigentum ist, dann sollen sie doch den Pachtvertrag vorweisen, in dem Gott es ihnen überlassen hat!

Derartige Protestschreie gegen das Unrecht festgeschriebener Privilegien waren im Frankreich der Revolution wunderbar wirksam gewesen. Aber in Ägypten war es gefährlich, sich auf Gott zu berufen, da die Ägypter als Moslems kaum eine Streitmacht der Ungläubigen willkommen heißen würden, mochte sie auch von den besten Absichten beseelt sein. Daher hieß es in der Proklamation weiter:

Volk von Ägypten! Man wird dir einreden, ich sei gekommen, dir deine Religion zu zerstören. Glaube ihnen nicht! Gib den Verleumdern die gebührende Antwort. Ich achte Gott, seinen Propheten Mohammed und den Koran mehr als es die Mameluken tun... Haben nicht wir die Malteser-Ritter vernichtet, die in ihrem Wahn glaubten, Gott selbst wolle ihren Krieg gegen die Muselmanen?

Bonapartes Entschluß, sich als Sympathisant der Anhänger des Propheten zu geben, sollte in Kairo noch ernstlich auf die Probe gestellt werden. Hier aber, an Bord seines Flaggschiffs, erinnerte er seine Truppen nur daran, daß sie, wenn sie als Befreier des ägyptischen Volkes auftreten wollten, unbedingt jedes Erobergehabe unterdrücken müßten:

Die Menschen, unter denen wir leben werden, sind Mohammedaner. Ihr erster Glaubensartikel lautet: »Es ist kein Gott außer Gott, und Mohammed ist sein Prophet.« Widersprecht ihnen nicht! Behandelt sie, wie wir Juden und Italiener behandelt haben. Zollt ihren Muftis und Imams den gleichen Respekt, den ihr den Rabbis und Bischöfen gezollt habt... Auch die römischen Legionen pflegten jede Religion in Schutz zu nehmen.

Aus dieser Proklamation sprechen Einfühlungsvermögen und die besten Absichten. Es besteht kein Grund, Zynismus hinter den Worten zu vermuten. Bonaparte betrachtete sich als Kulturbringer, und der wichtigste Bestandteil dieser Kultur war, wenigstens in der Tradition, der er nacheiferte, religiöse Toleranz. Er fuhr dann fort, und verbot seinen Truppen absolut jede Plünderung: »... Durch Plündern bereichert sich immer nur eine kleine Minorität. Plündern entehrt uns und zerstört unsere eigenen Ressourcen. Und es macht Feinde aus Menschen, die wir uns in unserem eigenen Interesse zu Freunden wünschen.« Er erklärte, Plünderung komme dem Verbrechen der Majestätsbeleidigung gleich.

Das waren keine leeren Drohungen. Bonaparte hatte halb und halb gehofft, die Stadt Alexandria würde ihre Tore den französischen Soldaten als Befreiern von sich aus öffnen. Es zeigte sich jedoch, daß sie hartnäckig verteidigt wurde. Auf den befestigten Wällen standen sogar Frauen und Kinder und schrien trotzige Worte zu den Angreifern hinunter. Die Truppen mußten sich mit Gewalt Zutritt verschaffen. Nach ein paar Stunden Straßenkampf pflanzte Bonaparte die Fahne im Zentrum der Stadt auf und empfing die Befehlshaber der Garnison zur Entgegennahme der Kapitulation. Auch Zivilisten hatten auf die Franzosen gefeuert. Als man aber Napoleon einen französischen Soldaten vorführte, dem man vorwarf, einem friedlichen Araber den Dolch abgenommen zu haben, wurde die Sache nachgeprüft, und Bonaparte ordnete an, den Mann standrechtlich zu erschießen.

Als nächstes kam Kairo. Das Heer wurde in zwei Kolonnen geteilt. Die eine sollte, begleitet von einer kleinen Küstenflottille, an der Küste entlang nach Rosette marschieren, die andere direkt ins Landesinnere auf den Nil zustoßen, wo sich dann das Heer zum Marsch auf die Stadt wieder vereinigen sollte.

Diese Kampagne vom 25. Juli 1798 ist eine der aufregendsten der Militärgeschichte. Die französischen Truppen marschierten, aufs heftigste von Dysenterie geplagt, durch die Wüste, wo sie unaufhörlich von Beduinenstämmen und Murad-Bey mit seiner Mamelukenkavallerie belästigt wurden. In der Schlacht bei den Pyramiden errangen sie den Sieg. Ihr Anführer hatte sie mit dem berühmten Ausspruch: »Vierzig Jahrhunderte blicken auf euch herab«, angespornt.

In der Schlacht bei den Pyramiden von 1798 bleiben zahlreiche Beduinen und Mameluken tot auf dem Schlachtfeld zurück.

Die an Bord der »L'Orient« gedruckten Proklamationen Bonapartes waren, bevor die Armee Kairo erreichte, überall verbreitet und durch ägyptische Seeleute auch in die Stadt gebracht worden. Diese sollten außerdem ausstreuen, die Franzosen kämen als »treue Muselmanen«, um ihre »Brüder« vom Joch der Mameluken zu befreien. Aber die Proklamationen zeigten keine Wirkung. Die Einwohner wurden nur von Furcht befallen, die sich, als sie von der Niederlage des Mamelukenheers erfuhren, zur Panik steigerte. Kaufleute packten ihre Waren auf Eselsrücken und eilten hastig in die Außenbezirke der Stadt, wo sie von anderen fliehenden Bürgern angefallen und beraubt wurden. Der Mob steckte die Paläste in Brand und plünderte sie. Nach zwei Tagen, in denen das französische Heer die Brände vom jenseitigen Flußufer aus beobachtete, flaute die Hysterie ab, und Bonaparte zog in eine geschlagene Stadt ein, deren Bevölkerung ihn mit scheuer Neugier, aber nicht mehr feindselig betrachtete.

Der siegreiche Kommandierende General bezog den Palast im Zentrum der Stadt, der Qassim-Bey, einem der reichsten Mameluken, gehört hatte, und versuchte nun, die Führer des Volkes zu sich herüberzuziehen. Er setzte einen Rat ägyptischer Honoratioren ein, der ihm zur Seite stehen sollte, und trat in ägyptischer Tracht vor ihnen auf. Er lud sie zu Banketten ein, bei denen er mit den Fingern aß und mit gekreuzten Beinen auf dem Boden saß. Es heißt, er habe zu ihnen gesagt: »In Frankreich bin ich Christ, in Ägypten Mohammedaner.« Schließlich nahm Bonaparte den Titel eines »Großsultans« – »Sultan Kebir« – an und befahl, daß die Feste anläßlich der Lebensstationen des Propheten von den französischen Truppen mitgefeiert werden müßten. Noch wichtiger war, daß er am 2. August 1798 anordnete, man solle ein geeignetes Gebäude für das »Ägyptische Institut« suchen. Dieses Institut sollte nach dem Vorbild des »Institut de France« entstehen und ein Forum für die hervorragendsten Gelehrten und Künstler bilden, wo sie das Wissen von Gegenwart und Geschichte der Kunst und Wissenschaft Ägyptens mehrten.

Schließlich fand man einen Komplex von Palästen in Nasrieh, einer Vorstadt Kairos, der der hohen Zielsetzungen des Instituts würdig schien. Hier sollten das Observatorium, das chemische Laboratorium, die technischen Betriebe und die vielen Sammlungen von Artefakten und Objekten, mit deren baldigem Eintreffen man rechnete, untergebracht werden. Der Palast Qassim-Beys besaß einen großen Saal, in dem sich die Wissenschaftler versammeln und Vorträge halten konnten, sowie schattige Parks zum Spazierengehen und Gedankenaustausch. Die Ziele des Instituts wurden öffentlich bekanntgemacht:

- Förderung und Propagierung der Wissenschaft in Ägypten
- Erforschung und Studium der Natur, Industrie und Geschichte Ägyptens sowie Publikation der Ergebnisse
- Beratung der Regierung in Fragen, über welche diese Auskunft wünscht.

Das Institut wurde in vier Abteilungen gegliedert – Mathematik, Physik, politische Ökonomie und Kunst und Literatur. Jede Sektion sollte aus zwölf Mitgliedern bestehen. Bei der konstituierenden Sitzung am 23. August 1798 wurde Bonaparte zum Vizepräsidenten gewählt. Er bestand darauf, daß man ihn innerhalb der Bannmeile des Instituts nur als »Bürger Bonaparte« ansprach, bis er sich durch einen besonderen Beitrag zu den Aufgaben des Instituts weiter ausgezeichnet hätte.

Für Napoleon war das Institut die Verkörperung der besten Prinzipien und Ideale der Revolution. Freie wissenschaftliche

Forschung konnte sich jegliches Wissen erobern, und da Wissen die Menschheit adelte, durfte nicht einmal eine noch im Kriegszustand mit einem unbesiegten Feind befindliche Besatzungsarmee das Streben nach Wissen vernachlässigen. Und so versammelten sich, während das französische Heer weiter das Niltal hinaufzog und sich mit den Mamelukenhorden herumschlug, die gelehrten Landsleute der tapferen Soldaten im kühlen Palast Qassim-Beys und hörten Vorträge über »Das optische Phänomen der Fata Morgana« und »Beobachtungen an einem Straußenflügel«.

Das Unternehmen im Niltal war tatsächlich nicht nur eine Forschungsexpedition, obwohl es denkwürdig vor allem durch die dabei gemachten und beschriebenen Entdeckungen geblieben ist. Murad-Bey, Führer der Mameluken, hatte sich mit etwa 2000 Mann bei der Oase Fayum verschanzt und erhielt Verstärkung durch 5000 Mann irregulärer arabischer Kavallerie. Auch durfte er auf Unterstützung durch die Beduinen zählen, die immer wieder Raubzüge gegen die Franzosen unternahmen, und stand mit Rebellen in Kairo und Alexandria in Verbindung.

Bonaparte war sich darüber im klaren, daß Murad-Bey geschlagen oder weit ins Niltal hinauf abgedrängt werden mußte, wenn der Plan einer friedlichen Kolonie glücken sollte. Er sandte eine Streitmacht von 5000 Soldaten unter dem Befehl General Desaix' aus, um sich den Führer der Mameluken vorzunehmen.

Mit der französischen Truppe, bzw. meist in einigem Abstand dahinter, zog Baron Dominique Vivant Denon, Vertreter des »Ägyptischen Instituts«. Der Baron hatte Bonaparte gebeten, ihn nach Ägypten begleiten zu dürfen, weil er, im Alter von 51, jetzt mehr an der Geschichte der Menschheit als an ihrer Zukunft interessiert sei. Denon, Künstler, Dramatiker, Archäologe und Diplomat, war ein Freund Voltaires gewesen und hatte als Günstling am Hof Ludwigs XV. gelebt. Als die Revolution ausbrach, befand er sich in Italien. Statt sich zu gratulieren, dem blutigen Schauspiel entronnen zu sein, kehrte er nach Frankreich zurück, um sein Eigentum zu retten, während die meisten anderen Aristokraten gerade die Gegenrichtung einschlugen. Die Besitzungen Denons waren tatsächlich schon konfisziert und verteilt worden. In der Heimat angelangt, wurde er dazu verurteilt, dem Maler Jacques-Louis David zu assistieren. Er mußte erniedrigende

Arbeiten verrichten und z.B. Modeentwürfe kopieren. Doch Denon besaß gute alte Freunde und ein Naturell, durch das er sich schnell neue gewann, unter ihnen auch Robespierre. Nicht lange, und der Großteil seines Eigentums wurde zurückbefohlen und ihm übergeben. Man lud ihn jetzt auch zu den Soiréen im Salon der Joséphine de Beauharnais ein, wo er Bonaparte kennenlernte. Die Zeit der Demütigung war vorbei, Denon wurde als berühmter Maler der Nation rehabilitiert und in die Akademie gewählt.

In den Pariser Salons wurde Denon emphatisch gefeiert vor allem wegen seiner »Œuvres priapiques«, einer Folge phallischer Phantasie entsprungener Zeichnungen, die unter seinen Freunden zirkulierten und 1793 veröffentlicht wurden. In Ägypten jedoch wurde seine Phantasie von der Wüste und den alten Bauten angeregt, die er mit von dem herrschenden Klassizismus ungetrübtem Blick betrachtete. Im 18. Jahrhundert war das einflußreichste Werk über die alte ägyptische Kunst in Frankreich Monfauçons *L'Antiquité expliquée et représentée en figures* (1719–24) gewesen. Moutfauçon reproduzierte und beschrieb in diesem Buch die ägyptische Kunst vorzüglich, beurteilte sie aber nach dem Geschmack der Zeit und nannte sie »schrecklich, bizarr und stillos«. Denon erwarb sich den Ruf eines Mannes von Geschmack und sicherem Urteil. Seine Einschätzung der Kunst und Architektur am Nil sollte die Einstellung seiner Generation prägen.

Denon war Sachverständiger in Kunstfragen, aber kein blasser Ästhet. Als er sich freiwillig entschloß, General Desaix in die Wüste zu begleiten, war ihm durchaus bewußt, daß es um eine lebensgefährliche Reise in fremde Länder ging. Kein Teilnehmer der Expedition war mit den Umständen vertraut, denen Desaix und seine Leute entgegengingen: Hitze, Sandstürme, Feindseligkeit unbekannter Stämme des Südens, unsichere Nachschublinien und ständige Belästigungen durch einen Feind, dessen Stärke unaufhörlich zunahm und der sich in der Gegend auskannte. Doch Denon schrieb: »Ans Biwakieren war ich gewöhnt, und den Heereszwieback fürchtete ich ebensowenig.« Am 25. August 1798 brach die Expedition auf: 3000 Infanteristen in schweren Sergeuniformen mit rotgelben Aufschlägen, 200 Pferde und acht Feldschlangen. Das ergab einen Heerwurm, der sich auf vier Kilometer Länge durch den Sand wälzte. An der Spitze schritt eine winzige Gestalt, die jedoch beim Nahen des Feindes immer zu bedrohlicher Größe anzuschwellen schien: General Desaix, ein untersetzter, 30jähriger Berufssoldat. Die Nachhut bildete der Aristokrat und Künstler Denon, manchmal so in seine Zeichnungen versunken, daß er den Blickkontakt zum Heer verlor.

Murad-Bey zog seine Kräfte in der Oase Fayum zu einem Frontalangriff zusammen, erinnerte sich dann aber, daß sich diese Taktik gegen das geschlossene französische Heer stets als sehr verlustreich erwiesen hatte. Seine Truppen waren mobiler als die französischen mit ihrem Troß und ihrer Artillerie. Daher zog er sich vor den Franzosen talaufwärts zurück und schlug immer am Fluß sein Lager auf, bis die Franzosen fast herangekommen waren, um sich dann wieder nach Süden ins Unbekannte zu wenden. Dabei griff er die französische Heeressäule von Zeit zu Zeit im Rücken an und unterbrach die Nachschublinien.

Die Kampagne zog sich durch den ganzen, glühend heißen Spätsommer hin. Desaix wurde von Ungeduld verzehrt, den Feind endlich zu stellen und zu einer Entscheidungsschlacht zu zwingen. Denon indessen genoß die Lage und staunte über die Wunder, die sich ihm auf dem Marsch von einem Tempel, einem Monument und einer alten Stadt zur andern zeigten. Wie ein Besessener zeichnete er, um das Gesehene für sich selbst und die Nachwelt festzuhalten.

Trotz ihrer so gegensätzlichen Berufe und des Generationsunterschiedes hatten Desaix und Denon vieles gemeinsam. Denon wurde von der Schönheit all dessen, was er sah, so gefangengenommen, daß ihm die Hitze, die verrinnende Zeit, ja seine persönliche Sicherheit unendlich gleichgültig wurden. Oft blieb er hinter dem Zug zurück, und seine Abwesenheit wurde erst am Abend bemerkt, wenn das Lager aufgeschlagen wurde. Dann mußte ihm eine Eskorte entgegengaloppieren, um ihn vor den Beduinen in Sicherheit zu bringen. In solchen Zeiten der Geistesabwesenheit nahm Denon kaum wahr, was er aß oder wie er gekleidet war. Desaix war nicht weniger von seiner ganz andersgearteten Aufgabe absorbiert. Bonaparte schrieb über seinen Lieblingsgeneral, er sei in der Schlacht »immer schlecht, manchmal sogar abgerissen gekleidet, und verachtet Komfort und Bequemlichkeit … nur in einen Mantel gehüllt, warf sich Desaix unter eine Kanone und schlief dort ebenso friedlich wie in einem Palast«.

Doch die Wirkung Ägyptens auf die beiden Männer war ganz unterschiedlich. In der unendlichen Weite der Wüste, wo sich das Auge im grenzenlosen Raum verliert und wo, wie Denon schrieb, »das Schweigen des Nichts und der Einsamkeit über die Unendlichkeit herrscht«, bekam Desaix Depressionen. Als sich die beiden eines Abends in ihrem Lager am Rand der Wüste unterhielten, gestand Desaix Denon, für ihn sei Ägypten ein vergessenes Land, ein »unfertiges« Land. Seiner Meinung nach habe die Vorsehung für die übrige Welt im Überfluß gesorgt. Aber als die Reihe an Ägypten kam, müsse ihr der Stoff ausgegangen sein, und das Land blieb unvollendet. Denon, überraschend modern, gab jedoch nicht der Vorsehung, sondern dem Menschen die Schuld daran. »Leidet diese Weltgegend, die länger als alle anderen besiedelt ist, nicht eher an Altersschwäche?« gab er zu bedenken. »Könnte es nicht der Mißbrauch der Natur durch den Menschen sein, der Ägypten in diesen Zustand gebracht hat?«

Aber angesichts der Kunstdenkmäler des Landes fiel Denon von einem Erstaunen ins andere. In Hermopolis in Mittelägypten besuchte er die berühmte Säulenhalle und erklärte, dieses Gebäude habe offenbar 4000 Jahre nur darauf gewartet, ihn durch seine Vollkommenheit sprachlos zu machen. »Nie haben die Griechen«, schrieb er im Gegensatz zu den klassischen Gelehrten, »Bedeutenderes geleistet.« Aber Desaix schleppte ihn wieder weiter, bevor er seine Zeichnungen vollenden konnte. Drei Wochen grollte Denon, die militärischen Aspekte der Kampagne nähmen so gar keine Rücksicht auf die Lage der alten Baudenkmäler. Doch plötzlich zog Murad-Bey wieder nach Süden, und die ihm folgenden Franzosen gelangten nach Dendera, wo Denon seine Überzeugung, Ägypten, nicht Griechenland, habe die höchsten Kunstwerke der Menschheit geschaffen, endgültig bestätigt fand.

Im Zeitalter der Aufklärung hielt man es für notwendig, sowohl Ästhetik als auch Naturwissenschaft auf klaren Vernunftgründen aufzubauen. Wahre Schönheit sollte Ausdruck von Harmonie und Vernunft sein. Darin machte Denon in seiner Begeisterung für das, was er hier sah, keine Ausnahme. Nach seinem Dafürhalten war die Architektur des Tempels zu Dendera »eindeutig von der Macht der Vernunft entworfen«, und auch der Wandschmuck galt ihm als »immer auf Vernunft aufbauend, alles ist auf alles abgestimmt ... ein auf Wahrheit und einer Kette tiefer Vernunftsgründe beruhender Stil«. Hier fand sich klassische Reinheit ohne Übertreibung und schwärmerische Romantik: »keine Nachlässigkeit, kein Überschwang ungezügelter Genialität – Einheit und Harmonie überall.«

Hier lag auch der Schlüssel für die Frage nach dem Alter Ägyptens, die jahrhundertelang die Gelehrtenwelt gespalten hatte. Denon hatte nun sein Argument gegen die biblische Chronologie der Kirche. Er konnte darauf hinweisen, daß die Kunst Denderas zwar alt, aber keineswegs primitiv war. Das bedeutete aber, daß Ägypten wirklich die Wiege aller Kultur sein mußte:

> ... wie viele Jahrhunderte muß es gedauert haben, bis ein schöpferisches Volk zu solchen Höchstleistungen kam, zu einer solchen Vollkommenheit und Erlesenheit der Kunst! Und wie viele Jahrhunderte mußten wieder vergehen, bis diese Fülle total in Vergessenheit geraten und der Mensch in den primitiven Zustand zurücksinken konnte, in dem wir ihn angetroffen haben!

In Dendera zeichnete Denon wie ein Wahnsinniger. Jeden Augenblick konnte die Nachricht eintreffen, Murad-Bey sei in Reichweite. Dann mußte in Windeseile gepackt und der herrlichste Platz Ägyptens verlassen werden, vielleicht für immer. »Ich hatte nicht genug Augen und Hände«, schrieb er. »Mein Kopf war zu klein, um alles, was mir begegnete, ins Auge zu fassen, zu zeichnen und einzuordnen.« Seine Bleistifte gingen ihm aus, und er schmolz Bleikugeln als Ersatz, bis Nachschub eintraf. In Dendera war Hathor, die Amme des Königs, die Goldene, seit Menschengedenken verehrt worden, und ein Hauch des Göttlichen umgab auch jetzt noch das große, einsam am Wüstenrand stehende Heiligtum. Einer der Offiziere gestand Denon: »Seit ich in Ägypten bin, fühle ich mich verraten und verkauft und bin deprimiert und krank. Aber Tentara hat mich geheilt. Was ich heute erblickt habe, wiegt all mein Elend auf. Was mir auf dieser

Expedition noch zustoßen mag – es ist mir gleich. Daß ich dabei gewesen bin, wird mir eine unverlierbare Quelle des Glücks sein.«

Als sie von Dendera aus weiter vorstießen und sich, die Mameluken verfolgend, südwärts und stromaufwärts wandten, ereignete sich etwas, was bewies, daß dieser Offizier nicht der einzige war, der so ergriffen auf die Schönheiten Ägyptens reagierte. Es war 9 Uhr morgens, als sie hinter einer Krümmung des Flusses vor sich die Ruinen der Städte Luxor und Karnak liegen sahen: das weite Panorama des alten Theben. Gebannt von diesem herrlichen Anblick, blieb die Division wie ein Mann stehen. »Ohne jeden Befehl«, so schrieb ein Offizier, »traten die Leute in Reih und Glied und präsentierten unter Trommeln und Trompeten das Gewehr.« Hier mag gallische Romantik ein wenig die Feder geführt haben, aber es gibt auch andere Berichte, die bestätigen, daß die Soldaten staunend stehenblieben und entzückt in die Hände klatschten. Auch Denon hegte keinen Zweifel, daß die Männer von der Schönheit der alten Bauten begeistert waren. Sie stellten sich immer hinter ihn, vor die Sonne, um ihm beim Zeichnen Schatten zu geben, und er schrieb: »Diese Truppe elektrisiert mich direkt. Die Leute sind so empfänglich für das Schöne, daß ich gerne ihr Gefährte und stolz darauf bin, Franzose zu sein.«

Jetzt erreichte General Desaix die Nachricht, Murad-Bey habe bei Esna, etwa 50 km südlich, sein Lager aufgeschlagen. Esna war damals das letzte größere Dorf Ägyptens. Wieder mußte sich Denon vom Zeichenbrett losreißen. Die Verfolgung des Feindes mußte aufgenommen werden. Nur Stunden nachdem die Mameluken das Lager verlassen und Zelte und schweres Gepäck verbrannt hatten, um leichter fliehen zu können, erreichten die Franzosen die Stelle. Doch warteten in Esna wieder künstlerische Genüsse auf Denon, die ihn für die militärische Enttäuschung entschädigten. Er erklärte, die Tempelruinen dort seien »die vollkommensten Überreste der alten Architektur«, und nahm sie als weiteren Beweis für die Überlegenheit der alten Ägypter. Der Tempel war mit Bildern geschmückt, die die Erzeugnisse der fruchtbaren Erde Ägyptens darstellten: Lotus, Weinstock, Palme, Schilfgras usw. Das zeigte, daß die Ägypter nirgends

Anleihen gemacht hatten, während sie ihre Kunst zu solcher Hochblüte führten. »Die Leistung der Griechen«, schrieb Denon, »besteht nur darin, daß sie den geraubten Kunstschätzen noch Märchen hinzugedichtet haben.«

Blieb die Frage, wie es möglich war, daß eine Kultur, die im Altertum solche Gipfel erreicht hatte, bis zu dem Tiefpunkt hinabsinken konnte, auf dem sie Ende des 18. Jahrhunderts angelangt war. Denon fand eine Antwort, und sie gab dem enthusiastischen Anhänger der Aufklärung tiefe Befriedigung: Ägypten war von derselben Macht zurückgeworfen worden, die auch in Europa den Fortschritt für Jahrhunderte aufgehalten hatte, von denselben Tyrannen, von denen sich Frankreich gerade erst befreit hatte: den Priestern. Ebenso wie die Kirche ihre Mysterien in eine tote Sprache gehüllt hatte, um ihren Griff auf die Seelen des Volks zu behalten, so hatten die Priester des alten Ägypten ihre Geheimnisse in die undurchdringlichen Hieroglyphensymbole gebannt, die die Mauern der Tempel bedeckten. Denon sah eine deutliche Parallele zwischen den Jesuiten seiner Zeit und den Priestern des alten Ägypten: »Niederträchtige, scheinheilige Despoten ... sie besitzen alle Wissenschaft und verhüllen sie in Emblem und Mysterium, um eine Barriere zwischen sich und dem Volk zu errichten. Priester dienten dem König, Priester berieten ihn, Priester ernährten ihn, Priester redeten unaufhörlich auf ihn ein.« Sogar das herrliche Theben mobilisierte sein soziales Gewissen, und gereizt notierte er: »Tempel! Nur Tempel! Immer nur Tempel! ... Keine Mauern, keine Kais, keine Brücken, keine Bäder. Kein einziges Bauwerk zum Nutzen oder zur Bequemlichkeit des Volkes!«

Im Institut schob man unterdessen die Grenzen des Wissens vorsichtig weiter hinaus. Alle fünf Tage versammelten sich die Gelehrten in der Halle des Palastes von Qassim-Bey und diskutierten über die letzten Entdeckungen und neue Projekte. Der Chemiker Bertollet hielt einen Vortrag über die Herstellung von Ammoniak und die ägyptischen Methoden zur Erzeugung von Indigo. Dutetre entwickelte einen Plan zur Errichtung einer ägyptischen Hochschule für schöne Künste. Monge sprach über Kapillaranziehung, Fourier und Corrancez über höhere Mathematik. Aktivitäten vorwegnehmend, die im folgenden Jahrhundert Ägyptologen und Besucher mit weniger ehrenhaften Absichten ins Niltal führen sollten, verfaßte der Geologe Dolomieu ein Papier, in dem er Vorschläge für »Selektion, Konservierung und Transport der alten Monumente« von Ägypten nach Frankreich machte. Es gibt keine Anhaltspunkte dafür, daß solche Überlegungen den Betreffenden irgendwelche Gewissensbisse verursachten. Sie folgten nur dem in Italien gegebenen Beispiel. Man hatte dort die Kunstschätze der Nation aus ihren Museen »befreit« und ihnen eine sichere Heimstatt im Louvre gegeben. Es schien nur einem Gebot der Vernunft zu entsprechen, daß die Nation, die vom Schicksal ausersehen war, der Welt die eigentliche Bedeutung Ägyptens nahezubringen, ihre Museen auch mit den Altertümern Ägyptens anfüllte.

Ein erster Schritt zur Verschiffung dieser Altertümer nach Frankreich war, daß man eine Sammlung im Institut selbst anlegte. Dolomieu erhielt den Auftrag und auch die erforderlichen Mitarbeiter, »alle Altertümer, die sie beschaffen können, sorgfältig zu sammeln, dabei aber jene wegzulassen, die zwar interessant sind, deren Transport aber mit zu großen Schwierigkeiten verbunden wäre«. Darüber wird noch zu sprechen sein. Die ersten Ausstellungsstücke des Instituts stammten aus dem Deltagebiet. Doch auch Desaix vergaß, obwohl von der Mamelukenjagd voll in Anspruch genommen, seine diesbezüglichen Pflichten nicht. Er schickte zwei Statuen für die Sammlung, einen Apollo und eine Antinoe. Doch dem Fellachen, dem der Transport anvertraut war, war der Apollo zu schwer. Er kippte ihn kurzerhand über Bord in den Nil.

Für Bonaparte war das Institut mehr als nur ein Zentrum der Wissenschaft oder ein Unternehmen zur Requirierung ägyptischer Altertümer. Er sah es auch als Mittel an, die Achtung und das Vertrauen der Prominenz des Landes zu gewinnen, worin er bisher nicht viel weitergekommen war. Er war sich – und das war vielleicht eine ungewohnte Erfahrung für ihn – bewußt, daß er dieses Land nur mit Hilfe der traditionellen Autoritäten regieren konnte. Als Technik, eine Kolonialmacht am Ruder zu halten, hat diese Methode der indirekten Herrschaft manches für sich. Soll sie aber funktionieren, müssen die Kolonialherren die Kultur und die traditionellen Führer, die sie manipulieren wollen, sehr gut kennen. Bei Bonaparte war dies nicht der Fall. Er wußte zwar, daß er den Anschein erwecken mußte, die Autorität der Muftis, Imams und Scheichs zu unterstützen, und unternahm auch entsprechende Schritte. Er erlaubte ihnen z.B., weiter Waffen zu tragen, ein Privileg, das der übrigen Bevölkerung nicht zugestanden war. Er schätzte auch ihr Bedürfnis nach Prestige richtig ein und ordnete an, daß man ihnen öffentlich Ehre bezeigen müsse, auch die französischen Truppen. Doch indem er darauf bestand, sie müßten eine Trikolorenschärpe als Rangabzeichen tragen, damit seine Soldaten sie erkennen konnten, behandelte er sie wie französische Provinzbeamte, was ihren Stolz verletzte. Die Orientalisten Bonapartes waren sehr gut in der Lage, ihn mit Theorien über die ägyptischen Altertümer zu versorgen. Aber sie wußten wenig über die zeitgenössische ägyptische Kultur. Bonaparte bewegte sich auf dünnem Eis, als er versuchte, sich das Vertrauen eines Volkes zu gewinnen, dessen Lebensart ihm im Grunde fremd blieb.

Doch ein großes Ideal war den Ägyptern und den französischen Bürgern der Aufklärung gemeinsam: die Förderung der Bildung. Kairo war Sitz der international renommierten Moschee El-Azhar, die als Heiligtum und als Moslem-Universität zugleich fungierte. Zur Zeit der Khediven hatten sich hier regelmäßig 12 000 Studenten aus aller Welt eingefunden und ein weites Spektrum heiliger und profaner Gegenstände studiert. Bonaparte stellte fest, daß die »Sorbonne von El-Azhar« nur noch über 1200 Studenten verfügte, die sich ausschließlich auf den Koran und die islamischen Glaubenslehren konzentrierten. Doch alle Merkmale eines Wissenschaftsbetriebes waren noch vorhanden: die Studenten, die Bibliothek, die Vorlesungen und die bärtigen Professoren, die Bonaparte als Geste kollegialer Gastfreundschaft einlud, sein Institut zu besuchen. Der Chronist El Djabarti schreibt:

Wenn ein Moslem die Einrichtung besuchen wollte, schlug man es ihm nicht ab. Im Gegenteil, man nahm ihn mit offenen Armen auf... Ich selbst hatte wiederholt Gelegenheit, die Bibliothek zu besichtigen. Unter anderem sah ich dort ein großes Buch mit der Geschichte unseres Propheten (Gott segne ihn!). Sein heiliges Antlitz war darin so naturgetreu abgebildet, wie es die Künstler bei ihrem Wissensstand vermochten... Es gab auch viele islamische Bücher in französischer Übersetzung ... einige Franzosen dort studierten Arabisch und lernten Koranverse auswendig.

So beeindruckt waren die Lehrer der El-Azhar vom Institut, daß sie bei den führenden Persönlichkeiten Kairos die Meinung vertraten, das Interesse der Franzosen am Islam sei tatsächlich echt. Sie kamen auf Einladung Napoleons und hörten sich theologische Diskussionen im Institut an, wobei dieser die Rolle des engagierten Wahrheitssuchers und objektiven Forschers spielte. Als ihm klar wurde, daß er die Achtung dieser Männer eher dadurch gewann, daß er religiöse Diskussionen veranstaltete als durch die Zubereitung und das Verzehren von Schafsaugen, entschloß er sich, dieses Eisen weiter zu schmieden. War es nicht sehr wahrscheinlich, fragte er seine Gäste, daß die Erfolge, die seine militärischen Unternehmungen begleiteten, ein Zeichen besonderer göttlicher Gnade waren? Er ließ sich von seinen Gelehrten Zitate aus dem Koran abschreiben und trug sie vor, die als Prophezeiungen der französischen Invasion interpretiert werden konnten, und stellte die Frage, ob er ohne Hilfe des Propheten gegen die Mamelukenscharen so siegreich hätte sein können. Und wenn sich die Franzosen mit dem Segen des Propheten und im Einklang mit seinen Voraussagen in Ägypten aufhielten, wäre es da nicht angebracht, daß die religiösen Führer ein »Fetwa« erließen, eine Ausdeutung des Koran, und ihrem Volk befahlen, den Franzosen Treue zu schwören? Die Ägypter würden dadurch zu friedlichen Bürgern des Mutterlandes jenseits des Meeres werden.

Die Imams und Muftis besprachen sich kurz und gaben zur Antwort, die Zeichen sprächen in der Tat für sich und es sei durchaus möglich, daß der Prophet seine segnende Hand über Bonaparte halte. Es sei jetzt nur noch notwendig, daß Bonaparte sich dankbar erweise und sich öffentlich zum Islam bekenne. Es werde ihnen dann eine Ehre sein, die Gläubigen zum Treueschwur aufzufordern. Und natürlich wäre es gut, wenn nicht nur der Kommandierende General, sondern die gesamte französische Armee diese fromme Geste vollzöge.

Bonaparte hatte in Sachen Religion wenig Skrupel und zitierte gern Heinrich IV.: »Paris ist eine Messe wert.« Wie Heinrich hätte er sich zu jedem beliebigen Glauben bekannt, sofern ihn das zum Herrn Ägyptens machte. Später schrieb er einmal: »Wer wollte leugnen, daß das Reich im Osten und vielleicht die Unterwerfung ganz Asiens ein Paar Pantoffeln und einen Turban wert waren?« Doch ein Bekenntnis zum Islam bedeutete mehr als einen Kleiderwechsel. Es war ein bestimmtes Bekehrungsritual erforderlich, das, wie Bonaparte sehr richtig empfand, seinen Soldaten nicht zugemutet werden konnte. Sie würden ihr Leben für ihn geben, nicht aber ihre Vorhaut.

Napoleon versuchte dies den Muftis klarzumachen. Er selbst sei zwar bereit, sich zum wahren Glauben zu bekehren. Doch seine Truppen brauchten erst noch Zeit, sich der Segnungen des Islam bewußt zu werden, bevor sie sich mit Freuden dem Akt der Beschneidung unterwerfen würden. Die Muftis zogen sich zurück, um die Angelegenheit zu überdenken. Vier von ihnen, die ehrwürdigsten, kamen mit einem »Fetwa« zurück, das den Weg zu einem Kompromiß zu eröffnen schien: Man werde in diesem besonderen Fall die Grenzen anerkennen, die ihr kulturelles Erbe den Franzosen ziehe und wolle diesen erlauben, unbeschnitten Mohammedaner zu werden. Das Dekret wurde in sämtlichen Moscheen verlesen.

Jedoch zeigte sich bald ein neues Hindernis. Es mochte den Soldaten gestattet sein, im Vollbesitz ihrer Männlichkeit in der Herde der Gläubigen mitzutraben. Aber sie mußten sich auch noch verpflichten, auf ewig dem Alkohol zu entsagen. Der General mochte spüren, daß er ebenso große Chancen hatte, seine Soldaten von der Weinflasche wie von der Vorhaut zu trennen, und trug das Problem den Muftis vor. Wieder zogen sich diese zur Beratung zurück. Sie machten den Vorschlag, die Franzosen als echte, aber unverbesserlich schlechte Moslems zu betrachten, nach Anlage und Kultur unfähig zu einem moralisch einwandfreien Lebenswandel. Dieser Vorschlag ging jedoch nicht durch. Schließlich fand man eine Lösung: Die französischen Soldaten durften in ihren Sünden schmoren, sofern sie einverstanden waren, ein Fünftel ihres Soldes statt des normalen Zehntels für Almosen zu spenden.

Die Verhandlungen wurden unterbrochen, und Napoleon dachte über diesen Vorschlag nach. Aber natürlich nicht ernsthaft. Beide Seiten versuchten nur, das Gesicht zu wahren. Er wußte, daß das Volk sich unterwerfen würde, wenn er die religiösen Führer gewann. Er war selbstverständlich bereit, es Alexander dem Großen gleichzutun, von dem es hieß, er habe am Grab des Amon Ra den Sohn des Jupiter verehrt. Er machte sich keine Illusionen über die Religiosität seiner Soldaten, die, wie er einmal sagte, schon in Italien nicht in die Kirche gegangen seien und auch in Ägypten keine neuen Gewohnheiten annehmen würden. Mit Stolz schrieb er über das Heer, das er befehligte, »jede Spur von Christentum, jeder Hauch eines religiösen Brauchs ist hier ausgelöscht«. Doch selbst in Anbetracht der von der Gegenseite gemachten Konzessionen hätte ein Massenübertritt zum Islam die Unterwerfung unter eine Autorität bedeutet, die außerhalb des Heeres lag. Und das konnte nicht akzeptiert werden.

Was die religiösen Führer der El-Azhar-Moschee anbelangt, so machten auch sie sich wenig Illusionen über die Motive Bonapartes. Sein militärisches Genie nötigte ihnen Achtung ab. Als politischen Herrscher mußte man ihn irgendwie ausmanövrieren. Und niemals zweifelten sie daran, daß er bei allem, was er tat, seine Hintergedanken hatte. Die beiden Seiten gingen unverrichteter Dinge auseinander.

Napoleon sah sich gezwungen, von einer Politik des Appeasement zum Schreckensregiment überzugehen. Es gab Aufstände in Kairo, die niedergeschlagen werden mußten, und die Exekutionen wurden so zahlreich, daß Gouverneur Dugua Napoleon schrieb, »Erschießungen in der Zitadelle sind inzwischen zur Regel geworden. Deshalb schlage ich vor, einen Henker einzustellen. Das spart uns Patronen und macht weniger Lärm.« Bonaparte stimmte zu. Und als die von den Prostituierten der Stadt übertragenen Geschlechtskrankheiten die französischen Truppen zu dezimieren drohten, gab er sein Einverständnis, das Problem nach einheimischem Brauch zu lösen. Die Mädchen wurden in Säcke eingenäht und in den Nil geworfen.

Obwohl die Schikanen der Franzosen von der Barbarei der Mameluken immer noch weit in den Schatten gestellt wurden, weigerten sich die Ägypter, die Franzosen als Herren zu favorisieren. Die Mameluken konnte man verstehen. Sie unterdrückten das einfache Volk, um sich Herrschaft und Reichtum zu sichern.

Das war natürlich, ehrenhaft und entsprach den Erwartungen. Die Franzosen dagegen schienen unaufrichtig zu sein. Sie ließen sich zu den ägyptischen Bauern herab, was einer siegreichen Armee unwürdig war. Sie sprachen von Gleichheit und Brüderlichkeit und bezahlten Güter und Dienste, die sie sich leicht mit Gewalt hätten nehmen können. Ihnen war nicht zu trauen.

Zwar war nun das Institut als Brücke zwischen den Kulturen gescheitert. Doch arbeiteten die Gelehrten unverdrossen weiter, schoben die Grenzen des Wissens weiter hinaus und verteidigten die Errungenschaften der Zivilisation. Als Bonaparte eine Expedition nach Syrien gegen die Mameluken anführte, begleitete eine Schar älterer Gelehrter die Truppen. Monge und Bertollet durften mit Rücksicht auf ihr Alter die Kutsche des Generals benutzen. Sie beobachteten Flora und Fauna der Wüste und sammelten Insekten, Eidechsen, Schlangen und kleinere Vierfüßler für das Institut. Der Orientalist Jaubert fühlte sich zum Vortrag einer Abhandlung über »Die Nomenklatur der zwischen Ägypten und Palästina lebenden arabischen Stämme« berufen. Auf derselben Sitzung hörte man eine Vorlesung Bertollets mit dem Titel »Die endiometrische Wirkung der Alkalisulphide und des Phosphors« und ein Gedicht »Nachahmung eines Geßnerschen Idylls in Versen«. Geoffroy de Saint-Hilaire präsentierte eine detaillierte Studie über die Fische im Nil, für die sein Kollege Redoute Bilder angefertigt hatte. Fourier stellte erstmals sein neues alegebraisches Theorem vor, und der Astronom Nouet gab einen Kommentar zu verschiedenen Zeitmeßmethoden. Die Institutssitzung jedoch, die den größten Einfluß auf die Entwicklung der Ägyptologie haben sollte, fand am 19. Juli 1799 statt. Man verlas einen Brief von Bürger Lancret, Mitglied des Instituts, in dem über die »Entdeckung einiger Inschriften in Rosette, die höchstes Interesse verdienen«, berichtet wurde.

1799 war Kapitän Couchard, Offizier der Ingenieure, mit dem Aushub für die Verteidigungsanlage Fort St. Julien am Westufer des Nils beschäftigt, als er im Schlamm auf einen großen schwarzen Basaltstein mit Inschriften stieß. Man säuberte den Stein und bemerkte, daß die Inschriften in drei verschiedenen Blöcken angeordnet waren: der unterste in Griechisch, der mittlere in Buchstaben einer unbekannten Schrift, und der erste in Hieroglyphen.

Sollten sich die Inschriften als Übertragungen ein und desselben Textes in verschiedene Sprachen entpuppen, könnte der Stein einen Schlüssel zur Entzifferung der Hieroglyphen liefern. Die Philologen des Instituts identifizierten den mittleren Block von Schriftzeichen als »Kursivschrift der Sprache des alten Ägypten« und erkannten ägyptische Worte in der griechischen Reihe. Das war das erste Glied einer Kette von Untersuchungen, die den entscheidenden Fortschritt in der Geschichte der Ägyptologie bedeuteten.

Einen Monat nach Verlesung dieses Briefes bestieg Napoleon kurz nach Mitternacht ein kleines Nilboot und segelte nach Alexandria, um sich von dort nach Frankreich einzuschiffen. Er hatte erfahren, die französische Armee in Italien befinde sich auf dem Rückzug – Malta sei blockiert und die politische Lage in Paris verschlechtere sich unter dem schwachen Regime des Direktoriums zusehends.

Der Traum von einem ägyptischen Reich war fast ausgeträumt. Er schleppte sich nur noch so hin, als General Kléber den detaillierten Instruktionen folgte, die Napoleon hinterlassen hatte: die Kolonisierung Ägyptens während der kurzen – so war es versprochen – Abwesenheit seines Oberbefehlshabers zu vollenden. »Sobald ich in Paris ankomme«, schrieb Bonaparte, »werde ich diese unfähige Bande von Rechtsverdrehern, die uns auf der Nase herumtanzen und die Republik zu Tode regieren, auf die Straße setzen und unsere schöne Kolonie konsolidieren.« Er versprach, sofort nach seiner Ankunft in Frankreich Verstärkung zu schicken, wurde aber bald von anderen Projekten in Anspruch genommen. Die Verstärkungen kamen niemals an, Ägypten geriet in Vergessenheit.

Es dauerte nicht lange, und Kléber sah sich zwischen zwei Feuern: dem der Türken und dem der Engländer. Es gelang ihm, einen ehrenhaften Friedensvorschlag auszuhandeln. Die Franzosen sollten Ägypten ohne Streckung der Waffen verlassen dürfen. Aber die britische Regierung ließ sich nicht so schnell erweichen und lehnte die Vereinbarung ab. Weitere 18 Monate unzusammenhängender Kampfhandlungen vergingen, bis ein vereinigtes Heer aus Briten und Türken die Franzosen im Frühjahr 1801 zwang, härtere Bedingungen anzunehmen. Als für die Geschichte der Ägyptologie wichtigster Punkt war in Artikel XVI des Kapitulationsvertrages vorgesehen, daß alle Sammlungen des Instituts in den Besitz der Briten übergehen sollten. Die Mitglieder des Instituts versuchten zwar, mit ihren Sammlungen nach Frankreich zu entkommen, wurden aber von englischen Schiffen aufgebracht. Die Sammlungen des Instituts, so behaupteten die Franzosen, seien für die Welt unverständlich ohne das Wissen der Gelehrten, die sie angelegt hatten. Es sei ein Verbrechen, die Wissenschaftler von ihrem Forschungsmaterial zu trennen, und niemals werde die Welt das den Briten verzeihen. »Bevor wir diesen ungerechten, geradezu vandalischen Raub zulassen«, erklärten sie, »verbrennen wir unsere Schätze lieber. Ihr strebt nach Ruhm – nun also, die Geschichte hat ein gutes Gedächtnis: Auch ihr werdet eine Bibliothek in Alexandria verbrannt haben.«

General Menou – Kléber war inzwischen ermordet worden – begriff dieses ganze Theater nicht. »Man hat mich soeben informiert«, schrieb er an General Hutchinson, »einige unserer Sammler legten Wert darauf, unbedingt bei ihren Samen, Mineralien, Vögeln, Schmetterlingen und Schlangen auszuharren, egal, wohin Sie diese Kisten transportieren. Ich weiß nicht, ob sie sich dazu auch selbst verpacken lassen wollen. Aber ich versichere Ihnen, ich werde sie nicht daran hindern, wenn ihnen das so reizvoll erscheint.«

Schließlich kam es doch zu einem Kompromiß, und die Franzosen durften den größten Teil der Kollektion behalten und nach Frankreich verschiffen. Den Stein von Rosette hingegen, dessen Bedeutung inzwischen allgemein anerkannt wurde, obwohl die Schriften noch nicht entziffert waren, behielt General Hutchinson und schickte ihn Georg III. als Geschenk. Dieser gab ihn verständnislos ans Britische Museum weiter. Doch die Verbindung des Steins zu Frankreich blieb bestehen. Die Gelehrten hatten eine Kopie angefertigt und sie nach Paris mitgenommen.

Die Franzosen waren mit ihrer Idee eines ägyptischen Reiches gescheitert. Die Bedrohung der Briten in Indien war nur kurzzeitig gewesen. Das Abenteuer endete militärisch ergebnislos, wenngleich die Macht der Mameluken erschüttert worden war. Immerhin war etwas in Gang gekommen: Zum erstenmal stand Ägypten der Zunft der Historiker und Archäologen offen. Und

Napoleon betrachtet im Kreise seiner Gelehrten eine Mumie. Zeitgenössische Darstellung.

das Institut gab ihnen einen wunderbaren Führer an die Hand. Mochten auch die Franzosen nicht in der Lage gewesen sein, Ägypten zu erobern, so beschrieben sie es doch ganz hervorragend in der monumentalen *Déscription de l' Égypte*, die in Paris zwischen 1809 und 1828 in dreizehn herrlichen Tafel- und zehn Textbänden veröffentlicht wurde.

Bonaparte hatte die Fundamente der Ägyptologie gelegt. Er hatte aber auch eine bedenkliche Praxis eingeführt, die dieser Wissenschaft auf dem Fuße folgte. Beim Abschied von Ägypten ließ er sieben kleine Altertümer als Geschenke für Joséphine mitgehen, die sie in Malmaison aufstellte. Eine davon, die Statue eines sitzenden Ägypters aus dem Mittleren Reich, wurde ein Jahrhundert später zum Verkauf geboten und von Lord Amherst of Hackney erworben. 1921 kaufte sie der amerikanische Pressezar William Randolph Hearst aus dem Amherst-Inventar. Sie endete im Brooklyn Museum. Nun wurde es ernst. Die Ausplünderung Ägyptens hatte begonnen.

2

Zur Plünderung freigegeben

Bevor die Erforschung des Niltals ihren Fortgang nehmen konnte, mußte das Land befriedet werden. Beim Abzug der Franzosen war die Autorität der Mameluken erschüttert, aber nicht beseitigt, und die türkische Regierung griff ein, um reinen Tisch zu machen. An die Adresse Großbritanniens schickte sie beschwichtigende Botschaften, aber mehr den alten Traditionen entsprachen die Instruktionen, die Großadmiral Husein Pascha erhielt. Dieser lud die führenden Mameluken-Beys zu einer Gesellschaft auf sein Flaggschiff, und als sie in offenen Booten die Bucht von Abukir überquerten, schoß er sie über den Haufen.

General Hutchinson, der die britischen Truppen kommandierende Offizier, intervenierte, um die systematische Abschlachtung der Überlebenden zu verhindern, ja verlangte sogar die Freilassung der Gefangenen. Es war klar, daß die Angelegenheit nicht befriedigend geregelt werden konnte, solange die Engländer mitmischten. Im März 1803 zogen sie ab. Der einzige offizielle Vertreter der britischen Regierung, der zurückblieb, war der Konsul in Alexandria, Colonel Misset. Er erhielt folgende gönnerhafte Anweisungen:

> ... der britischen Regierung authentische Informationen über die Ereignisse zukommen zu lassen, die sich in Ober- und Unterägypten beim Kampf um die Vorherrschaft zwischen Mameluken und Türken abspielen werden. Ein solcher Kampf ist vorauszusehen, sobald die streitenden Parteien durch die Anwesenheit unserer Truppen nicht mehr gehemmt werden und den wohltätigen Rat des britischen Befehlshabers entbehren müssen, der ihnen bis dahin so uneigennützig und objektiv, ruhig, konziliant und würdig zur Seite stand.

Da sich nun der wohltätige Ratgeber auf dem Weg nach London befand, blieb dem türkischen Gouverneur, Mohammed Khosrev, nichts anderes übrig, als seine Soldaten zu sammeln und im Niltal südwärts zu marschieren, um die Entscheidungsschlacht mit den Mameluken zu suchen. Aber seine Truppen, in der Hauptsache albanische Söldner, die schon lange auf ihren rückständigen Sold warteten, weigerten sich, ohne Bezahlung zu marschieren. Als der Gouverneur auf ihre Forderungen reagierte, indem er sie von der Zitadelle aus beschießen ließ, stürmten sie die Festung und zogen ihn heraus.

Seinem Nachfolger erging es noch schlechter. Tahir Pascha, der das Kommando über eine Abteilung loyaler türkischer Truppen übernommen hatte, konnte sich nur 23 Tage halten. Dann verloren die Leute die Geduld, weil ihre Soldforderungen immer noch nicht befriedigt waren, und ermordeten ihn. Die endgültige Vernichtung der Mameluken mußte also hinausgeschoben werden, bis die zu diesem Zweck entsandten Truppen ihre Differenzen bereinigt hatten.

Es folgte eine Periode der Bürgerkriege, in denen Albaner gegen Türken kämpften (1806–09) und die Mameluken beide Parteien von Zeit zu Zeit überfielen. Diese Zeit der Wirren wurde, wie so oft, durch einen starken Mann beendet. Er kam zur Macht, indem er die kämpfenden Parteien ausmanövrierte und gegeneinander ausspielte.

Mohammed Ali, Sohn eines albanischen Bauern, gelangte als Anführer eines albanischen Söldnertrupps nach Ägypten. Im Bürgerkrieg unterstützte er sowohl Türken als auch Mameluken und etablierte sich schließlich, gestützt auf ein Heer von 10 000 Albanern, als unabhängige Kraft in Kairo. Er beteuerte, nur für die Aufrechterhaltung von Recht und Gesetz in der Hauptstadt sorgen zu wollen. 1805 fühlte sich Ali stark genug für den nächsten Schritt. Mit Unterstützung des ägyptischen Scheichs warf er den türkischen Gouverneur ins Gefängnis und sandte eine in freundschaftlichem Ton gehaltene Botschaft nach Konstantinopel. Er übernehme die Macht nur vorübergehend, um die Ordnung wiederherzustellen. Im folgenden Jahr ernannte die Hohe Pforte, die türkische Regierung, die jahrhundertelange Erfahrungen mit den beschränkten Möglichkeiten einer Regierung am langen Zügel und die Fähigkeit kultiviert hatte, Unvermeidliches zu akzeptieren, Mohammed Ali zum Pascha von Ägypten.

Die Mameluken wurden nilaufwärts nach Südägypten abgedrängt und konnten den Briten keine Hilfe leisten, als diese mit einem Expeditionskorps landeten, um die Mamelukenherrschaft zu restaurieren. Diese Intervention der Engländer entsprang weniger ihrem Vertrauen in die administrativen Fähigkeiten der Mameluken als dem Wunsch, den Türken, die in Europa mit Napoleon gemeinsame Sache machten, einen Schlag zu versetzen. Mohammed Ali, der zu diesem Zeitpunkt einen Zug gegen die Beys unternahm, gab diesen zu verstehen, er werde all ihre Forderungen erfüllen, wenn sie mit ihm zusammen die Eindringlinge hinauswürfen. Ihre vereinigten Truppen rieben die Briten bei Alexandria vollständig auf. Die Überlebenden wurden gezwungen, nach Kairo zu marschieren und dabei die Köpfe ihrer getöteten Kameraden vor sich herzutragen, die dann auf Pfählen um den Esbekiah-Platz aufgespießt wurden.

Die Mameluken spalteten sich in zwei Lager. Die einen betrachteten sich als Verbündete Mohammed Alis gegen die Engländer, die anderen schielten zu den Briten hinüber, von denen sie sich erhofften, in ihre frühere Macht wieder eingesetzt zu werden. Immer noch kam es um Kairo zu gelegentlichen Scharmützeln, und Mohammed Ali entschloß sich, seine Taktik zu ändern. Er lud die Mameluken-Beys in Kairo zu einer Gesellschaft zu Ehren seines Sohnes, dem in einem feierlichen Akt der Oberbefehl über das Heer übergeben werden sollte. Nach der Einnahme des Kaffees in der Zitadelle wurden die Mameluken im Gänsemarsch die steile, enge Straße, die zum großen Eingangstor führte, hinuntergeleitet. Eine Ehrengarde ging voran, eine andere folgte. Sobald die albanischen Soldaten, die den Beys voranmarschierten, das Tor passiert hatten, wurde es zugeschlagen. Die Mameluken waren gefangen. Die Albaner erstiegen die Wälle und feuerten auf die Eingesperrten. Wer versuchte, rückwärts zu entkommen, wurde von der folgenden Ehrengarde erschossen. Alle 470 Mameluken fanden den Tod, mit Ausnahme eines einzigen Beys, wie die Legende erzählt. Er sprengte mit seinem Pferd auf die Wälle und sprang über die Mauer. Das Pferd wurde durch den Aufprall drunten getötet, der Reiter kam mit dem Leben davon.

Jetzt hatte Mohammed Ali das ganze Land in seiner Gewalt. Die Briten hatte er besiegt, die Unterstützung der Ägypter gewonnen, die Mameluken vernichtet und von den Türken war er als Herr bestätigt worden. Er verfügte über die absolute Macht. Edward Lane, ein englischer Reisender, schrieb: »Er könnte jeden seiner Untertanen ohne förmliches Gerichtsverfahren, ohne jeden Prozeß zum Tod verurteilen. Eine einzige horizontale Bewegung mit der flachen Hand, und die Todesstrafe durch Enthaupten ist verhängt.«

Einmal an der Macht, begann Mohammed Ali, Ägypten in eine moderne Nation zu verwandeln. Er konnte es sich jetzt leisten, die Rolle des aufgeklärten Monarchen zu spielen. Über die Zeit seiner ersten Kämpfe sagte er zu einem europäischen Besucher: »Ich bin nicht froh über diese Periode meines Lebens, und was hätte die Welt schon davon, wenn ich über die nicht enden wollende Kette von Kampf und Elend, Tücke und Blutvergießen, zu der mich die Umstände gebieterisch zwangen, berichtete? ... Meine Geschichte soll erst da beginnen, wo ich, frei von allem äußeren Druck, dieses Land ans Licht emporführen konnte – aus dem Schlaf der Jahrhunderte.«

In seinem Versuch, Ägypten für die Zivilisation reif zu machen, blickte Mohammed Ali hilfesuchend nach Westen. Er liebte es, sich mit Napoleon zu vergleichen und machte oft darauf aufmerksam, daß beide große Führerpersönlichkeiten im selben Jahr geboren seien. Napoleon hatte versucht, Ägypten zu modernisieren, und Mohammed Ali sah es als seine Pflicht an, dieses Werk fortzusetzen. Er zog westliche Experten hinzu, um die Industrie des Landes neu aufzubauen. Kaufleute aus dem Westen waren ihm stets willkommen. Zum Schutz der ausländischen Interessen in Ägypten förderte er schließlich auch die Errichtung von Konsulaten. Diese Schritte hatten zur Folge, daß sich die französisch-englische Auseinandersetzung von den europäischen Schlachtfeldern allmählich ins Niltal verlagerte, wo sie allerdings zwar ebenso haßerfüllt, aber hinterlistiger und unblutiger ausgetragen wurde.

Während des langen Kampfes Mohammed Alis um die Macht hatte es in Ägypten kaum konsularische Aktivitäten gegeben, hauptsächlich weil es an verläßlichen Behörden fehlte, an die sich die Diplomaten hätten wenden können. Doch die großen Mächte waren immer durch Stellvertreter präsent gewesen, die sich auch anderen Beschäftigungen gewidmet hatten, z.B. Colonel Misset, der im Jahre 1803 als uninteressierter Beobachter für die Engländer im Lande geblieben war, und der französische Konsul Bernardino Drovetti. Er war der umtriebigere von den beiden und steckte den künftigen Rahmen für solche außerkonsularischen Tätigkeiten ab. Er entwickelte sich zum planvollsten und energischsten Sammler seiner Tage.

Piemontese von Geburt, zeichnete sich Drovetti durch Zähigkeit, Intelligenz und Findigkeit aus. Vor seinem Eintritt in die französische Armee hatte er Jura studiert. Bonaparte diente er in Ägypten als Oberst. Nach Europa zurückgekehrt, wurde er im Alter von 25 Jahren zum Militärrichter in Turin ernannt. Im Jahr darauf begab er sich als Vizekonsul in Alexandria wieder nach Ägypten. Als die Türken Napoleon als Kaiser von Frankreich anerkannten, rächten sich die Briten und hofierten die Mameluken in Alexandria. Drovetti zog nach Kairo, um die dortige Opposition zu unterstützen. Sie bestand in der Hauptsache aus Mohammed Ali, wie sich bald zeigte. Drovetti machte also mit dem Gewinner gemeinsame Sache, und als dieser die Macht im Land übernahm, konnte sich Drovetti schmeicheln, sein Verbündeter und Freund zu sein.

Eine praktische Folge davon war, daß Drovetti für einen gewissen Zeitraum alle Ausgrabungen im Niltal kontrollierte. Früher waren solche Ausgrabungen aufs Geratewohl vorgenommen worden. Aber jetzt ordnete Mohammed Ali an, daß nur Leute mit seiner ausdrücklichen Genehmigung in Form eines »Ferman«, eines Ermächtigungsschreibens, freies Geleit bekamen und graben durften. Drovetti war zuständig für die Übermittlung der Ferman-Gesuche an den Pascha und konnte daher jeden unerwünschten Konkurrenten ausschalten. Während seiner Laufbahn in Ägypten legte er sich eine große Privatsammlung zu, die er mit Begeisterung seinen Besuchern zu zeigen pflegte. Dabei erklärte er, er werde sie eines Tages den Pariser Museen vermachen.

Colonel Misset, dem es während seiner ganzen Dienstzeit in Ägypten gesundheitlich nicht gutging – zuletzt war er sogar gelähmt –, war kein ernstzunehmender Rivale für Drovetti. Doch nach Missets Rücktritt im Jahre 1815 kam sein Nachfolger

Bernadino Drovettis Hand ruht auf der Braue einer Sphinx. Der eifrigste Sammler seiner Zeit ist hier von einheimischen Helfern umgeben, die ihn bei der Aufsicht über die Ausgrabungen im Niltal im Auftrag Mohammed Alis unterstützen.

mit dem Auftrag nach Ägypten, Altertümer für das Britische Museum zu besorgen. Der Wettlauf um die Schätze am Nil begann.

Henry Salt war ein Kind des Nepotismus. Seinen Aufstieg verdankte er seiner Methode, gewisse Aristokraten und Beamte auf eine Weise zu bearbeiten, die heutzutage wenigstens von der öffentlichen Meinung nicht mehr gebilligt wird, weshalb er bei modernen, über Ägypten schreibenden Historikern nicht eben gut wegkommt.

Salt war das jüngste von acht Kindern eines Lichfielder Arztes, dessen Praxis diesem, in den Worten von Salts Biograph, »ein hübsches Auskommen abwarf«. Ein Teil davon ging für die Unterstützung des jungen Henry drauf, der sich erfolglos als Porträtmaler in London versuchte. Das Blatt wendete sich aber, als er eines Tages Lord Valencia, dem Sohn und Erben des Earl of Mountnorris begegnete. Der Lord schlenderte gerade durch die Fuseli's Gallery in Pall Mall, begleitet von seinem Lehrer, dem Reverend Thomas Butt. Zufällig war der Reverend Henrys Onkel, der junge Mann ergriff die Gelegenheit, Bekanntschaft mit der Aristokratie zu machen, beim Schopf und stellte sich spontan vor. So gelangte er in den äußeren Bekanntenkreis der Familie Mountnorris.

1802 kündigte Lord Valencia an, er plane eine Indienreise. Sofort schrieb ihm Henry Salt und fragte an, ob er ihn als Sekretär und Zeichner mitnehmen würde. Seine Lordschaft antwortete, er habe Bedarf weder am einen noch am anderen, doch in Anbetracht der traurigen Lage des jungen Mannes und seines Wunsches, seine momentane Beschäftigung aufzugeben, habe er nichts dagegen, wenn er mitkomme. Sie waren vier Jahre unterwegs und verbrachten auch einige Zeit in Abessinien. Als sie zurück waren und Lord Valencia der Regierung empfahl, Handelsbeziehungen mit Abessinien aufzunehmen, schickte man Henry Salt zu Verhandlungen dorthin und ließ ihn Geschenke des Königs von Großbritannien an den Kaiser überbringen. Damit hatte er sich die Beglaubigung eines Repräsentanten Großbritanniens im Nahen Osten verschafft.

Nach London zurückgekehrt, verbrachte er einige Jahre damit, seine Reiseerlebnisse niederzuschreiben, sich herumreichen zu lassen und dabei seine Abenteuer zum besten zu geben. Aber England war ihm nicht zuträglich, dauernd wurde er krank. Als er hörte, Colonel Misset, ägyptischer Generalkonsul, sei aus Gesundheitsgründen zurückgetreten, griff er zu und bewarb sich um die Stelle. Er eilte in London von einer Tür zur anderen und bat einflußreiche Bekannte, zu seinen Gunsten an den Außenminister, Lord Castlereagh, zu schreiben. Zwei seiner Fürsprecher waren Lord Valencia und Sir Joseph Banks, damals Präsident der Royal Society. Salts Strategie hatte Erfolg, und als er die Ernennungsurkunde erhielt, zeigte er sich beiden Herren dankbar und versprach ihnen, Altertümer für sie zu sammeln. Lord Valencia wünschte den Familiensitz in Arley Hall zu verschönern, und Sir Joseph Banks war sicher, daß alles, was Salt im Niltal auftreiben konnte, im Britischen Museum, in dessen Kuratorium er saß, gern gesehen war. William Hamilton, Staatssekretär im Außenministerium, von dessen Patronage Salt ebenso profitiert hatte, schärfte ihm ein, unbedingt noch einen anderen »Stein von Rosette« aufzufinden, und fügte ermutigend hinzu: »Wie hoch auch die Kosten sein mögen: eine bildungsbeflissene Nation wie die unsrige wird solche Projekte gern unterstützen, um ihren Rivalen auf dem Gebiet von Wissenschaft und Literatur zuvorzukommen.«

Salt hatte nun die Stellung in der Tasche. Jetzt mußte er nur noch eine Frau finden, die mit ihm die Bürde des Amtes trug und seinem Status als Diplomat Glanz verlieh. Sein Auge fiel auf eine Erbin aus Birmingham, die Aussichten auf ein beträchtliches Vermögen hatte. Er warb um sie mündlich – und schriftlich durch Übersenden selbstverfertigter Verse, trotz ihres Vaters Bedenken. Doch sah er sich schließlich gezwungen, allein nach Ägypten aufzubrechen. Weder Vater noch Tochter konnten sich mit dem Gedanken anfreunden, daß eine junge Frau aus bester Familie das verfeinerte Leben Birminghams gegen die Öde Kairos eintauschen sollte.

Aber das Junggesellenquartier, das Salt 1816 in Kairo bezog, hätte auch eine Erbin aus Birmingham erträglich gefunden. Er umgab sich mit der seiner gesellschaftlichen Stellung entsprechenden Dienerschaft und besaß einen Sekretär, »den ich mit allem Notwendigen versehe«. Da sein Einkommen nur 50 Pfund im Jahr betrug, beklagte sich Salt in London, der minimale Aufwand für die Repräsentationspflichten eines Konsuls verschlinge sein ganzes Salär. Er brauchte eine Nebenerwerbsquelle, und mit seinen Anstrengungen, eine solche aufzutun, schlug er ein neues Kapitel in der Geschichte der Ägyptologie auf.

Grabraub in Ägypten hatte eine lange, unrühmliche Vorgeschichte. Es war üblich gewesen, Könige und Adlige mit ihren kostbarsten Habseligkeiten zu bestatten. Die ersten Lebenden, die von den Toten profitierten, waren die Leichenbestatter selbst. Viele alte Papyri berichten von Gerichtsverfahren gegen Grabräuber. In einem amtlichen Protokoll aus dem Jahre 1130 v. Chr. heißt es:

Dies sind die Gräber und Grüfte, in denen die Gesegneten von einst ruhten, die Frauen und die Bewohner des Landes im Westen der Stadt. Man fand, daß Diebe in alle Gräber eingebrochen waren, die Toten aus ihren Särgen und Sarkophagen gerissen und in die Wüste geworfen, und außer dem Gold, Silber und Schmuck in den Särgen alle Grabbeigaben gestohlen hatten.

Im 17. und 18. Jahrhundert pflegten reiche Müßiggänger im Ausland herumzureisen und Raritäten zu sammeln, mit denen sie ihre Kuriositätenkabinette in der Heimat füllten, um vor Freunden damit zu glänzen. Das tat der ungeheuren Menge der Schätze im Niltal noch kaum Abbruch, aber im 18. Jahrhundert wuchs der Appetit, und zu der Zeit, als Salt sich in Kairo niederließ, florierte bereits der Handel mit Altertümern und Fälschungen.

Ein französischer Bildhauer, Jean-Jacques Rifaud, der 1805 nach Ägypten kam und mehr als 40 Jahre dort verbrachte, schrieb, es sei den Arabern schon lange ein Rätsel, warum die Fremden so hinter wertlosen alten Steinen und Statuen her seien. Die Araber legten sich ihre eigenen Erklärungen zurecht. Einige sagten, die Ausgräber seien eben Heiden und verehrten die alten Götter. Man hatte gesehen, wie sie Statuen streichelten. Und da sie manchmal auch mit ihren Zungen über die Figuren fuhren, um festzustellen, aus welchem Material sie bestanden, hieß es, sie küßten heimlich ihre Götzenbilder. Andere wunderten sich über den Aufwand und die Kosten, mit denen die Europäer die alten Fragmente in ihren Besitz brachten. Das konnte doch nur daran liegen, daß der Marmor Gold enthielt und die Ausgräber das Geheimnis entdeckt hatten, wie man es herauslöste.

Bei seiner Ankunft mußte Salt feststellen, daß es schon schwierig geworden war, Altertümer zu erwerben. Die Nachfrage überstieg zeitweise die verfügbaren Mengen. Drovetti befand sich auf einer Tour in Oberägypten und kaufte, was er auftreiben konnte, für seine Sammlung. Salt hatte sie schon in Augenschein genommen und ihren Wert auf 4000 Pfund geschätzt. Es gab damals noch keine festen Marktpreise für ägyptische Altertümer, was später für Salt böse Folgen haben sollte. Aber schon seine ersten Wochen in Ägypten überzeugten ihn, daß man mit Ausgrabungen viel Geld machen konnte. Und Geld war es, was er brauchte. Er schrieb an seinen aristokratischen Mentor, der inzwischen den Titel des Earl of Mountnorris geerbt hatte:

Ich habe alle mir möglichen Mittel eingesetzt, um an Wertstücke heranzukommen, und darf sagen, mit großem Erfolg. Im Frühling

Rote Granitsphinx aus Theben, eines der Prunkstücke aus der Sammlung von Henry Salt, heute in der Eremitage St. Petersburg.

werde ich Ihnen eine Schiffsladung schicken, wie Sie noch keine gesehen haben. Doch muß ich Sie auch davon in Kenntnis setzen, daß ich von den Aussichten in Oberägypten dermaßen erregt bin, daß ich mich nicht in der Lage sehe, auf eine eigene Sammlung zu verzichten. Aber Sie können davon ausgehen, daß ich redlich teilen werde, und wenn auch vielleicht meine Sammlung der Ihren gleichkommen sollte, können Sie sich darauf verlassen, daß ich sie niemand anders verkaufen werde, sollte ich mich einmal von ihr trennen. Im Falle meines Todes wird sie Ihnen überlassen werden. Zunächst mußte ich mich in erhebliche Unkosten stürzen, um eine Firma zu etablieren...

»Etablierung einer Firma« bedeutete unter anderem, daß Drovetti aus seiner Monopolstellung im Handel mit Altertümern verdrängt wurde. Er beschäftigte Agenten an allen wichtigen Fundorten am Nil. Sie hatten Anweisung, jede Grabung, die nicht mit Erlaubnis des französischen Konsuls geschah, zu behindern. Er beanspruchte die Exklusivrechte für alle Fundstätten, die er besucht hatte. Zum Glück für Salt hatte Drovetti kurz vor der Ankunft des Engländers Ordre erhalten, nach Alexandria umzuziehen. Das gab Salt Gelegenheit, seine Bekanntschaft mit Mohammed Ali auszunützen, die er bei einem früheren Ägyptenbesuch in Begleitung Lord Valencias gemacht hatte. Bald hieß es in seinen Berichten, er komme wunderbar voran, der französische Einfluß gehe stark zurück und »die Kaufleute wenden sich in allen Notfällen an mich, weil der Pascha selten auf andere Beschwerden hört als die ich vortrage«. Und Ausländer ohne Konsul in Ägypten suchten Salt auf, »um die Erlaubnis zu erhalten, sich unter den Schutz unserer Fahne zu stellen«. Im Endergebnis kamen die beiden Konsuln überein, die Beute unter sich zu teilen. Drovetti sollte das Ostufer, Salt das Westufer des Nils bekommen. Der Forschungsreisende Richard Burton schrieb: »Das Land am Nil war damals wie heute zur Plünderung freigegeben. Vermögen wurden gemacht durch Grabungen, nicht nach Gold, sondern nach Altertümern. Und die Archäologie wurde zum Schlachtfeld zwischen zwei Heeren aus Fremdenführern und Fellachen. Das eine stand unter dem Kommando des unmöglichen Salt, das andere wurde von Drovetti geführt...«

Büste Ramses' II. aus der Sammlung von Henry Salt.

Salt war zwar ein Jahrzehnt hinter Drovetti im Rückstand, was den Markt für Altertümer betraf. Aber er holte schnell auf. Das war zum großen Teil einem Bekannten, oder einem Angestellten oder Kollegen – um was es sich wirklich handelte, ist unklar, sollte sich aber als entscheidend wichtig erweisen – zu verdanken, dem Salt Aufträge erteilt und ihn so aus einer mißlichen Lage gerettet hatte. Dieser Mann wurde zu einer der berühmtesten Gestalten in der Geschichte der Ägyptologie. Es war der »Held der Pantomime«, der »Zirkusathlet«, der »Patagonische Simson«: Giovanni Battista Belzoni.

Belzoni wurde 1778 in Padua als Sohn eines Barbiers geboren und verbrachte seine Jugend in England als Schauspieler, Magier und Muskelmann auf Jahrmärkten und Theaterbühnen. 1803 trat er bei Sadler's Wells neben Grimaldi, dem berühmten Clown, in der Rolle des von Jack getöteten Giganten auf und gab Demonstrationen seiner ungewöhnlichen Stärke. Weniger kräfteraubend und der Karriere dienlicher waren »Wasserdramen«, die Belzoni in Theatern an der Themse vorführte. Dabei rückten Armaden von Modellschiffen in wirklichen Wasserbecken gegeneinander vor, während farbig beleuchtete Springbrunnen emporschossen.

Im Frühjahr 1815 hielt sich Belzoni mit seiner Frau Sarah und einem irischen Burschen, James Curtin, in Malta auf, wo er einen Agenten Mohammed Alis mit dem unwahrscheinlichen Namen Captain Ismael Gibraltar kennenlernte. Dieser war auf der Suche nach westlichen Technikern, die bei dem großen Plan der Modernisierung Ägyptens Hilfestellung leisten konnten. Seit Jahrtausenden war das größte Problem des Landes die Bewässerung gewesen, und plötzlich kam Belzoni die Eingebung, er sei genau der richtige Mann dafür. Er fühlte sich mit seinen Erfahrungen in hydraulischer Theatertechnik imstande, ein Wasserschöpfrad zu entwerfen, das man in großem Stil produzieren konnte. So wäre man in der Lage, das anbaufähige Land im Niltal zu erweitern. Er machte einen solchen Eindruck auf den Agenten des Paschas, daß er schon im darauffolgenden August in einem Haus in Kairo einquartiert wurde, wo er bei einem von Mohammed Ali ausgesetzten Salär von 100 Spanischen Dollar monatlich (etwa 25 Pfund) an seiner Erfindung arbeiten sollte.

Aber erst im Frühjahr 1816 war es soweit, daß Mohammed Ali einer Vorführung von Belzonis Rad beiwohnen konnte. Es wurde von einem Ochsen angetrieben und arbeitete recht ordentlich. Der Pascha meinte, es sei viermal so gut wie die früheren. Plötzlich wünschte er zu sehen, was passierte, wenn das Rad von Menschen angetrieben würde. Ein Dutzend Araber sprangen, gefolgt von James Curtin, in die Trommel. Aber als sich das Rad in Bewegung setzte, sprangen sie Hals über Kopf wieder heraus. Denn der Druck des Wassers drehte die Trommel rückwärts, und Curtin war herausgeworfen worden. Er brach sich ein Bein dabei. Das war ein schlechtes Omen. Der Versuch war mißglückt.

Belzoni war untröstlich. Mit seinem Gehalt war der Pascha fünf Monate im Rückstand, und jetzt war erst recht unwahrscheinlich, daß es je ausbezahlt wurde. Da saß er mit einer Frau und einem Diener mit gebrochenem Bein, für die er sorgen mußte, und keine Aussicht auf Geld! »Soviel über des Paschas Förderung europäischer Künstler«, schrieb ein Freund Belzonis. »Sie werden von seinen Emissären in den Mittelmeerländern in seinen Dienst gelockt, haben aber bald allen Grund, ihre Leichtgläubigkeit zu bereuen.«

Dieser Freund war der Schweizer Forschungsreisende Johann Ludwig Burckhardt, der in Cambridge Arabisch gelernt und dann weit im Orient herumgekommen war. Er hatte sich als Araber verkleidet und den Namen Scheich Ibrahim angenommen. Drei Jahre vor seiner Begegnung mit Belzoni hatte er Oberägypten bereist. Dabei hielt er sich ein paar Tage in Theben auf und entdeckte das riesige, umgestürzte Fragment einer Statue, das in einer Tempelruine im Sand lag. Von Salts Mäzen William Hamilton war es als »mit Bestimmtheit das schönste und vollkommenste Stück ägyptischer Bildhauerkunst, das im Land zu sehen ist« beschrieben worden. Die Bauern der Gegend erzählten Burckhardt, die Franzosen hätten das Fragment fortzuschaffen versucht. Es sei ihnen aber nicht gelungen, es von der Stelle zu bewegen. Die Büste wog an die sieben Tonnen und lag in weichem Sand.

Burckhardt war entschlossen, den Kopf abzutransportieren. Er schlug Salt vor, sich die Kosten des Transports zu teilen und das Stück dem Britischen Museum anzubieten. Für den Transport war Belzoni der geeignete Mann.

Belzoni konnte über einen Mangel an Selbstvertrauen nicht klagen. Als er von dem Projekt, den Kopf der Statue abzutransportieren, hörte, war ihm sofort klar, daß ihm dieses Unternehmen auf den Leib geschrieben war. Er besaß ungeheure Stärke und hielt sich für einen versierten Ingenieur, mit mechanischen Kunstgriffen bestens vertraut. Für Transport, Arbeitskräfte und Ausrüstung brauchte er lediglich Geld. Zu diesem Zweck war es sicherlich das beste, sich an den neuen Konsul, Henry Salt, zu wenden. Dieser hatte Einfluß, konnte Kredite lockermachen und versuchte ja auch selbst, im Antiquitätengeschäft Fuß zu fassen.

Salt stieg tatsächlich bereitwillig ein und gab Belzoni Instruktionen, wie er die Sache anzupacken hätte. Der Italiener sollte sich die erforderliche Ausrüstung in Bulaq beschaffen und sich hierauf nach Assiut begeben, um dort Ibrahim Pascha, dem Sohn Mohammed Alis, ein Bestätigungsschreiben auszuhändigen. Aufgrund dieses Briefes würde ihm Ibrahim die notwendigen Leute und Schiffe zur Verfügung stellen. Als nächstes sollte Belzoni nach Theben reisen und »keine Kosten und Mühe scheuen«, den Kopf bis zum Nilufer zu transportieren. Notfalls mußte dann auf ein Ansteigen des Wasserspiegels gewartet werden, bevor man die Büste in ein Boot manövrieren konnte. Belzoni erhielt genaue Anweisungen, um den Kopf auch wirklich zu finden. Er sollte ihn ja nicht mit einem anderen, weit weniger wertvollen, verwechseln, der in der Nähe des Fundortes lag. Abschließend hieß es, »Mr. Belzoni wird die Güte haben, eine separate Rechnung über den Aufwand bei dieser Unternehmung aufzustellen. Sie wird wie seine übrigen Spesen unverzüglich beglichen werden, da man Mr. Belzoni gut genug kennt, um zu wissen, daß diese sich in den Grenzen halten werden, die den Umständen nach zu erwarten sind.«

Jetzt war Belzoni der glücklichste und dankbarste Mensch. Salt gab ihm weitere 1000 Piaster (etwa 25 Pfund) zum Ankauf anderer Altertümer, auf die er vielleicht noch stieß. Da Belzoni seine Aufträge vom britischen Konsul erhielt, nahm er an, diese Altertümer sollten offiziell erworben und dann nach England und ins Britische Museum verschifft werden. Irgendwie war die Ausplünderung alter Fundstätten doch etwas Ehrenhaftes, wenn sie nicht für individuellen Profit, sondern im Staatsinteresse geschah.

Belzoni reiste nach Bulaq und verlud die notwendige Ausrüstung: 14 schwere Holzbalken, vier Walzen aus Palmstämmen und einige Rollen Palmfaserseile. Dann segelte er mit seiner Frau und James in dem billigsten Boot, das er auftreiben konnte, nilaufwärts. Mit ihm fuhren ein koptischer, der Flasche ergebener Dolmetscher, ein bewaffneter Wächter und eine aus fünf Leuten bestehende Mannschaft. Zum erstenmal mußte sich Belzoni den Überraschungen des Antiquitätengeschäfts im Niltal stellen – teils von Menschen, teils von der Natur ausgehend.

Giovanni Belzoni, der »Patagonische Simson«, in landesüblicher Tracht.

Nach fünf Tagen erreichten sie Manfalut, wo sie Ibrahim Pascha, der nilabwärts nach Kairo unterwegs war, trafen. In seiner Begleitung befand sich Drovetti. Er hatte seine Agenten in Oberägypten besucht und Käufe von Altertümern für seine Sammlung getätigt. Beide Männer erzeigten Belzoni Wohlwollen, obwohl Drovetti sicher nicht begeistert war, einen Agenten seines großen Konkurrenten auf der Jagd nach einer solchen Trophäe zu sehen. Er erklärte Belzoni, es sei aussichtlos, in Theben Arbeiter zu finden.

Offene Auseinandersetzungen zwischen den Repräsentanten der beiden großen Mächte waren selten. Es gab andere Mittel, den Konkurrenten auszuschalten. Als großzügige Geste schenkte Drovetti Belzoni sogar den Granitdeckel eines Sarkophags, der in einem oberägyptischen Grab lag. Er selbst hatte umsonst versucht, ihn fortzuschaffen. Ibrahim Pascha sagte Belzoni, dieser solle sein Ermächtigungsschreiben dem Daftardar-Bey, den er als seinen Stellvertreter in Assiut zurückgelassen hatte, übergeben, und verabschiedete sich.

Am nächsten Tag kam Belzoni in Assiut an, doch war der Daftardar-Bey nicht da. Belzoni suchte Dr. Scotto auf, den Genueser Leibarzt Ibrahims. Scotto war ihm von Salt als Helfer empfohlen worden. Dr. Scotto wehrte ab: Schon andere seien hier gescheitert, es sei unmöglich, Arbeiter anzuwerben. Es gebe keine geeigneten Boote, und außerdem sei die Büste sowieso nur ein Granitklotz ohne jeden Wert. Als Belzoni nicht nachgab, machte der Doktor dunkle Andeutungen von ganz anderen Gefahren, die hier noch lauerten. »Schließlich riet er mir ohne Umschweife«, schrieb Belzoni, »meine Finger von dieser Unternehmung zu lassen. Ich würde mir nur Unannehmlichkeiten zuziehen, und im übrigen seien die Hindernisse einfach zu groß.« Natürlich steckte auch der Arzt im Antiquitätengeschäft.

Als der Daftardar-Bey zurückkehrte, schrieb er einen Befehl an den zuständigen Gouverneur aus, Belzoni Arbeiter zur Verfügung zu stellen. Das kleine Boot fuhr weiter und legte genau drei Wochen und einen Tag nach der Abreise aus Kairo bei Luxor an.

Die Reisegesellschaft war aufs höchste erstaunt über die Ausdehnung der hiesigen Ruinenfelder. Theben war das größte Freilichtmuseum der Welt. Die großen Tempelkomplexe von Luxor und Karnak waren schon von den französischen Truppen bewundert worden und wurden gerade zu diesem Zeitpunkt von Drovettis Agenten für Ausgrabungen vermessen. Belzoni berichtet, er habe sich nur für einen kurzen Gruß Zeit gelassen, um dann auf der Suche nach dem Granitkopf eiligst ans Westufer überzusetzen.

Dort lag er im Ramesseum, dem Totentempel Ramses' II., »das Gesicht nach oben. Er schien mir zuzulächeln bei dem Gedanken, bald nach England gebracht zu werden.« Ursprünglich gehörte der Kopf zu einer Sitzfigur Ramses' II. Aber die Römer hielten ihn irrtümlich für das Haupt des legendären Helden Memnon, weshalb er bis heute der »Junge Memnon« heißt. Belzoni war hingerissen von der Schönheit des Kopfes. Von seiner Größe jedoch ließ er sich nicht abschrecken und befahl, unverzüglich die aus Kairo mitgebrachte Ausrüstung zu entladen. Sarah brachte er in einer Steinhütte im Ramesseum unter, die ihr bis zur Beendigung der Arbeiten als provisorische Unterkunft diente. Der Zimmermann baute aus den Balken eine Plattform zusammen, einen sogenannten »Wagen«, auf dem der Kopf zum Fluß gleiten sollte. Belzoni inspizierte diese Route. Das Land zwischen Ramesseum und Fluß lag so niedrig, daß es bei Flut unter Wasser stehen würde: nicht hoch genug, um ein Boot zu tragen, aber tief genug, um den »Wagen« am Fahren zu hindern. Die Flut war in einem Monat zu erwarten. Also hatte Belzoni vier Wochen Zeit, das Fundstück bis zum Flußufer zu schaffen – oder er mußte bis zum nächsten Sommer warten. Aber die Zeit schien leicht auszureichen.

Belzoni suchte den Gouverneur mit dem Befehl des Daftardar-Beys auf, ihm Arbeitskräfte zu besorgen und wurde freundlich empfangen. Sein später veröffentlichter Bericht beruht auf seinen Tagebuchaufzeichnungen:

Er empfing mich mit jener stereotypen Höflichkeit, die den Türken eigentümlich ist, auch wenn sie nicht daran denken, einem entgegenzukommen... Die mit glattem Gesicht und geläufig vorgetragenen Beteuerungen der Freundschaft, ja der Vorliebe für einen Menschen, den sie nie vorher gesehen haben, sind ihnen schon zur zweiten Natur geworden. Niemand gibt etwas darauf außer jenen, die die Bräuche des Landes noch nicht kennen.

Zu ihnen gehörte Belzoni im Jahre 1816. Seine Freude dürfte aber schnell verflogen sein, als er hörte, daß alle Arbeiter vor der Überschwemmung auf den Feldern gebraucht würden, daß sie für Ibrahim Pascha arbeiteten und nicht abgezogen werden könnten, daß das Ramadanfest kurz bevorstehe, wo niemand arbeite, und daß schließlich der Kopf unmöglich abtransportiert werden könne, ohne daß Mohammed höchstpersönlich eingreife.

Der Gouverneur erklärte jedoch weiter, er werde alles Erdenkliche für seinen neuen Freund tun, um diese ungeheuren Schwierigkeiten zu meistern und versprach, ihm am nächsten Morgen ein paar Männer zu schicken. Als sie nicht kamen, suchte Belzoni den Gouverneur wieder auf. Diesmal kam er mit Geschenken in Form von Schießpulver und Kaffee. Als er ging, hatte er den Befehl an den örtlichen Caimakan in der Tasche, ihm die gewünschten Männer zu geben. Doch war Belzoni noch immer nicht aus dem Schneider, da der Caimakan Agent eines Händlers in Kairo war und natürlich im Sinne eines guten Geschäftsmanns zu handeln glaubte, wenn er konkurrierende Sammler nach Möglichkeit behinderte. Keine Männer erschienen, bis Belzoni selbst loszog und die Leute mit hohen Löhnen, »30 Paras pro Tag, was viereinhalb Pence in englischem Geld entspricht«, bestach. Ein kleiner Trupp Arbeiter trat an.

Der Kopf wurde auf den »Wagen« gehebelt, unter den man Walzen gelegt hatte. Beim Weiterziehen des Wagens wurde hinten eine Walze frei, die man dann vorne wieder unterschob – eine einfache Technik, wie sie schon im Altertum üblich war und auch heute noch in Gebrauch ist. Der Kopf schwankte also auf den Balken über den Sand, und Belzoni schickte triumphierend eine Botschaft nach Kairo, man sei auf dem besten Wege.

Man schuftete in der erbarmungslosen Hitze des ägyptischen Sommers. Nach zwei Tagen brach Belzoni zusammen, die Arbeit kam zum Stillstand. Er behielt keine Nahrung bei sich, zwang sich aber an die Arbeitsstelle. Er gab einer Gruppe von Männern Anweisungen, die den Weg vor dem »Wagen« glätteten, Hindernisse forträumten und sich ab und zu mit den Leuten abwechselten, welche den Wagen zogen oder mit Hebelstangen seitwärts begleiteten, um den Kopf am Herabrutschen zu hindern. Nach einer Woche hatten sie den halben Weg zum Fluß zurückgelegt. Aber hier kam man an eine gefährlich niedrige Stelle, und Belzoni schrieb:

Am 5. erreichten wir den Streifen Landes, den ich unbedingt möglichst rasch überqueren wollte, weil ich fürchtete, das Wasser könnte eindringen und uns zum Halten zwingen. Ich schmeichelte mir mit dem Gedanken, am nächsten Tag wären wir aus der Gefahrenzone. In dieser Hoffnung eilte ich frühmorgens an die Stelle und traf zu meiner größten Überraschung niemanden an außer die Wachen und den Zimmermann. Sie berichteten, der Caimakan habe den Fellachen verboten, noch länger für die Christenhunde zu arbeiten.

Eine Verschwörung! In wenigen Tagen mußte die Senke, in der sich der Kopf im Augenblick befand, vom steigenden Nil überflutet sein. Belzoni müßte ihn preisgeben und dem erstbesten unternehmungslustigen Europäer überlassen. Der Caimakan war nach Luxor gegangen, um dort die Entwicklung abzuwarten. Belzoni erzählt, wie er den Mann endlich fand und vergeblich »versuchte, ihn mit Engelszungen und Versprechungen zu einer Änderung seiner Haltung zu bewegen«. Es dämmerte ihm langsam, daß »in einem Land, wo nur der Stärkste etwas gilt, der Schwache immer der Dumme ist«. Er berichtet weiter, daß der Mann plötzlich sein Schwert zog. Belzoni packte es mit beiden Händen, schüttelte den Mann kräftig durch und ließ ihn dann stehen. Das Schwert und einen Gürtel mit Pistolen nahm er mit.

Die einzig mögliche Lösung bestand jetzt darin, daß Belzoni den Gouverneur auf seine Seite brachte. Er suchte ihn auf, überreichte ihm die Pistolen als Zeichen seiner Freundschaft und erhielt die notwendigen Befehle für die Arbeiter. Eine Woche später war er am Flußufer angekommen.

Blieb noch eine andere Angelegenheit zu regeln – der Transport des Sargdeckels, den Drovetti Belzoni überlassen hatte. Belzoni trommelte Führer zusammen, die ihm das entsprechende Grab zeigen sollten. Man brachte ihn zu einer engen Höhle im Gebirge. Belzoni entledigte sich eines Großteils seiner Kleider und drang durch einen schmalen Spalt mit zwei Arabern und seinem Dolmetscher ein. Lange Zeit mußten sie kriechen, bis sie in ein Gewölbe kamen, von dem mehrere Tunnels abzweigten – zu eng für Belzoni. Er wartete mit einem der Araber, während sein Dolmetscher mit dem anderen in einen Tunnel hineinkroch, an dessen Ende der Sarkophag liegen müsse, wie der zweite Mann meinte. Dabei war es klar, daß der Sarg auf dem Weg, auf dem sie gekommen waren, unmöglich hereingeschafft worden sein konnte. Nach einer Weile hörte Belzoni einen Plumps, gefolgt vom Geschrei des Dolmetschers: »O mon Dieu, mon Dieu! Je suis perdu!« Dann Totenstille.

Sie warteten. Belzoni fragte den Araber, ob er die Höhle, die hinter der dunklen Öffnung liegen mußte, kenne. Der Mann verneinte. Das Beste schien jetzt zu sein, auf dem Weg, den sie gekommen waren, umzukehren und Hilfe zu holen. Aber auf dem Weg, von dem Belzoni glaubte, er führe ins Freie, gerieten sie in eine Sackgasse. Die Kerzen waren schon fast heruntergebrannt, rings um die Eindringlinge verstreut lagen Menschenschädel und -knochen, und alle Tunnels sahen gleich aus. Einen Tunnel nach dem andern probierten sie aus, nur um immer wieder in das Gewölbe zurückzugelangen.

Endlich entdeckten Belzoni und der Araber doch einen Tunnel, der ins Freie zu führen schien. Sie hörten Geräusche wie Meeresrauschen in weiter Entfernung und erkannten schließlich den Klang menschlicher Stimmen. Als sie ins Sonnenlicht hinaustraten, erblickten sie als erstes den Dolmetscher, der erzählte, der Araber sei, als sie sich der Höhle mit dem Sarkophag näherten, in eine Grube gestürzt. Der Araber hatte aufgeschrien, einen Lichtschimmer in der Nähe bemerkt und plötzlich den Weg ins Freie gefunden. Was war geschehen? Die Araber draußen, die um das

Leben des gestürzten Mannes fürchteten, hatten blitzschnell den Stollen, durch den er dann hinausrannte, freigeräumt. Erst jetzt wurde Belzoni klar, daß sie den Gang absichtlich verstopft hatten. Sie hatten ihn durch einen langen Hintereingang in die Höhle geführt. Er sollte den Sargdeckel nicht mitnehmen können, bevor sie eine Belohnung für die »Entdeckung« des großen Eingangs eingesteckt hatten. Belzoni befahl den Männern, den Eingang noch zu erweitern und zog sich in seine Steinhütte im Ramesseum zurück, um sich von den Strapazen auszuruhen.

Drei Tage später kehrte er zurück und mußte feststellen, daß der Gouverneur die Fundstätte aufgesucht und angeordnet hatte, alle Arbeiter Belzonis zu fesseln und ins Gefängnis zu werfen: Drovettis Agenten waren aus Alexandria angereist und hatten dem Gouverneur Geschenke überreicht. Beim Empfang der Gaben erinnerte sich dieser daran, daß er den Sargdeckel schon dem französischen Konsul verkauft hatte und Belzoni nicht mehr überlassen konnte.

Belzoni scheint das Schicksal seiner Arbeiter kaltgelassen zu haben. Er sagte nur, er werde wegen des Sarkophags nach Kairo schreiben und bestellte bei Salt ein Boot, um den Kopf zu transportieren. Nachdem er angeordnet hatte, einen Wall aus Nilschlamm um den »Jungen Memnon« zu errichten, fuhr er auf der Suche nach anderen transportablen Schätzen weiter nilaufwärts. Salt bezahlte die Miete für das Boot. Da war es nur vernünftig, es auch zu benutzen.

In Esna, der von den Griechen Latopolis genannten antiken Stadt, suchte Belzoni Khalil-Bey auf, den Schwiegersohn Mohammed Alis. Er war gerade zum Gouverneur der oberen Provinzen zwischen Esna und Assuan ernannt worden. Belzoni lagerte sich eine Weile auf einem schönen Teppich, unterhielt sich, rauchte einige Pfeifen und trank Kaffee. Hierauf erhielt er an Hussein Kashit, einen nubischen Fürsten, einen Empfehlungsbrief, der sofort abgeschickt wurde. Mittlerweile hatte er Zeit, den Tempel von Esna zu besichtigen, der etwa 200 Meter vom Strom entfernt im Ortszentrum liegt. Er fand ihn unter Schutthaufen begraben und notierte: »Es ist ein Jammer, daß so herrliche Bauten nur von schmutzigen Arabern und ihrem Vieh bewohnt werden.« Dann segelte er nach Edfu weiter.

Der fast vollständig im Sand begrabene Tempel von Edfu.

Hier erhob sich in der Nähe des Flusses, das umgebende Tal überragend, ein Tempel aus der ptolemäischen Periode, der besterhaltene Ägyptens. Belzoni mußte feststellen, daß Hütten und Ställe darauf standen, und bemerkte ausgedehnte Trümmerhaufen im Sand um den Tempel, die wertvolle Altertümer enthalten mußten. Doch hielt er sich nicht weiter auf und befreite nur einige Sphingen, »lebensgroß, mit Löwenkörper und dem Gesicht eines Weibes«, vom Sand.

In Assuan, wo der erste Katarakt den schiffbaren Nil unterbricht, mußte er ein anderes Boot zur Insel Philä und bis hinauf zum zweiten Katarakt mieten. Das ging nicht ohne heftiges Gefeilsche mit dem Aga von Assuan ab. Aber Sarah sprang hilfreich ein, schenkte den beiden Frauen des Agas Federbetten und einen Spiegel und schmauchte ein Pfeifchen Tabak mit ihnen. Dadurch reduzierte sich der Mietpreis für das Boot von 120 auf 20 Dollar für die Fahrt hin und zurück.

Belzoni legte so großen Wert auf die Reise zum zweiten Katarakt, weil er Abu Simbel anpeilte, wo, wie er von Burckhardt gehört hatte, ein gewaltiger Tempel unter dem Sand begraben lag. Ein so tief begrabener Tempel war vielleicht noch nicht geplündert, und ein so großer versprach reiche Beute. Der Tempel Ramses' II. war über Gebirgen von Sand tatsächlich kaum noch sichtbar. Man sah nur vier riesige aus der Felswand gehauene Statuen. Entsprachen die Abmessungen des Tempels diesen Kolossen, so war es gewiß der größte Ägyptens. Kein Mensch der Neuzeit hatte ihn bisher erblickt.

Als Belzoni beim Dorf Abu Simbel angelegt hatte, mußte er sich mit Dawud Kashif, dem Sohn Hussein Kashifs auseinandersetzen, an den er ein Empfehlungsschreiben mit sich führte. Auf die Frage, weshalb er einen so weit entfernten Ort aufgesucht habe, gab er zur Antwort, er suche »nach alten Steinen«. Dawud lachte. Diese Geschichte hatte er schon oft gehört. Kürzlich sei ein Mann auf der Suche nach Schätzen aus Kairo gekommen, so erzählte er, und mit einem Haufen Gold im Boot wieder zurückgefahren. Sei dies nicht auch der wirkliche Grund für Belzonis Besuch? Belzonis Antwort war genial: »Ich antwortete, die Steine, die ich mitnehmen wollte, seien Bruchstücke, die dem Volk der Pharaonen gehört hatten. Und wir hofften, anhand dieser Bruchstücke zu erfahren, ob unsere Vorfahren aus diesem Land stammten. Das sei der wirkliche Grund, der hinter meiner Suche nach alten Steinen stecke.« Dawud schien das als gewiefte Ausrede zu akzeptieren und fragte, wie sich Belzoni vorstelle, daß man die Leute zur Arbeit für ihn überrede. Die Tempel seien nämlich vom Teufel bewacht. Belzoni erwiderte, man werde in bar bezahlen. Darauf stellte Dawud nur die Frage, was man um Allahs willen in Abu Simbel mit Geld anfangen wolle. Belzoni wies daraufhin, welch ein Segen es für die Leute wäre, wenn man die Geldwirtschaft in Abu Simbel einführe. Sie bräuchten das Geld nur nach Assuan zu schicken und dort ihr Getreide für den Winter einzukaufen. Dawud gab zur Antwort, wenn er so dumm wäre, den Kaufleuten in Assuan Geld zu schicken, würden sie es einfach behalten und die Getreidelieferung »vergessen«. Da zog Belzoni eine Piastermünze aus der Tasche und gab sie einem der neugierigen Zuhörer, die sie im Halbkreis umstanden, mit den Worten, er könne sich Getreide dafür kaufen, das für drei Tage reiche. Als der Mann die winzige Metallmünze hochhielt, brüllte die Menge vor Lachen bei der Vorstellung, daß irgend jemand etwas Wertvolles dafür hergeben würde. Belzoni schlug dem Mann vor, er solle sich an die Mannschaft auf dem Boot des

Fremden wenden. Als der Mann wirklich mit einem Dreitagevorrat Getreide zurückkam, waren die Leute doch sehr beeindruckt. Natürlich hatte Belzoni den Matrosen vorher Bescheid gesagt.

Die Demonstration verschaffte Belzoni einen Sieg über Drovetti. Dieser hatte vor einigen Monaten 300 Piaster in Abu Simbel als Bezahlung für Leute hinterlegt, die die Tempelfront ausgraben sollten. Aber man hatte ihm das Geld wiedergegeben, als er zurückkam, und erklärte ihm, die Arbeiter hätten keine Verwendung dafür.

Die Arbeit kam nur langsam in Schwung. Vierzig Leute schaufelten mühsam den Sand zur Seite und bauten Palisaden aus Gestrüpp, um das Nachrieseln von oben zu verhindern. Es war, schrieb Belzoni, wie wenn man in Wasser ein Loch bohren wollte. Nach einer Woche hatten sie in einer Tiefe von sechs Metern eine Figur des falkenköpfigen Re-Harachte in der Mitte der Frontfassade ausgegraben. Belzoni goß Wasser an der Mauer entlang, an der Stelle, wo sich seiner Meinung nach die Tür befinden mußte. Dadurch wurde der Sand hart, und Belzoni konnte ein tiefes Loch graben, um die Öffnung zu finden. Aber er überlegte dann doch, daß ihn das zuviel Zeit kosten würde. Noch ein anderes Problem tauchte auf: »der Mangel an genau dem Stoff, der hier vor ein paar Tagen noch so verachtet und unbekannt gewesen war. Jetzt ging es ohne diesen Stoff absolut nicht weiter. Es war das liebe Geld, das sogar hier seine Macht erwies. Es weckte die menschliche Gier, und sehr bald hingen diese Wilden mit allen Fasern ihres Herzens daran.«

Belzoni entschloß sich, die Arbeit aufzuschieben. Als Gegenleistung für ein paar Geschenke hatte er Dawud das Versprechen abgerungen, keinen anderen an den Platz zu lassen. Er markierte die Stelle an der Tempelfassade, bis zu der sie vorgedrungen waren, und setzte Segel flußabwärts. In Philä lud er alles nach Kairo ein, was nicht niet- und nagelfest war. Er fand einen Obelisk, sieben Meter hoch und an der Basis 60 cm breit, der nahe genug am Wasser lag, um abtransportiert zu werden. Doch dafür brauchte er ein größeres Boot, und Belzoni »ergriff Besitz von einem solchen« »im Namen des Kairoer Generalkonsuls Seiner Majestät des britischen Königs«. Er gab dem Aga vier Dollars für einen Wachposten darauf, bis er zurückgekehrt sei. Der Aga fragte schlau, wieviel er für seine Erlaubnis, den Obelisk abzutransportieren, erhalte. Belzoni war unschlüssig:

»Ich war zwar durch den Ferman des Paschas ermächtigt, alle Steine und Statuen mitzunehmen, die ich wollte. Aber diese Kerle glauben, sie hätten ein Recht, etwas zu fordern. Und wenn sie sich auch nicht offen querlegen können, steht es doch in ihrer Macht, einem solche Schwierigkeiten zu machen, daß das ganze Unternehmen scheitert.« Also versprach er dem Aga 300 Piaster, sobald der Obelisk verschifft wäre.

Auf der Insel befand sich auch eine herrliche, auf Steinblöcken eingravierte Bilderserie, die den Gott Osiris darstellte, wie er Geschenke von Priestern und weiblichen Figuren entgegennimmt. Die Blöcke waren einen Meter lang und 90 cm breit, aber zu sperrig und groß, um ohne weiteres abtransportiert zu werden. Belzoni hinterließ dem Aga Geld und Anweisungen, sie in eine handliche Größe zu zerlegen und mit dem nächsten Schiff nach Luxor zu schicken.

Es war schwierig, überhaupt aus Assuan wieder wegzukommen. Der Aga hatte alle Boote verstecken lassen, um möglichst viel Geld für die Vermietung seines eigenen herauszuschlagen. Schließlich gelangten Belzoni und seine Leute doch nach Luxor, wo sie Geld von Salt vorfanden. Aber weit und breit kein Boot für den Kopf des »Jungen Memnon«! Glücklicherweise war gerade ein großes Schiff aus Kairo angekommen, mit zwei Agenten Drovettis: Jean-Jacques Rifaud, Bildhauer aus Marseille und begeisterter Sammler, und Frédéric Caillaud, Mineraloge und Juwelier aus Nantes. Es waren gerade die Richtigen, Belzonis Vertrauen in sein Urteil als Kunstkenner zu erschüttern, und sie verloren auch keine Zeit damit. Wenig begeistert äußerten sie sich nach einer Inspektion über den »Jungen Memnon« und verhöhnten Belzoni: Er habe Geld und Mühe an einen wertlosen Granitklotz veschwendet. Die Franzosen hätten ihn seinerzeit nur liegenlassen, weil er den Transport nicht lohnte.

Etwas weniger fein gingen sie vor, als sie die Araber des Ortes zusammenriefen und verkündeten, jeder, der Altertümer an die Engländer oder ihre Agenten verkaufe, werde auf Befehl des hiesigen Katcheff verprügelt. Um das Maß voll zu machen, zog der Dolmetscher der Franzosen Belzoni beiseite und flüsterte ihm vertraulich ins Ohr, es werde ihm mit Sicherheit die Kehle durchgeschnitten, wenn er mit seinen Grabungen nicht aufhöre.

Doch Belzoni verstand es, diese kaum optimistisch stimmende Begegnung noch zu seinen Gunsten zu wenden. Er vereinbarte mit den Bootseignern, daß sie von Assuan nach Luxor zurückfahren würden, um dort den Kopf zu verladen, und außerdem die Steinblöcke mitzubringen, die er in der Obhut des Agas zurückgelassen hatte. Wegen des großen Gewichtes des Steins und sicher auch, weil keine Konkurrenz zu fürchten war, erpreßten die Eigentümer eine hohe Mietsumme. Sie bestanden auf der Zahlung von 3000 Piastern (etwa 75 Pfund) für den Transport, die Hälfte im voraus zu entrichten. Belzoni zahlte. Dann begab er sich nach Karnak, wo er zwanzig Mann zurückgelassen hatte, die emsig den festen, in jüngster Zeit noch nicht durchwühlten Boden umgruben. Sie hatten 18 löwenköpfige Statuen der Göttin Sechmet zutage gefördert. Sechs davon waren vollständig erhalten. Außerdem war noch eine weiße Statue des Jupiter Ammon dabei. Belzoni schaffte die besten Stücke nach Luxor, um sie, sobald das Boot mit den Steinblöcken aus Assuan eintraf, mit zu verschiffen.

Aber es waren keine Steinblöcke an Bord, als das Boot bei Luxor anlegte, nur Datteln. Die Eigner hatten sich von Drovettis Agenten überzeugen lassen, es sei zu riskant, Geschäfte mit den Engländern zu machen, und wollten Belzoni lieber sein Geld zurückgeben. Mittlerweile sank das Wasser des Nils bereits, und kein anderes Boot war in Sicht. Wenn Belzoni diese Gelegenheit vorübergehen ließ, würde der »Junge Memnon« bis zum nächsten Jahr am Ufer warten müssen. Er entschloß sich zu einem verzweifelten Schritt. Er wollte Khalil-Bey aufsuchen und ihn bitten, die Schiffseigner zur Einhaltung ihrer Vereinbarung mit ihm zu zwingen. Aber große Hoffnungen machte er sich nicht, da Khalil ihm schon erklärt hatte, kein Boot könne einen so schweren Stein tragen. Doch zwei kleine Flaschen Anchovis und zwei Flaschen mit Oliven retteten das Unternehmen. Ohne sie stünde die herrliche Büste heute nicht im Britischen Museum.

Die Flaschen waren soeben als Geschenke für Khalil-Bey in Luxor angekommen, als sich Belzoni zu seinem Besuch, bei dem er Gerechtigkeit fordern wollte, anschickte. Ein Bote brachte sie ihm und vertraute ihm an, Drovetti habe sie dem Bey als Geschenke überreicht. Da habe dieser einen Wutanfall bekommen, schwer gekränkt darüber, daß man es wage, ihm eine so unbedeutende Gabe – die man jetzt nur noch einem anderen Fremden weitergeben konnte – anzubieten. Alles Französische brachte ihn in Rage. Belzoni entschloß sich, wie er schrieb, »das Eisen zu schmieden, solange es heiß war«. Sofort begab er sich mit den zwei Schiffseignern zum Bey, um auf Erfüllung seines Kontraktes zu pochen. Der Bey war noch frankophob genug und fällte das von Belzoni erhoffte Urteil.

Einhundertunddreißig Arbeiter verluden den Kopf. Das Deck des Bootes lag fünfeinhalb Meter unterhalb des Ufers, und Belzoni konstruierte aus vier Palmbaumstämmen eine schiefe Ebene vom Ufer bis zur Mitte des Bootes. Darauf sollten die sieben Tonnen Granit ins Schiff gleiten. Der Kopf wurde auf seinem »Wagen« aus Holzbalken festgezurrt. Bremsen konnte man ihn durch Seile, die um in den Uferboden getriebene Pfosten herumliefen. Am Ende der schiefen Ebene wurde ein Polster aus Matten und Strohballen angebracht, welches das hinuntergleitende Gewicht auffangen konnte. Auf der Bahn selbst befestigte man einen Sandsack, um die Wucht des Kopfes zu bremsen, falls ja die Seile, oder die Arbeiter, nachgeben würden.

Als der große Block Zentimeter um Zentimeter die Rampe hinabrutschte, murmelten die Besitzer des Boots leise vor sich hin. Sie hatten sich schon mit dem Verlust ihres Schiffes abgefunden. Die Zuschauer diskutierten, ob der Kopf sofort durch den Bretterboden des Bootes durchbrechen und im Fluß versinken oder dieses bei der ersten Berührung mit sich auf den Grund reißen würde.

Belzoni wußte, daß der Kopf rettungslos verloren wäre, wenn hier etwas schiefging. Aber der »Junge Memnon« glitt majestätisch die Rampe hinunter und blieb still an Deck liegen. Das Boot schwankte heftig, ging aber nicht unter, und die Eigner stürzten auf Belzoni zu und schüttelten ihm begeistert die Hand. Als sie drei Tage später nach Kairo absegelten, hatten sie die kostbarste Last und den herrlichsten archäologischen Schatz an Bord, der in unseren Tagen jemals nilabwärts transportiert wurde.

Für seine Bemühungen erhielt Belzoni 100 Pfund. Salt und Burckhardt gaben ihm je 25 Pfund für den »Jungen Memnon«, und Salt fügte noch 50 Pfund aus der eigenen Schatulle hinzu. Da er vielleicht das Gefühl hatte, daß das immer noch nicht recht angemessen war, erlaubte er Belzoni, zwei der löwenköpfigen Statuen zu behalten. Die übrigen wurden im Konsulat untergebracht, während Belzoni angewiesen wurde, den Kopf nach Alexandria zu schaffen und dort die Verschiffung nach England abzuwarten. Er schreibt, mit Überraschung habe er bemerkt, daß man hier einen Unterschied machte. Er habe geglaubt, er sei engagiert worden, um alle Altertümer für das Britische Museum zu beschaffen. Salt hingegen betrachtete sie anscheinend als Eigentum, über das er frei verfügen konnte. Interessanterweise dachte Burckhardt genauso. Nachdem er die Sammlung inspiziert hatte, schrieb er an Salt: »Mr. Belzoni hat Ihre schönsten Hoffnungen übertroffen und sein Bestes getan, seinen Auftrag zu Ihrer vollsten Zufriedenheit zu erfüllen. Außer dem Kopf hat er sieben Statuen mitgebracht, die die Zierde Ihrer künftigen Galerie sein werden.«

Aber was auch immer die letzte Bestimmung der Statuen sein und wem sie auch gehören mochten – Belzoni dachte offenbar nur daran, nach Abu Simbel zurückzukehren und die Ausgrabung des großen Tempels zu vollenden, bevor sich jemand anderes einmischen konnte. Trotzdem knüpfte er an seine künftige Partnerschaft mit Salt eine Bedingung, die folgenschwerer war, als Salt ahnen konnte. Wenn Belzoni in Abu Simbel Erfolg hatte, sollte ihm ein offizielles Empfehlungsschreiben an die »Society of Antiquaries« ausgehändigt werden. Als Gegenleistung für seine Entdeckungen suchte Belzoni Anerkennung als Gentleman und Gelehrter nach dem Muster seines Freundes Burckhardt. Das war ihm lieber als die Aussicht auf klingende Münze, die so viele Gentlemen und Gelehrte nach ihm ins Niltal ziehen sollte.

Die Fahrt nach Abu Simbel machte Belzoni in Gesellschaft von Salts Privatsekretär, einem jungen Mann namens Henry Beechey, und eines am Konsulat beschäftigten griechischen Dolmetschers, Yanni Athanasi. Zweifellos erschien es Salt notwendig, daß jemand, dem er trauen konnte, ein wachsames Auge auf Belzoni hielt, der einen ununterdrückbaren Hang hatte, zu zeigen, mit wie grandiosen und aufwendigen Projekten er es zu tun hatte. Beechey sollte einen mäßigenden Einfluß auf Belzoni ausüben, Salt aber auch verläßliche Informationen liefern. Er verwaltete außerdem die Kasse. Belzoni war nicht unglücklich, ihn zur Seite zu haben.

Die Reisenden kamen gegen einen starken Südwind nur langsam voran, als sie hörten, daß zwei Agenten Drovettis im Eiltempo nach Karnak unterwegs waren, um ihnen zuvorzukommen. Belzoni wußte, daß der Bereich, in dem er Ausgrabungen vorgenommen hatte, noch weit mehr Schätze enthielt. Diese wären verloren, könnte er sie nicht an Ort und Stelle verteidigen. Mit Yanni setzte er zu Esel, Pferd und Kamel zum Endspurt durch die Wüste an und legte in fünfeinhalb Tagen 450 Kilometer zurück. Er kam zu spät. Der Daftardar-Bey hatte bereits Grabungen auf dem Gebiet angeordnet, unter dem Vorwand, er gedenke, sich eine eigene Sammlung zuzulegen.

Drovettis Agenten brachten die Arbeit erst richtig in Schwung. Sie stellten alle in Karnak verfügbaren Arbeitskräfte ein, so daß Belzoni nichts anderes übrigblieb, als dem Boot hinterherzureisen, das sich mit Beechey und dem Geld stromaufwärts kämpfte. Er entschloß sich also, die Franzosen in Karnak ihrem Schicksal zu überlassen und sich auf die Gräber am Westufer zu konzentrieren.

Das Ostufer mit den Tempelkomplexen von Luxor und Karnak heißt »Theben der Lebenden«, das Westufer »Theben der Toten«. Am Westufer erstrecken sich die Ruinenfelder der Tempel über acht Kilometer Entfernung. Es handelt sich zumeist um Totentempel der Könige des Neuen Reiches mit den Kultgegenständen dieser Könige, die selbst jedoch in den Felsgräbern weiter westlich begraben sind. Zu Beginn des Jahrhunderts hatte William Hamilton dort zehn gut zugängliche Gräber gefunden, war aber der Ansicht, es müßten sich noch weit mehr unter dem Sand und den Steinen befinden.

Belzoni begann mit seiner Suche im entfernteren Westteil des Tals der Könige, noch jenseits des Grabes von Amenophis III., das die Franzosen entdeckt hatten. Für einen athletisch gebauten Mann wie Belzoni hatte die Arbeit in engen unterirdischen Stollen, in denen zusammengeschrumpfte Mumien lagen, etwas Beklemmendes. Er schildert diese Eindrücke überaus plastisch in seinen Memoiren:

Große Mengen Staub wirbeln auf, so fein, daß sie in Hals und Nase dringen und die Schleimhäute reizen. Man braucht schon starke Lungen, um das hier auszuhalten und den beizenden Ausdünstungen der Mumien gewachsen zu sein... Die Schwärze der Mauern, das trübe Licht, das die Kerzen und Fackeln in der sauerstoffarmen Luft geben, die Gegenstände um mich herum, die miteinander zu flüstern scheinen, die Araber mit Kerzen und Fackeln in Händen, mit nacktem Oberkörper und staubbedeckt, wie lebendige Mumien: Das alles ergab eine Szene, die unmöglich zu beschreiben ist.

Einmal kam er in Qurna erschöpft am Ende eines langen Ganges an und fand ein geräumigeres Plätzchen, wo er ausruhen konnte:

Ich suchte einen Rastplatz, fand auch einen, und wollte mich hinsetzen. Aber ich setzte mich auf die Leiche eines alten Ägypters, die unter meinem Gewicht zusammenkrachte wie eine Hutschachtel. Ich zuckte zurück und versuchte mich auf die Arme zu stützen. Doch auch sie fanden keinen Halt, und ich versank in einem Haufen zerbröckelnder Mumien, wobei die Knochen, Lumpen und hölzernen Särge nur so knackten. Zugleich wirbelten derartige Staubwolken auf, daß ich mindestens eine Viertelstunde regungslos warten mußte, bis sie sich wieder gelegt hatten. Auch konnte ich mich nicht entfernen, ohne weitere Staubwirbel auszulösen. Bei jedem Schritt trat ich irgendwo auf eine Mumie. Einmal gelangte ich von einer solchen Stelle zu einer ähnlichen, und zwar durch einen etwa sechs Meter langen und so schmalen Gang, daß sich ein Körper gerade hindurchzwängen konnte. Er war angefüllt mit Mumien, und bei jedem Schritt streifte mich irgendein toter alter Ägypter im Gesicht. Als sich der Gang senkte, ging es etwas besser, weil mich mein Gewicht weiterzog. Trotzdem war es unvermeidlich, daß mir Knochen, Beine, Arme und Schädel von oben hinterherrollten und mich mit ihrer staubigen Masse bedeckten.

Ende April hatte Belzoni in Luxor so viele neue Schätze gefunden, daß er ein zweites Boot füllen konnte. Außer Drovettis Geschenk, dem Sargdeckel, waren das ein großer roter Granitkopf und -arm von einer Kolossalstatue Thutmosis' III. in Karnak, vier weitere löwenköpfige Statuen der Sechmet und ein solider Steinsockel aus dem Montutempel in Karnak mit zusammengehörigen Relieffiguren der Hathor, des Montu und Thutmosis' III.

Plötzlich betrat ein unwillkommener Besucher die Bühne. Der Daftardar-Bey hatte über Drovettis Agenten von Belzonis Erfolg erfahren und glaubte, er müsse demonstrieren, deren Schutzgelder nicht umsonst erhalten zu haben, indem er den Scheich, der Belzoni mit Leuten versorgt hatte, bewußtlos prügeln ließ. Erst als Belzoni drohte, er werde nach Kairo schreiben und dem Pascha sagen, wie dessen Schwiegersohn auf den von des Paschas eigener Hand ausgestellten Ferman reagiere, lenkte der Daftardar scheinbar ein. Er kündigte eine Bekanntmachung an, in der Belzoni erlaubt werden sollte, Arbeitskräfte in Qurna zu beschäftigen. Die Leute wurden zusammengerufen, die Bekanntmachung des Daftardars sollte öffentlich verlesen werden. Aber Belzoni traute seinen Ohren nicht, als der Ausrufer den Leuten verbot, für die Engländer zu arbeiten oder ihnen Antiquitäten zu besorgen. Es wurde ihnen statt dessen befohlen, ausschließlich mit Drovetti oder seinen Agenten zu kooperieren.

Der Zeitpunkt schien gekommen, einen Hilferuf nach Kairo zu richten. Beechey schrieb an Salt, berichtete ihm, was passiert war und verlangte Genugtuung für die Beleidigung von Untertanen der britischen Krone, die unter dem Schutz eines auf Ersuchen des britischen Konsuls ausgestellten Firman reisten. Salts Antwort ist sehr bemerkenswert. Er berichtete, er habe den Pascha aufgesucht, der dem Daftardar-Bey schreiben und garantieren werde, daß dieser sich so etwas für alle Zukunft nicht mehr leisten würde. Aber dann fuhr er fort:

Doch möchte ich, daß Sie sich folgendes gut merken: Ich bin nicht Ihrer Meinung, daß es sich hier um eine Verletzung der nationalen Ehre handelt oder meine Eigenschaft als Konsul irgendwie berührt ist. Es sollte Ihnen doch klar sein, daß weder Sie noch Mr. Belzoni gegenwärtig in einem offiziellen Beschäftigungsverhältnis zu mir stehen. Ihr Status ist lediglich der zweier Reisender, die für den Aufbau einer Sammlung arbeiten. Sie können daher nur eine Genugtuung beanspruchen, wie sie jedem sonstigen englischen Gentleman auch zusteht. Es ist absolut notwendig, daß Sie sich das ausdrücklich klarmachen. Denn wie Sie wissen, bin ich von der Regierung nicht autorisiert, Personen für derartige Projekte zu beschäftigen. Für die

Sammlungen und die Aufwendungen dafür bin ich allein verantwortlich, und Ihre Arbeit geschieht im Rahmen dieser privaten Aktivitäten.

Es ist möglich, daß Beechey diesen Teil des Briefes für sich behielt. Denn Belzoni war immer dann am eifrigsten und motiviertesten, wenn er sich als den offiziellen Beauftragten der größten Nation der Erde fühlen konnte, mit der Pflicht, die Schatzkammer dieser Nation, das Britische Museum zu beliefern. Unwahrscheinlich ist, daß sich Beechey, der Sekretär des Konsuls, erlaubt hätte, mit einem ungebildeten Ex-Zirkusartisten vertraulichen Umgang zu pflegen. Und er erklärte Salts Biographen denn auch, »Belzoni war dermaßen mißtrauisch und empfindlich, daß es in mancher Hinsicht sehr schwierig war, mit ihm auszukommen.« Beechey und Belzoni wußten andererseits beide, daß sie unter dem Schutz des Namens des britischen Konsuls reisten. Sie wußten, daß ihnen die Erlaubnis zu reisen und Ausgrabungen durchzuführen nur wegen Beecheys offiziellen Status erteilt worden war. Deshalb nahmen sie vielleicht die Auskunft, sie erforschten die Tempel und Gräber des Niltals nur um der Laune eines Mr. Henry Salt willen, nicht besonders ernst.

Es hatte nun freilich keinen Sinn, in Luxor zu bleiben, wenn der dortige Daftardar aktiv gegen sie arbeitete. Also entschloß sich Belzoni, während er auf eine Antwort aus Kairo wartete, den Strom hinaufzufahren und die mit Reliefs versehenen Steinblöcke, die er auf der Insel Philä unter der Obhut des Aga zurückgelassen hatte, abzuholen. Er fand sie dort, wo er sie untergebracht hatte – aber alle waren verschandelt und zerbrochen. Jemand hatte mit Holzkohle die Worte »Operation manqué« darübergeschrieben. Drovettis Agenten, die den Transport der Blöcke sabotiert hatten, hatten zusätzlich dafür gesorgt, daß sich der Transport auch in Zukunft nicht mehr lohnte.

Doch wurde Belzoni auf der Insel durch anderes entschädigt. Ein Brief von Salt traf ein. Er enthielt Geld und die Vereinbarung, daß Belzoni es benutzen sollte, sich Zugang zu dem großen Tempel in Abu Simbel zu verschaffen und ihn zu untersuchen. Gleichzeitig trafen Charles Leonard Irby und James Mangles, beides Captains der Royal Navy, an Bord eines Schiffes ein. Sie waren entzückt, sich Belzoni anschließen zu können – er stimmte bereitwillig zu –, bedangen sich aber aus, den Geburtstag König Georgs III. am 4. Juni in Philä zu feiern.

Seine Majestät hätte ihrem Vorgehen sicher Beifall gezollt. Sie fanden eine alte Fahne und pflanzten sie auf dem höchsten Punkt der Insel auf. Pünktlich zwölf Uhr mittags kamen die vier Männer dann zusammen und feuerten mit einem 21-Pfünder Salut. In der Nacht wurde die Zeremonie noch einmal wiederholt, zur größten Bestürzung und Aufregung der Araber, die nicht verstanden, wie jemand soviel Pulver verschießen konnte, ohne jemanden zu töten.

In Abu Simbel gab es die üblichen Probleme mit der Anwerbung von Arbeitskräften. Das Kommando im Dorf hatten die Gebrüder Kashif, Dawud und Khalil. Belzoni eröffnete eine Runde Geschwisterrivalität, indem er seine Geschenke Dawud überreichte. Khalil schmollte und zog sich in seine Hütte zurück. Zum Abendessen ließ er sich erst herbei, als man ihm ein Gewehr mit Pulver und Kugeln überreicht hatte. Die Arbeiter wurden schließlich organisiert, arbeiteten aber so schleppend, daß Belzoni sich entschloß, einen Versuch mit Akkordarbeit zu machen. Er sagte, er werde 300 Piaster für das Freischaufeln des Portals zahlen. 100 Männer sollten sich unter Führung Dawuds und Khalils an die Arbeit machen. Da der Job schätzungsweise drei Tage dauerte, zahlte Belzoni einen Teil des Lohns zu Anfang aus und den Rest erst am dritten Tag. Da fiel den Arbeitern plötzlich ein, es sei Ramadan und man dürfe nicht mehr arbeiten. Man war noch nicht fertig, das Geld war verloren.

Aber die ungläubigen Christen waren nicht an den Ramadan gebunden. Am nächsten Morgen standen die beiden Captains der Navy vor Tau und Tag auf und erkletterten mit Belzoni, Beechey, Yanni, dem griechischen Dolmetscher, und dem Janitscharen den Hügel bis zur Front des Tempels. Zweieinhalb Stunden buddelten sie, bis die Sonne zu heiß wurde. Am Abend fingen sie wieder an. Vierzehn Tage lang schuftete die kleine Gruppe in gleichmäßigem Tempo im Sand und erhielt manchmal Hilfe von den Schiffsbesatzungen oder doch von einigen Dörflern.

Als sich die Spitze eines Portals zeigte, trieb Belzoni Palmstämme in den Sand darum herum und goß Wasser und Schlamm darüber, damit der feine Sand nicht ins Innere rieselte. Sie gruben dann innerhalb dieses Walls weiter und hatten in der Abenddämmerung des folgenden Tages die Öffnung freigelegt. Es war aber schon zu dunkel, um hineinsehen zu können, und die austretende Luft roch modrig. Daher entschloß sich Belzoni, den Morgen abzuwarten, ehe er in den Tempel eindrang.

Kurz vor Tagesanbruch stiegen die Gefährten wieder den Abhang hinauf und begannen mit der Verbreiterung des Loches. Die Schiffsmannschaft schlief noch. Als aber die Morgenröte den östlichen Himmel färbte, gab es Lärm im Schiff. Der Kapitän eilte den Hügel hinauf und rief, man müsse unverzüglich Segel setzen. Wenn die Fremden nicht an Bord kämen, würden sie zurückgelassen. Belzoni und seine Leute waren zu sehr in ihre Arbeit vertieft, um Ohren für etwas anderes zu haben. Da fielen die Matrosen auf die Knie, heulten laut und streuten sich Sand über den Kopf. Dawud und Khalil hatten ihnen befohlen, die Fremden, sollten sie die Tür freilegen, abzulenken, koste es, was es wolle. Aber die Schatzgräber ignorierten die Leute und drückten sich jetzt einer nach dem andern durch die Öffnung.

Sie fanden sich in einem gewaltigen Saal mit über 18 Metern Länge und Breite und neun Meter hoch. An jeder Seite standen vier Vierkantpfeiler in Form stilisierter Osirisfiguren, und die Wände waren mit Hieroglyphen und Schlachtszenen reich geschmückt. Am Ende des Saales öffnete sich ein kleiner Raum in die Vorkammer des Sanktuariums, in dem die Strahlen der aufgehenden Sonne die Sitzfiguren der Götter beschienen.

Die Eindringlinge standen wie festgewurzelt vor dieser Größe, die sie da dem Schoß der Finsternis entrissen hatten. Doch Belzonis Auftrag war es nicht, Entdeckungen zu machen, sondern wertvolle Altertümer zu beschaffen. In dieser Hinsicht war Abu Simbel eine Enttäuschung. Seinem Bericht nach fand er lediglich »Zwei Löwen mit Falkenköpfen in Lebensgröße, eine kleine Sitzfigur und einige Kupferverzierungen an den Türen«. Sowohl Mangles als auch Belzoni fertigten Zeichnungen an. Jedoch war die Hitze im Tempel zu groß, weshalb sie einhellig beschlossen, »diese Tätigkeit künftigen Reisenden zu überlassen, die sich ihr, wenn es kühler ist, mit größerer Bequemlichkeit widmen können«. Da ihre Vorräte sehr geschrumpft waren – sie hatten sechs

Tage lang ohnehin nur in Wasser gekochtes Getreide ohne Salz gegessen –, faßten sie den Entschluß, die Statuen zu verladen und nach Luxor zurückzufahren.

Belzoni meinte, am wahrscheinlichsten würde man in der Gegend von Theben ein Lastschiff finden. Dort angelangt, mußte er zu seiner größten Enttäuschung feststellen, daß sich die Franzosen des ganzen Gebietes am Ostufer bemächtigt hatten und eifrig in den Tempelruinen von Luxor und Karnak herumwühlten. Nirgends war noch ein arbeitsfähiger Mann aufzutreiben, weshalb sich Belzoni wieder zum Westufer hinüberbegab und nach noch unentdeckten Gräbern im Tal der Könige forschte. Er behauptete, damals hätte er schon ein gutes Auge dafür entwickelt, wo ein Grab unter dem Sand verborgen sein könnte. Und wirklich: War es Tüchtigkeit, war es Glück – innerhalb von drei Tagen hatten sie ebenso viele Gräber entdeckt. Diese waren zwar herrlich geschmückt, gaben aber wenig Beutestücke her außer einem irdenen Krug und, im Grab Ramses' I., einer lebensgroßen Holzplastik des Pharao mit beschädigter Nase.

Als Belzoni auf der Suche nach versteckten Kostbarkeiten einer Mumie die Binden abnahm, bemerkte er, daß neue über die alten gelegt worden waren. Das war ein Beweis, daß die alten Ägypter viele Jahre lang für ihre Toten gesorgt hatten. Aber es fanden sich keine Juwelen und nur wenige Papyri.

Etwa 15 Meter vom Grab Ramses' I. entfernt lag am Fuß eines steilen Hügels eine kleine Senke, durch die wahre Sturzbäche schossen, wenn es regnete. Belzoni entschied sich, an dieser Stelle zu graben, obwohl die Arbeiter meinten, niemand würde doch ein Grab direkt an einem Sturzbach anlegen. Nach zwei Tagen stießen sie in einer Tiefe von gut fünf Metern auf einen schmalen Eingang. Belzoni schlüpfte hindurch und fand sich in einem elf Meter langen und zweieinhalb Meter hohen Korridor mit schönen Malereien und eingravierten Hieroglyphen an Wänden und Decke. Am Ende des Korridors führte eine Treppe zu einem weiteren, ebenso herrlich geschmückten. Da wußte Belzoni, daß er sich im Grab eines großen Königs befand. Im zweiten Korridor gähnte allerdings von Wand zu Wand eine große Grube, neun Meter tief und vier Meter breit. Drüben, auf der anderen Seite, ragte eine Mauer empor, anscheinend aus massivem Fels. In

Wirklichkeit bestand sie aus verputzten Steinen und war nur, genauso wie der Fels daneben, geschmückt, um Grabräuber zu täuschen. Doch war diese Absicht mißlungen, wie fast immer bei falschen Wänden. Über der Grube konnte Belzoni ein durch die Wand gebrochenes Loch bemerken. Auch stellte er fest, daß sich die Palmbaumstämme, die die Räuber benützt hatten, um hinabzuklettern und dann wieder zum Grubenrand hinaufzusteigen, noch an Ort und Stelle befanden. Sie zerfielen zu Staub, als er sie berührte.

Am nächsten Tag überquerten sie die Grube auf einem Paar Balken, und Belzoni konnte das Loch in der Wand vergrößern und hindurchsteigen. Er entdeckte eine Flucht von Räumen, prächtiger geschmückt als alle bisher geöffneten Gräber im Tal der Könige. Es war das Grab Sethos' I., des Vaters von Ramses II., der die große Säulenhalle in Karnak und die Tempel in Abydos und Qurna erbaut hatte. Die Pracht der Räume war außergewöhnlich, ebenso der Erhaltungszustand. Im Herzen der Anlage fand Belzoni einen Gegenstand von geradezu ehrfurchterweckender Schönheit, der, wie er schrieb,

> die höchste Aufmerksamkeit verdient. Seinesgleichen findet sich nirgendwo auf der Welt, und wir hätten uns nicht träumen lassen, daß so etwas existieren könnte. Es ist ein Sarkophag aus feinstem Orient-Alabaster, 2,90 Meter lang und 1,10 m breit. Die Wände sind nur 5 cm dick und durchsichtig, wenn man ein Licht hineinstellt. Innen und außen ist er mit sorgfältig gearbeiteten Skulpturen bedeckt. Es sind bestimmt mehrere hundert Figuren, keine größer als 5 cm ... Es übersteigt meine Fähigkeiten, eine angemessene Vorstellung von diesem herrlichen, kostbaren Kunstwerk zu vermitteln, und ich kann nur sagen, daß bisher nichts aus Ägypten nach Europa gelangt ist, das einen Vergleich mit diesem Stück aushielte.

Aber bevor es Belzoni glückte, den Sarkophag an seinen endgültigen Bestimmungsort mitten in London zu schaffen, sollte sich an ihm alles erfüllen, was die ersten Jahrzehnte der Ägyptologie so abstoßend macht.

Die Leute Belzonis hatten noch nicht Zeit gehabt, ihre Funde in allen Einzelheiten zu registrieren, als der erste Prominente der Ausgrabungsstätte einen Besuch abstattete. Araber aus den Bergen stürzten ins Lager und berichteten, eine Kompanie türkischer Reiter galoppiere auf das Tal zu. Belzoni erschrak. Sonst mieden die Türken solche Plätze eher. Eine halbe Stunde später hörte er das Echo von Gewehrfeuer zwischen den Hügeln und erkannte, daß man zum Sturm auf den Fundort ansetzte. Schon geriet ein Trupp bewaffneter Kavallerie in sein Blickfeld.

Die Reiter eskortierten Hamid Aga, Kommandeur der Ostseite Thebens, der von der neuen Entdeckung Wind bekommen hatte und jetzt herbeieilte, die Schätze in Augenschein zu nehmen. Er begrüßte Belzoni sehr herzlich und nahm die Einladung, das Grab zu besichtigen, begeistert an. Fackeln wurden herbeigebracht, und Belzoni führte seinen Gast durch die prachtvoll geschmückten Gänge und die Räume mit Reliefs in leuchtenden Farben. Der Aga schien jedoch eher geistesabwesend und kaum beeindruckt zu sein. Seine Männer folgten ihm und durchsuchten jeden Winkel, jedes Loch. Schließlich gelangten sie ins Herz der Gruft mit der stillen, weißen Schönheit des Sarkophags. Der Aga setzte sich dem Sarg gegenüber, schickte seine Leute weg und fragte Belzoni ganz im Vertrauen, ob er jetzt endlich »den Schatz« zu Gesicht bekäme. Belzoni erwiderte, er habe alles gesehen, was es hier gebe. Da meinte der Aga, man habe ihm erzählt, es sei hier ein großer Haufen Gold, gespickt mit Diamanten und Perlen, gefunden worden. Er wünsche ihn zu sehen. Der Haufen Gold war ein häufiges Motiv in den arabischen Märchen und tauchte ebenso unvermeidlich in neu entdeckten Gräbern auf wie der berühmte Topf voll Gold am Fuß des Regenbogens. Als der Aga endlich überzeugt war, daß Belzoni wirklich keinen Haufen Gold gefunden hatte, verließ er enttäuscht den Raum. Um seiner Stimmung aufzuhelfen, folgte ihm Belzoni und fragte ihn, was er von all den schönen Gemälden hielte. Der Aga gab zur Antwort, das wäre ein guter Platz für einen Harem. Die Frauen hätten dann immer etwas zum Anschauen. Und weg war er.

Da waren die nächsten Besucher in Sachen Kunst schon versierter. Henry Salt kam mit drei Schiffen. Sie hatten alles an Bord, was sich ein aufstrebender Diplomat nur wünschen konnte: den Earl und die Countess of Belmont, dessen Cousine Juliana, seine zwei Söhne, Lord Corry und Henry Corry, sowie des Earls Bruder, Captain Armar Lowry Corry von der Royal Navy. Die

Seelen der Reisegesellschaft waren in der Obhut von des Earls Privatkaplan, des Reverend Mr. Lowry, und ihre Körper in der des Arztes Dr. Robert Richardson. Alle paradierten um das Grab herum und schwelgten in »Ohs« und »Ahs«, wie es sich gehörte. Belzoni war anscheinend über diesen Besuch sehr erfreut. Er berichtet, Salt sei von dem Sarkophag dermaßen hingerissen gewesen, daß er die folgenden vier Monate selbst den Spaten in die Hand nahm, allerdings ohne Erfolg oder, um mit Belzonis leicht ironischen Worten zu sprechen: »Seine Funde wird er natürlich selbst mit größerer Genauigkeit beschreiben als ich es könnte.« In Belzonis Bericht findet sich aber nicht die Spur irgendwelcher Spannungen zwischen ihnen.

Doch Salt berichtet, kurz nach der Abreise des Earls und seiner Freunde habe sich Belzoni, sobald die Sprache auf seine Bezahlung kam, immer »ziemlich merkwürdig« benommen. Wahrscheinlich ist, daß Salt gerne den Herrn herauskehrte und Wert darauf legte, Belzoni in der Rolle des Dieners zu sehen. Ganz gewiß ging es ihm gegen den Strich, Belzoni als ebenbürtigen Kollegen zu betrachten. Belzoni spürte das zweifellos und war gekränkt. Er forderte Salt auf, die Art ihrer Beziehungen zu klären und im besonderen zu einer Vereinbarung über die Höhe seines Honorars zu kommen. Salt erwiderte, er habe ursprünglich daran gedacht, Belzoni außer seinen Spesen ein Gehalt von 300 bis 500 Piastern monatlich zu zahlen. Doch habe Belzoni sich so über alle Erwartung bewährt, daß diese Regelung in der Tat noch einmal überdacht werden müsse. Wohin derartige Überlegungen führen mochten, das konnte Salt nicht voraussagen, da er selbst große Summen vorgeschossen und bisher keine Entschädigung erhalten hatte. Doch wollte er die Sache im Auge behalten. Es nimmt nicht wunder, daß Belzoni solche Andeutungen zu wenig waren und er am nächsten Tag die Angelegenheit erneut zur Sprache brachte. Salt stellte ihm jetzt 1000 Piaster (etwa 25 Pfund) pro Monat in Aussicht, rückwirkend bis zu dem Zeitpunkt, da Belzoni Alexandria verlassen hatte, und »daß ich ihm alle Objekte überließe, die ich erübrigen und die er zu Geld machen könnte... Er dürfe sicher sein, daß ich ihm außerdem weitere greifbare Beweise meines Entgegenkommens liefern würde.« Das Ganze war ein Arrangement, das vielleicht für einen ehrgeizigen Konsulatsangestellten getaugt hätte. Salts Behauptung, Belzoni sei seinem Eindruck nach zufrieden gewesen, entsprang wahrscheinlich weniger unlauterem Geschäftsgebaren als fehlendem Einfühlungsvermögen. Belzoni war tatsächlich nicht lange zufrieden.

Ein paar Tage später traf Beechey mit einer anderen englischen Reisegesellschaft ein, und Salt erwähnte, während er ihnen das Grab zeigte, beiläufig die Anzahl der Jahre, die Belzoni »in seinen Diensten« stehe. Belzoni explodierte und erklärte den erstaunten Gästen, niemals habe er in Diensten Salts gestanden, sondern für den britischen Staat gearbeitet. Er sei ein freier Mann und leiste dem Staat seine Dienste freiwillig.

Worüber sich Belzoni so ärgerte, war Salts dauernde Behauptung, die glorreichen Entdeckungen seien nur deshalb gemacht worden, weil er, Salt, sie finanziert habe. Aber es war Belzoni, der die Entdeckungen gemacht hatte, und ihm gebührte der Ruhm. Die Stellung eines bezahlten, ruhmlosen Kommis lehnte er ab. Salt auf der anderen Seite sah sich von der englischen Gruppe in seiner Ansicht bestätigt, daß er nicht nur korrekt, sondern sogar großzügig handle. Alles in allem riskierte Belzoni nur seinen Hals, er aber, Salt, sein Kapital.

Da sich nun partout kein Band der Sympathie zwischen Salt und Belzoni entwickeln wollte und jeder sein Verhalten als durchaus korrekt ansah, während es der andere als intolerabel ablehnte, schien es eine gute Idee zu sein, die Beziehung zu formalisieren. Also unterzeichneten am 20. April 1818 die beiden Männer einen Vertrag, der eine Klärung herbeiführen sollte:

> Da es den Anschein hat, daß bei Sig. Giovanni Baptista Belzoni Mißverständnisse im Hinblick der auf Initiative und mit den Mitteln des Henry Salt Esq. in Oberägypten gesammelten Objekte bestehen, die dem Britischen Museum zugedacht sind; und da dem Sig. Belzoni ausreichend klargemacht wurde, daß diese Mißverständisse auf einem Irrtum beruhen ...

Die Präambel zu diesem Vertrag läßt keinen Zweifel daran, daß jede Partei in eigener Verantwortung handelte. Die einzelnen Paragraphen bestimmten dann, daß Salt in den nächsten zwölf Monaten Belzoni jeweils eine Summe von 500 Pfund zahlen sollte, daß Salt Belzoni eine löwenköpfige Statue, die jetzt im Konsulatsgarten stand, überlassen würde, ebenso den Deckel des Sarkophags, den Drovetti ihm geschenkt hatte, und ähnliche Objekte, die er erübrigen konnte. Daß ferner der Alabastersarkophag innerhalb dreier Jahre nach Abschluß des Vertrags dem Britischen Museum zu einem fairen Preis angeboten werden sollte: »Sig. Belzoni hat Anspruch auf die Hälfte des Differenzbetrags, wenn für besagten Sarkophag ein Preis von mehr als 2000 Pfund Sterling erzielt wird.« Als Gegenleistung sollte sich Belzoni nach Theben begeben und die zwei dort verbliebenen Sarkophage »auf Initiative und mit den Mitteln« Henry Salts, aber nicht in seinen Diensten, abholen.

Das Geld war immer noch von Salt aufzubringen. Er griff zu dieser Zeit eine Erbschaft in Höhe von 5000 Pfund an, die ihm nach dem Tod seines Vaters im vergangenen Jahr zugefallen war. Zwar bestand er auf seinem Verfügungsrecht über die Altertümer, hatte er doch für Entdeckung und Transport gezahlt. Aber es war ihm nicht zweifelhaft, wohin sie schließlich gelangen würden. Mit Ausnahme der Stücke, die er seinen Gönnern zum Geschenk gemacht hatte, war die Henry-Salt-Sammlung fürs Britische Museum bestimmt. Er zweifelte nicht daran, daß diese große staatliche Institution seine Dienste entsprechend würdigen und reich belohnen würde.

3

Der Nachwelt zur öffentlichen Nutzung

Als der Prinz und die Prinzessin von Wales im Juni 1748 das Manor House in Chelsea besichtigten, wurden sie von dem Eigentümer, einem exzentrischen, kranken, an einen dreirädrigen Rollstuhl gefesselten alten Herrn, herumgeführt. Pflichtgemäß bewunderten sie einen Raum mit ausgestellten getrockneten Pflanzen und durchwanderten verständnislos starrend ein Kabinett nach dem anderen, bis obenhin angefüllt mit Edelsteinen, seltsamen Fischen, ausgestopften Vögeln, Gold- und Silbermünzen und nicht identifizierbaren Kuriositäten. Der Katalog für diese unermeßliche Sammlung umfaßte bis zu 40 Bände. Prinz Frederick gab »seiner großen Freude Ausdruck, eine so prachtvolle Sammlung in England bewundern zu dürfen«, und meinte noch, »sie müsse unbedingt zur allgemeinen Bildung beitragen und noch der entferntesten Nachwelt zur öffentlichen Nutzung zur Verfügung stehen«.

Der Eigner der Sammlung, Sir Hans Sloane, war ganz seiner Meinung. Er hatte schon sein Testament gemacht und in seinem letzten Willen verfügt, daß seine Sammlung,

> ... die in vielerlei Hinsicht zum Ruhme Gottes, zur Widerlegung des Atheismus und seiner Folgen, zur Anwendung und Vervollkommnung der Physik und anderer Wissenschaften und Künste sowie zum Segen der Menschheit im allgemeinen angelegt ist, niemals geteilt werden ... und im Bereich der Innenstadt Londons untergebracht werden soll ... denn wo so viele Leute zusammenströmen, wird sie auch den größten Nutzen stiften ... und soll von jedermann besichtigt werden können, der es will ...

Sir Hans hatte sein ganzes Leben als Arzt der königlichen Familie und der besitzenden Klasse in London verbracht. Er war der erste, dem für seine Verdienste um die Medizin ein erblicher Titel

Sir Hans Sloane, dessen Sammlung den Grundstock des Britischen Museums bildet.

verliehen wurde. Bis zum Alter von 93 verfügte er sowohl über die Zeit als auch das Geld, seiner großen Leidenschaft, dem Sammeln, zu frönen.

Der letzte Wille von Sir Hans bestimmte, daß seine Sammlung nach seinem Tod nicht auseinandergerissen, sondern dem König für die runde Summe von 20 000 Pfund angeboten werden sollte. Lehnte Seine Majestät ab, so wurde das Angebot dem Parlament unterbreitet. Georg II., der letzte britische Monarch, der seine Truppen persönlich in die Schlacht führte, hatte wie sein Vater nichts für die »Dichter und Maler« übrig und glaubte, für sein Geld eine bessere Verwendung zu haben. Das Parlament indessen hielt es gegen den Widerstand des Premierministers für seine Pflicht, eine staatliche Sammlung zu gründen. Das war die Geburt des Britischen Museums.

Von Anfang an war es als ein Institut der höchsten Ansprüche gedacht. Unter den offiziellen Kuratoren, durch Parlamentsbeschluß am 7. Juni 1753 bestellt, befanden sich der Erzbischof von Canterbury, der Lordkanzler und der Sprecher des Unterhauses. Sie waren die Verantwortlichen. Ihnen zur Seite standen als Schirmherren der Premierminister, der Lordsiegelbewahrer, der Erste Lord der Admiralität, Lord Chamberlain – Bischof von London, der Schatzkanzler, der Lordoberrichter, der Oberarchivar, der Generalstaatsanwalt und der Präsident der Royal Society. Mit anderen Worten, das Museum der Nation wurde derselben Verwaltung unterstellt wie die Nation selbst. Später kamen noch die Präsidenten der Königlichen Akademie der Künste und der »Society of Antiquaries« hinzu.

Als Mrs. Delaney, Nichte von Lord Lansdowne, die gern das Ohr am Puls der Zeit hatte, von Sir Hans' Testament hörte, sagte sie spontan, sie sei sehr enttäuscht, daß sie um das Vergnügen einer Auktion gebracht sei. Dann aber erklärte sie: »Ich hoffe, der König wird ... ein eines Königs würdiges Museum errichten.« Vier Architekten entwarfen rasch vier verschiedene Modelle – eines im Rokoko-, drei im Palladio-Stil –, doch von Anfang an waren die prominenten Kuratoren sehr auf Sparsamkeit bedacht – handelte es sich doch um Steuergelder – und ließen lieber ein schon vorhandenes Objekt umbauen. Da das Museum per Gesetz zur »Allgemeinen Altertümersammlung« und »der ganzen Nachwelt zur öffentlichen Nutzung« bestimmt war, sahen sie sich nach etwas Geräumigem und Solidem um. Das Buckingham House, der spätere Buckingham Palast, war ihnen mit 50000 Pfund zu teuer. Statt dessen kauften sie das Montagu House in Bloomsbury vom Earl of Halifax für die bescheidene Summe von 10250 Pfund.

Ins Montagu House also, heute das Britische Museum, wurden die ersten ägyptischen Altertümer gebracht. Der Staat hatte sie erworben und stellte sie dort aus. Es waren noch kleine Stücke, Götterfiguren in Bronze, Stein, Ton und glasiert, Amulette, ein paar Skarabäen – wie man sie eben in den Basars von Kairo und Alexandria finden konnte, um sie in den Kabinetten eines Sir Hans Sloane verschwinden zu lassen.

1756 erwarb das Britische Museum seine erste Mumie mit Sarg, eine Hinterlassenschaft des Colonel William Lethieullier. Gerne griffen die Kuratoren auch zu, als ihnen eine zweite Schenkung gemacht wurde, unter anderem wieder eine Mumie mit Sarg, zusammen mit einem »Pelikan der Wildnis«.

All diese Stücke wurden in den eleganten oberen Räumen des Museums ausgestellt. Als jedoch 1802 die Bonapartes Wissenschaftlern abgenommenen Altertümer eintrafen, unter denen sich auch Steinobjekte mit mehreren Tonnen Gewicht befanden, war klar, daß der Fußboden sie nicht aushalten würde. Deshalb wurden sie in provisorischen Schuppen im Garten untergebracht. Nach einiger Zeit entschlossen sich die Kuratoren, die Townley Marbles, griechische und römische Altertümer, die in einer Privatgalerie in Mayfair ausgestellt waren, anzukaufen, woraufhin ihnen der Gedanke kam, einen neuen Flügel an der Nordwestecke des Montagu House anzubauen. Die Townley-Galerie, eröffnet am 3. Juni 1808, beherbergte von da an eine Anzahl klassisch nackter Statuen und auch einige größere Stücke der ägyptischen Sammlung.

Um diese ägyptische Sammlung aufzuwerten, hatte Sir Joseph Banks, Präsident der Royal Society und amtlicher Kurator des britischen Museums, Henry Salt gedrängt, sich in Ägypten besonders einzusetzen. Mit dieser Sicherheit im Rücken schien es Salt kein Risiko zu sein, wenn er Belzonis Projekte vorläufig mit eigenen Mitteln unterstützte. Zweifellos glaubte er, er werde angemessen entschädigt werden. Doch wartete er vergeblich auf ein offizielles Zeichen der Anerkennung für den Kopf des »Jungen Memnon«, den er und Burckhardt dem Britischen Museum zum Geschenk gemacht hatten. Ein Dankesbrief vom Außenminister Lord Castlereagh wäre seiner Ansicht nach das mindeste gewesen. Statt dessen undurchdringliches Schweigen. Salt erfuhr nicht einmal, ob der Kopf wohlbehalten angelangt war. Wiewohl enttäuscht, ließ er sich durch dieses »bürokratische Versäumnis«, als das er es gewiß einschätzte, von dem einmal eingeschlagenen Weg nicht abbringen.

Salt betrachtete sich als Vorkämpfer in einem Wettstreit der Nationen und versuchte, in Ägypten die Interessen seines Landes gegen die der Franzosen zu wahren. Drovetti hatte das Niltal geplündert und die größten Schätze den französischen Museen gesichert. Offizielle Besucher und französische Reisende hatten ihm in Briefen Lob und Anerkennung für seine großen Verdienste um sein Land ausgesprochen. Salt aber hatte den Krieg ins Lager des Feindes getragen. Es war ihm gelungen, den französischen Einfluß zurückzudrängen. Er hatte sich das Ostufer des Nils ausbedungen. Mit Hilfe Belzonis hatte er sich den »Jungen Memnon« geholt, einen Zugang zum großen Tempel in Abu Simbel gebahnt und ein wunderschönes Grab im Tal der Könige entdeckt. Er hatte dem Britischen Museum Geschenke gemacht, und eingelöst, was er einem der prominentesten Kuratoren des Museums versprochen hatte. Dabei hatte er sein eigenes Kapital investiert und einen Großteil der ererbten väterlichen 5000 Pfund in Grabungen in Oberägypten gesteckt. 1818, als Salt zum erstenmal die bestürzende Nachricht erhielt, die Kuratoren wollten jetzt keine Altertümer aus Ägypten mehr haben, lagerte eine große Sammlung auf dem Konsulatsgelände in Kairo, und viele Stücke, deren Transport finanziert werden mußte, lagen noch an ihren Fundorten in Oberägypten.

Es war zu spät für Salt, jetzt noch umzukehren. Im Gegenteil, er erhöhte Belzonis Honorar noch, um ihn zum Weitermachen zu bewegen. Aus der Entfernung glaubte Salt zweifellos, die Nachricht vom Sinneswandel der Kuratoren beruhe auf einem Mißverständnis oder sei übertrieben. Er schrieb an seinen Freund und Förderer William Hamilton, damals Staatssekretär im Außenministerium, und fragte ihn um Rat. Salt legte dar, er habe so viel eigenes Geld in die Sache gesteckt, daß er, falls es ihm nicht gelinge, die Sammlung zu einem befriedigenden Preis loszuschlagen, niemals mehr nach England zurückkehren könne: »Ich bin dann dazu verdammt, für immer hier zu bleiben, was, wie Sie einsehen werden, kein beneidenswertes Los ist. Denn Ersparnisse lassen sich aus meinem Gehalt nicht abzweigen. Es reicht gerade aus, das Konsulat würdig zu repräsentieren.« Er berichtete Hamilton weiter, es stünden ihm zur Verfügung »zwei lebensgroße Königsstatuen in Holz, wie sie nach dem Zeugnis Herodots den Gräbern beigegeben wurden, sowie einige Kühe und Tierköpfe und kleinere Tierfiguren. ...« Salt machte nun seinen ersten Fehler. Er schrieb nämlich, seine Statuen zeigten die Bildhauerkunst der alten Ägypter in einem neuen Licht. Sie »beweisen, daß die Ägypter außerordentliche Künstler waren und belegen zur Genüge, daß die Griechen die Grundlagen ihrer Kunst, wenn nicht mehr, diesem außergewöhnlichen Volk entlehnt haben«.

Nun schätzte zwar Hamilton die ägyptischen Altertümer sehr und hatte sogar eines der ersten ernstzunehmenden Werke darüber geschrieben. Doch war er ein ebenso begeisterter Liebhaber klassischer Skulpturen. Als Sekretär Lord Elgins hatte er beim Erwerb der Elgin Marbles mitgewirkt. Diese Transaktion hatte einen kleineren Skandal ausgelöst, nicht weil man der Ansicht war, die Statuen seien den Griechen gestohlen worden, sondern sie seien zu teuer gewesen. Öffentliche Ausgaben für griechische Kunst mußten sehr gut begründet werden, und Hamilton reagierte ungemein sensibel auf jede Andeutung, seine Skulpturen seien nicht einzigartig. Auch die Kuratoren, die genötigt worden waren, in den letzten zwei Jahren riesige öffentliche Beträge für die Townley Marbles (28 200 Pfund), die Elgin Marbles (35 000 Pfund) und die Phigalaean Marbles (19 000 Pfund) auszugeben, mußten jeder Behauptung entgegentreten, diese Bildwerke stellten nicht das höchste von Menschen Erreichbare dar.

Und Salt machte seinen zweiten Fehler. Er schrieb Hamilton weiter, der Wert seiner Kollektion sei schwer abzuschätzen. Doch wie beiläufig bemerkte er, man habe Druck auf ihn ausgeübt, sie dem Comte de Forbin für den König von Frankreich zu verkaufen. Er habe aber trotz eines hübschen Preises abgelehnt, weil es ihm »leid täte, solche Stücke außerhalb Englands zu wissen«. Salt bat dann um behördliche Hilfe bei der Verschiffung der Objekte nach England. Er werde gerne eine Schätzung durch Hamilton selbst oder irgendeine andere Person, die die Regierung benennen möge, akzeptieren. Um der Schätzung schon eine gewisse Grundlage zu geben, fügte Salt eine seiner Meinung nach faire Preisliste bei. Er versäumte aber nicht hinzuzufügen, daß es sich hier nur um »gemutmaßte Werte« handeln könne. »In diesen Dingen ist sehr gut möglich, daß ich mich irre, da ich durchaus nicht weiß, welche Preise solche Altertümer wirklich erzielen können. Stücke dieser Art sind in Europa bisher nicht aufgetaucht.«

Salts Schätzpreise waren, im nachhinein betrachtet, gar nicht so unrealistisch: ein Kolossalkopf Thutmosis' III. aus Karnak für 500 Pfund, ein dazugehöriger Arm für 50 Pfund, zwei löwenköpfige Statuen für 400 Pfund, eine Sitzfigur Sethos' II. von Theben für 800 Pfund. Das wertvollste Stück auf der Liste war der Sarkophag aus dem Grab Sethos' I. Er stellte Salt vor das größte Problem. »Es ist mir unmöglich«, schrieb er, »ihn auch nur annähernd zu schätzen. Aber da er in Alabaster und unvergleichlich kunstvoll gearbeitet ist, könnte ich mir einen Preis zwischen drei- und viertausend Pfund vorstellen.«

Salt hatte diesen Brief an Hamilton persönlich geschrieben. Doch zeigte dieser ihn und die Liste taktloserweise einigen Kuratoren, auch Sir Joseph Banks. Sir Joseph, durch das Hickhack um die jüngsten Ausgaben für griechische Kunstwerke schon nervös geworden, fühlte sich vielleicht auch ein wenig schuldig, weil er

Salt Winke gegeben und dadurch dem Museum einen weiteren Aspiranten auf die Kasse beschert hatte. Er schrieb einen vernichtenden Brief an Salt:

Werter Herr, wir sind hier zwar sehr zufrieden mit dem Memnon und halten ihn für ein bedeutendes Stück ägyptischer Bildhauerkunst. Doch haben wir ihn nicht in den Sälen für Meisterwerke der bildenden Kunst aufgestellt. Er steht in den ägyptischen Räumen. Daß irgendeine Statue aus Ägypten den großen Werken etwa der Townley-Galerie das Wasser reichen könnte, bedarf erst noch des Beweises. Falls dieser nicht erbracht wird, ist sehr unwahrscheinlich, daß Ihre Schätzpreise in Europa realisiert werden können.

Der Gedanke, daß einer der Höhepunkte ägyptischer Bildhauerkunst nicht zu den »Meisterwerken der bildenden Kunst« zu rechnen sei, war nicht Sir Joseph Banks' Kopf entsprungen. Sir Joseph war vermögend, einflußreich und hatte einen gewissen Ruf als Naturwissenschaftler. Als Kunstsachverständigen hingegen konnte man ihn kaum ansehen. Der Gedanke spiegelte vielmehr die Vorurteile der führenden Persönlichkeiten mit klassischer Bildung wider, vor allem der Kuratoren des Britischen Museums, denen das Niveau ihrer Institution und die Hebung der öffentlichen Bildung besonders am Herzen lagen.

Das Problem, mit dem sich die Kuratoren konfrontiert sahen, war nichts Ungewöhnliches. Die Gründungsurkunde des Museums bestimmte, daß »alle bildungsbeflissenen und interessierten Personen ... freien Zutritt haben sollten«. Doch, wie ein Kurator notierte, »ein unbeschränkter Zutritt für gewöhnliche Bürger aller Klassen und Stände läßt sich einfach nicht durchführen. Es würden zu viele Unregelmäßigkeiten vorkommen, denen die wenigen Bibliothekare nicht gewachsen wären. Sie würden von solchen Leuten sicher angepöbelt werden.« Man erließ eine amtliche Weisung, die den Buchstaben des Gesetzes erfüllte, aber seinem Geist widersprach. Jeder Besucher mußte sich beim Portier vorstellen und Namen und persönliche Daten in ein Register eintragen, das die Bibliotheksangestellten dann nachprüften. Erst danach erhielt der Besucher eine Eintrittskarte. Da so etwas mehrere Wochen dauern konnte, wurden viele rein aus Zeitgründen schon abgeschreckt.

Trotzdem stieg die Zahl der Antragsteller. Es schlich sich daher bei den Kustoden die Gewohnheit ein, Führungen im Schnellverfahren in einer atemlosen halben Stunde zu erledigen. Ein Besucher aus Birmingham protestierte 1785 mit folgenden Worten:

In gerade 30 Minuten brachten wir stumm unseren hastigen Streifzug durch die fürstlichen Gemächer hinter uns, der gut auch 30 Tage hätte dauern können. Ich ging ebenso klug, wie ich gekommen war, doch um die Erfahrung reicher, daß ich mich aus Angst, zu spät zu kommen, von drei Herren losgerissen hatte, mit denen ich in ein interessantes Gespräch vertieft war, mein Frühstück versäumte, naß bis auf die Haut wurde, eine halbe Krone für den Mietkutscher ausgab, zwei Schillinge für die Eintrittskarte zahlte und dann mit Gewalt durch die Räume geschleift wurde ... Das Britische Museum kostete mich mehr Nerven als jede andere Sehenswürdigkeit in London. Es war die einzige Besichtigung, die mir gar nicht gefiel ...

Im Jahre 1810 erhielten »Personen von dezentem Äußeren« die Erlaubnis, »sich in den Antikensälen und -galerien zeitlich unbegrenzt aufzuhalten«. Unmerklich änderte sich die Zielsetzung des Museums. Die Kuratoren erklärten, es sei beabsichtigt, »Wissenschaft und Kunst zu fördern«, nicht »die Neugierde der ... Menge ... der es nur auf ihr Vergnügen ankommt, zu befriedigen«. Im Rahmen dieser Zielsetzung waren aber gerade die ägyptischen Altertümer problematisch. Die meisten Leute suchten eher das gruselige Vergnügen, eine Mumie oder ein löwenköpfiges Weib anzustarren, als die Reihen unbewegt dastehender klassischer Steinfiguren zu bewundern. Es könnte durchaus sein, daß allein schon die Popularität und der Kuriositätencharakter der ägyptischen Altertümer die Kuratoren gegen sie einnahm, vielleicht aber auch das Bedürfnis, ihnen gegenüber den überlegenen künstlerischen Wert der griechischen und römischen Sammlungen zu betonen.

Es war also ein sehr ungünstiges Meinungsklima, in dem Salt operieren mußte. Im Mai 1819 schrieb ihm sein Freund William Hamilton einen Brief, der den von Sir Joseph Banks noch ergänzte:

Ich kann mich Sir Joseph nur anschließen, wenn er Dir empfiehlt, Dich nicht zu tief auf die Suche nach verborgenen Schätzen der

Der »Ägyptische Saal« im Britischen Museum in seiner endgültigen, bis heute so belassenen Gestalt.

ägyptischen Bildhauerei einzulassen. Wir müssen sparen, und John Bull könnte nur zu sehr zum Knausern geneigt sein, selbst auf die Gefahr hin, daß die einzigartigen Denkmäler verlorengehen sollten, die Du entdeckt hast.

Als Salt diese Briefe erhielt, sah er sich wegen einer Pestepidemie an Kairo gefesselt. Seine Hoffnungen auf finanzielle Sicherheit, vielleicht sogar auf Rang und Namen, hatten sich zerschlagen. Der plötzliche Meinungsumschwung in London war um so ärgerlicher, als er offenbar durch Salts Hamilton unterbreitete, unschuldige Kalkulationen verursacht war, mit denen er, wie er ja selbst erklärt hatte, durchaus auch danebenliegen konnte.

Aber sie waren bei den erstaunten Kuratoren von Hand zu Hand gegangen, und der arme Salt wurde nun als »cleverer Geschäftsmann« und »zweiter Lord Elgin« eingestuft. Er hatte verloren, was ihm noch wichtiger war als sein Geld: die gute Meinung, die man in der Heimat von ihm hatte.

Doch gab es eine Möglichkeit, die verlorene Reputation wiederzugewinnen, und Salt ließ sie sich nicht entgehen. Am 28. Mai 1819 schrieb er vier Briefe. Den ersten an Sir Joseph Banks, worin er ihm seine vollständige Kollektion für das Britische Museum ohne jede Bedingung anbot. Er drückte nur die Hoffnung aus, daß die Kuratoren sich in der Lage sähen, ihm seine Auslagen zurückzuerstatten, und daß sich der Staat seiner guten Dienste erinnern werde. Der zweite Brief ging an den Right Honourable Charles Yorke, Salts Gönner im Innenministerium, und enthielt einen Hinweis auf dieses Angebot, eine Entschuldigung für die »dumme Preisliste« und eine Schilderung seiner finanziellen Nöte. Er habe, so schrieb er, die Ernennung zum Generalkonsul ursprünglich unter der Annahme akzeptiert, daß er wie sein Vorgänger Colonel Misset nach Beendigung seiner Dienstzeit eine Pension erhielte. Inzwischen habe er erfahren, daß man Colonel Misset seine Pension in seiner Eigenschaft als Resident, nicht als Generalkonsul, bewilligt habe, und sei darüber informiert worden, daß er keine solchen Erwartungen hegen dürfe. Da »ich keine Möglichkeit hatte, nur von meinem Gehalt als Konsul irgendwelche Ersparnisse anzulegen – denn ich halte es für meine Pflicht, eine meiner Stellung angemessene Dienerschaft zu bezahlen und prominenten Reisenden die erforderlichen Bequemlichkeiten zu bieten«, sei er zu einem Leben unter den primitiven Verhältnissen Ägyptens verurteilt. Aber trotz dieser betrüblichen Aussichten und obwohl er seine Lage durch den Verkauf seiner Sammlungen an die Franzosen erheblich verbessern könnte, habe er nur den einen Wunsch, sie dem Britischen Museum zu überlassen. »Zu diesem Schritt sehe ich mich nicht nur veranlaßt, weil es mein höchstes Bestreben ist, unter Hintanstellung aller Eigeninteressen dem Staat zu dienen, sondern auch, um Ihren Wünschen entgegenzukommen...« Es gibt keinen Grund anzunehmen, Salts Patriotismus sei nicht aufrichtig gewesen. Doch war er sich darüber klargeworden, daß eben nur solche Beamte für staatliche Zuwendungen in Frage kommen, die zu erkennen geben, daß sie sich ohne Hoffnung auf derartige Zuwendungen mit Leib und Seele dem Staatsdienst widmen.

Die anderen beiden Briefe waren an Salts Freunde Lord Mountnorris und William Hamilton adressiert und informierten sie über die geplante Aktion. William Hamilton gegenüber sprach Salt etwas deutlicher von seinen Hoffnungen. Er beteuerte, »bevor ich die gute Meinung, die Sir Joseph, Mr. Yorke und Sie von mir haben, aufs Spiel setze, verzichte ich lieber auf alle Antiquitäten der Welt«, und meinte, er sei »völlig beruhigt bei dem Gedanken, der Staat werde sich eines Tages meiner ihm geleisteten Dienste erinnern und mir durch irgendein noch zu treffendes Arrangement die Verbringung meiner letzten Tage in Europa ermöglichen«. Alle Ansprüche auf seine Sammlung in der bloßen Hoffnung auf künftige Gunstbeweise aufzugeben, war ein kühner Schritt Salts. Er konnte nun, während die Pest ringsum wütete und er ans Haus gefesselt war, nichts anderes tun als abzuwarten.

Inzwischen gelang es ihm aber, seine Beziehungen zu Belzoni zu regeln. Er rundete die Belzoni geschuldete Summe von 169 Pfund auf 200 auf und fügte ein paar Stücke aus seiner Sammlung hinzu, die er entbehren zu können glaubte. Er berichtete, Belzoni »macht jetzt den Eindruck eines sehr zufriedenen Mannes und gibt bei seiner Abreise der Hoffnung Ausdruck, wir würden gute Freunde bleiben«. Zum erstenmal in der Geschichte ihrer Beziehungen muß der Konsul Belzoni beneidet haben, war dieser doch nach London unterwegs, um dort die Früchte seiner Mühen einzuheimsen.

Belzonis Ruhm in der Hauptstadt war durch die Zeitschrift »Quarterly Review« begründet worden. Die Zeitschrift wurde viel gelesen und hatte über Belzonis Triumphe über die Franzosen im Niltal berichtet. Solche Geschichten ergötzten eine Leserschaft, die sich immer die Hände rieb, wenn die Leistungen der französischen Ägyptologen madig gemacht wurden. Davon waren selbst die Prachtbände der *Déscription de l'Égypte* nicht ausgenommen:

Jedermann weiß, daß mit dem Expeditionskorps der Franzosen auch ein kleines Gelehrtenkorps nach Ägypten kam. Die Gelehrten sollten das »alte, fruchtbare Land der Ptolemäer«, an dessen rascher Eroberung man in Frankreich niemals zweifelte, in ihren Werken rühmen und als Kolonisten besiedeln. Als sie ... aber durch die britischen Waffen aus ihrem gelobten Land vertrieben wurden, wandten sie allen Fleiß daran, einen Sieg nun wenigstens in Gestalt eines monumentalen Druckwerks zu erringen, das ihren Ruhm und den ihrer Auftraggeber verewigen sollte. Es hat, was die Anzahl Quadratfuß, die eine Seite umfaßt, anbelangt, in den Annalen der Buchdruckerkunst nicht seinesgleichen.

Die »Quarterly Review« hatte auch über den Kopf des »Jungen Memnon« berichtet, der dem Britischen Museum zum Geschenk gemacht worden war, und kommentiert, durch die Bemühungen Salts und Belzonis sei das Institut auf dem besten Wege, zum größten Museum der Welt zu werden. Mit besonderer Genugtuung hatte die Zeitschrift Salts Bemerkungen in bezug auf die Überlegenheit Belzonis über die besten Leute der Franzosen abgedruckt: »Mit großem technischem Talent und einer ungewöhnlichen Begabung als Ingenieur transportierte er kolossale Statuen von Ort zu Ort. Eine unglaubliche Leistung! Die doch auch nicht untalentierten Ingenieure in Begleitung der französischen Armee waren nach ihrem eigenen Eingeständnis vor dieser gewaltigen Aufgabe gescheitert.«

M. Jomard, Herausgeber des »Journal des Savants«, hatte behauptet, die Franzosen seien, da sie so viele heroische Opfer für die Entdeckung der alten Kunstwerke Ägyptens gebracht hätten, als deren eigentliche Eigentümer zu betrachten. Diesem erstaunlichen Anspruch stellte der Herausgeber der »Quarterly Review« die Leistungen Belzonis gegenüber:

Wir behaupten nicht, daß Mr. Belzoni besonders gebildet oder gelehrt ist. Doch mit Sicherheit besitzt er große Talente und unermüdliche Ausdauer als Forscher ... Aufgrund der Leistungen dieses Mannes ist das Britische Museum auf dem besten Wege, die erste Adresse der Welt für ägyptische Kunst und Altertümer zu werden. Und wir vertrauen darauf, daß man ihn uneingeschränkt fördert und sich ihm großzügig erkenntlich zeigt, sei es schon jetzt, sei es durch künftige Zuwendungen, die der Bedeutung seiner Entdeckungen entsprechen.

Gründer der »Quarterly Review« war der Verleger John Murray. Es war ganz natürlich, daß Belzoni dem Verlag dieses Exotik-Enthusiasten sein Manuskript »Bericht über die Unternehmungen und jüngsten Entdeckungen in den Pyramiden, Tempeln und Gräbern, die Ausgrabungen in Ägypten und Nubien, sowie eine

Forschungsreise zur Küste des Roten Meeres, mit dem Ziel der Auffindung des antiken Berenike, und eine weitere Reise zur Oase des Jupiter Ammon« anbot. Murray wußte, daß der Zeitpunkt für eine Veröffentlichung dieses Buches nicht idealer sein konnte. Der Kopf des »Jungen Memnon«, die beste Werbung für den neuen Autor, stand im Britischen Museum, andere Altertümer waren unterwegs, und Belzoni, der von seiner Bühnenlaufbahn her sehr wohl wußte, was Publicity wert ist, plante eine sensationelle Ausstellung mitten in London.

Ägypten war Gesprächsthema Nummer eins. Die französische Expedition ins Niltal und die Veröffentlichung der *Déscription* hatten das Interesse der Öffentlichkeit wachgerufen und eine ägyptische »Renaissance« ausgelöst. Zwar behaupten Kunsthistoriker, das Interesse Europas an der ägyptischen oder sogenannten ägyptischen Kultur sei seit Beginn der Renaissance niemals erloschen. Doch war Ägypten bisher niemals zur nationalen Mode geworden. Weder hatte es jemals das Prestige der griechischen und römischen Epoche erlangt, noch konnte es mit der Gotik konkurrieren, deren Wiederentdeckung einen Sturm nationalistischer Gefühle ausgelöst hatte. Und doch war in den letzten Jahren des 18. Jahrhunderts, bevor Napoleon seine ägyptische Unternehmung plante, ein Billardraum in Cairness House in Aberdeenshire mit unechten Hieroglyphen am Kamin, den Wänden und Türen ausgemalt und ein Kaminsims wie der Eingang zu einem ägyptischen Grab gebaut worden. Noch während der französischen Besetzung Ägyptens, und ehe die Entdeckungen der Franzosen in alle Welt hinausposaunt wurden, hatte Thomas Hope ein »Ägyptisches Zimmer« in seiner Wohnung in der Duchess Street, London, mit den passenden Möbeln und Zierat eingerichtet. Besucher konnten hier auch ein Boudoir besichtigen, in dem sich, unter einem Baldachin aus Baumwollstoff, eine Kamineinfassung in Form eines ägyptischen Portikos befand. Es gab außerdem einen »ägyptischen Sessel« mit Abbildungen demütig kauernder Priester und einer geflügelten Isis, einen Fries mit ägyptischen Figuren und eine Mumie hinter Glas. Zur gleichen Zeit produzierte Wedgewood eine ganze Kollektion ägyptischer Sphingen, Kanopen und Vasen mit ägyptischen Motiven aus den 70er Jahren des 18. Jahrhunderts. Innenausstatter spielten gerne mit Kombinationen aus Telamonen, Stelen, Obelisken, Sphingen und Skarabäen.

Das Engagement der Briten in Ägypten und ihre im ganzen Land bejubelten Siege über die Franzosen erzeugten eine auf Schritt und Tritt an die Geheimnisse des Orients erinnernde Mode. 1807 klagte Robert Southey:

> Die Soldaten sind mit gebrochenen Gliedern und Bindehautentzündung aus Ägypten heimgekehrt und tragen den Arm in der Schlinge oder schlendern mit grünen Augenbinden durch die Straßen. Und alles muß jetzt plötzlich ägyptisch sein. Die Frauen tragen Krokodilleder, und bei Besuchen sitzt man auf Sphingen in Zimmern, an deren Wänden ringsum Mumien und schlanke schwarze Hieroglyphen-Männer mit dünnen Armen und langer Nase stehen, so daß sich die Kinder vorm Zu-Bett-Gehen fürchten. Schon die Ladentische in den Geschäften müssen sich nach dieser Mode richten und werden mit ägyptischen Buchstaben bemalt, über die man sich doch wundern muß, da die Ägypter gar keine Buchstaben hatten.

Als sich Belzoni anschickte, in London Karriere zu machen, hatte die Gesellschaft mit Ägyptischem schon weidlich Bekanntschaft gemacht und Geschmack auf intensivere Reize bekommen. Den idealen Ort für seine Ausstellung fand Belzoni in der »Ägyptischen Halle«, Piccadilly, deren Fassade, wie es hieß, Denons Zeichnungen des Dendera-Tempels nachgebildet war. Tatsächlich waren die unteren Fenster in Form einer Stufenpyramide geschnitten, die Eingangstür wurde von zwei dicken, ganz unägyptischen Lotus-Säulen flankiert, und über der Tür stand ein gewaltiges Statuenpaar, das wohl nur der Bildhauer selbst als Isis und Osiris zu identifizieren vermochte. Drinnen ragten mit umlaufenden Lotusblumen, Hieroglyphen und Hathorköpfen verzierte Säulen auf, und die Decke war mit Tierkreiszeichen geschmückt.

In der Halle stellte Belzoni lebensgroße Modelle von zwei Kammern im Grab Sethos' I. auf sowie ein maßstäbliches, gut 15 Meter langes Modell des Gesamtkomplexes. Weiter gab es ein 1.20 Meter hohes Wachsmodell der Zweiten Pyramide und ein anderes, das die Gänge und Kammern im Innern im Querschnitt zeigte. Man sah außerdem das Modell des Tempels in Abu Simbel

Die »Ägyptische Halle« in Piccadilly mit ihrer dem Dendera-Tempel nachgebildeten Fassade.

im Maßstab 1:30. An den Wänden standen Gipsstatuen von Osiris, Horus und dem schakalköpfigen Anubis, denen Pharaonen ihre Verehrung und Opfer darbrachten, alle bunt bemalt, um den Eindruck wiederzugeben, den Belzoni in Ägypten zeichnerisch festgehalten hatte. Natürlich fehlten auch die echten Altertümer nicht: Statuen der löwenköpfigen Sechmet, Mumien und Vitrinen mit kleineren Objekten, z. B. »Gefäße mit den Eingeweiden der Mumien«, Stücke alter Palmfaserseile, alte Schuhe, Papyri und Fragmente von Mausoleen, Statuen und Sarkophagen.

Die Ausstellung begann vielversprechend. London füllte sich in Erwartung der im Sommer anstehenden Krönung mit Besuchern. Die »Ägyptische Halle« lag sehr günstig im Süden des Piccadilly gerade gegenüber der Einmündung der Old Bond Street, wo die Kutschen zu halten und Passagiere aufzunehmen pflegten. Am Eröffnungstag, dem 1. Mai 1821, zahlten 1900 Menschen ihre halbe Krone Eintrittsgeld und schoben sich durch den Saal. »The Times« brachte eine umständliche, aber positive Kritik:

Das Auge jedes Betrachters dürfte durch diese einzigartige und geschickt zusammengestellte Auswahl gewiß auf seine Rechnung kommen. Die Objekte haben den Reiz der Neuheit und sind jedes für sich spektakulär ... Mr. Belzoni hat mit technischer Phantasie und unermüdlichem Eifer die ägyptischen Funde, die bis dahin nicht transportiert werden konnten, nach Europa, in die Arena rivalisierender Völker, gebracht. Das spricht für sein Können und sein Kunstverständnis. Nicht weniger aber hat er sich durch seinen Scharfsinn und sein Glück bei der Auffindung dieser Ausstellungsstücke ausgezeichnet. Er muß als einer der erfolgreichsten europäischen Forschungsreisenden der Gegenwart gelten.

Die Ausstellung lief über ein Jahr. Sie entwickelte sich zu einem beliebten Treffpunkt, wo, wie Lady Blessington schrieb, distinguierte Persönlichkeiten zusammenkamen, »einfach um ein Stündchen miteinander zu plauschen oder Bekannten zu begegnen«. Die Überreste vom Nil wirkten aber auch magisch auf sensiblere Seelen, und der Dichter Horatio Smith verfaßte sogar eine »Rede an die Mumie in Belzonis Ausstellung«:

Du bist gewandelt – seltsam vorzustellen –
Auf Thebens Straßen vor dreitausend Jahren.
Hast überschritten des Memnoniums Schwellen,
Als von der Zeit noch nicht verschlungen waren
Die Tempel und die Säulen und Paläste,
Die noch gewaltig sind als bloße Überreste.

Der Dichter möchte nun die Mumie zum Sprechen bringen:

Sprich, starre Mumie, brich dein Schweigen!
Zu lange warst du stumm, für dich allein.
Sind dir doch Zunge, Mund und Lippen eigen,
Fest stehst du, wirfst zurück den Mondenschein.
Kein körperloser Geist, vor dem uns graut,
Ein Mensch mit Knochen, Sehnen, Fleisch und Haut!

Aber die Mumie weigert sich zu antworten, und der Dichter sinnt:

Du schweigst, damit dein Rätsel niemand kennt.
Doch weiß ich, daß ein Herz in heißem Sehnen
Einst schlug in dieser Brust aus Pergament
Und diese trocknen Wangen netzten Tränen.
Wie oft wohl Kinder dich zu küssen kamen?
Was war dein Stamm und Stellung, Alter, Namen?

Im Sommer 1821, als sich Belzoni in der großen Gesellschaft Londons wie ein Fisch im Wasser bewegte, mit Mitgliedern der königlichen Familie in der Freimaurerloge, der er angehörte, Umgang pflog und in Almack's Assembly Rooms in St. James's mit Sir Walter Scott dinierte, lag sein Mäzen, Henry Salt, in Kairo auf dem Krankenbett, vom Typhus bis zum Skelett abgemagert. Sein Brief an Sir Joseph Banks blieb unbeantwortet, das Angebot, seine ganze Sammlung bedingungslos dem Britischen Museum zu übereignen, wurde nicht zur Kenntnis genommen.

Aber nachdem Salts Freunde und Förderer seine Erklärung, die Preisliste sei ein Mißverständnis, akzeptiert hatten, setzten sie in London alle Hebel in Bewegung. William Hamilton, Lord Mountnorris und Charles Yorke: Sie alle schrieben an Banks und beschworen ihn, Druck zu machen, daß Salts Angebot endlich angenommen und er angemessen entschädigt wurde.

Banks war optimistisch. Er war zwar der Meinung, Salts Begründungen für die Preisliste könnten es nicht entschuldigen, daß diese überhaupt geschickt worden war, sagte aber doch, er werde die Angelegenheit beim nächsten Treffen der Kuratoren zur Sprache bringen. Er habe kaum einen Zweifel daran, daß man das Angebot »ohne Zögern annehmen« werde. Doch Banks war zu diesem Zeitpunkt schon schwer krank und starb im Jahr darauf, ohne eine Entscheidung herbeigeführt zu haben.

Inzwischen hatte sich Henry Salt in Ägypten mit einer Lebensgefährtin getröstet. Schon seit langem litt er Mangel, was er Lord Mountnorris im August 1818 mitteilte:

Was mir aber am meisten fehlt, ist die Gesellschaft einer Frau. Ich bin ein Mensch starker Gefühle und brauche Wesen um mich, die ich lieben kann. Hätte ich Kinder, wäre ich glücklich. Aber so dahinzuvegetieren, fern von aller Wissenschaft, Literatur, Kunst, Bildung, feiner Lebensart und Geschmack, ist eine Strafe, die einen wahnsinnig machen könnte. Doch wie auch immer: Das Leben geht weiter...

Im Oktober 1819 heiratete Salt. Seine Braut war die 17jährige Tochter Mr. Pensas, eines ehrenwerten Kaufmanns aus Livorno in Italien, der geschäftehalber nach Alexandria gekommen war und seine Familie mitgebracht hatte. Salt lernte das Mädchen dort kennen, heiratete sie und wurde noch am Hochzeitstag krank. In der Kutsche des Gouverneurs wurde er nach Rosette transportiert, wo ihn ein Arzt aus Kairo behandelte. Man glaubte schon, er werde sterben. Auch die Ärzte hatten die Hoffnung aufgegeben. Anscheinend kam Salt nur mit dem Leben davon, weil er die Freuden der Ehe, auf die er solange gewartet hatte, unbedingt auch genießen wollte.

Das ganze Jahr 1820 über blieb Salt krank. Er bat um Urlaub, um sich in England auszukurieren. Der Urlaub wurde ihm im Dezember desselben Jahres gewährt, doch politische Spannungen verhinderten es, daß er seinen Posten verließ. Indische Schiffe blockierten Häfen im Roten Meer, man befürchtete einen Bruch mit Rußland. Salt entschloß sich, in Ägypten zu bleiben, bis die internationale Lage sich entspannt hatte. In den wenigen Stunden, die er sich vom Krankenlager entfernen konnte, widmete er sich dem Pascha und, soweit es die Gesundheit erlaubte, seinen ehelichen Pflichten. Im November 1820 schrieb er an Lord Mountnorris: »Meine Frau, das werden Sie gerne hören, ist in gesegneten Umständen. Zwei Monate lang fühlte sie sich nicht wohl, aber jetzt hat sie, und ich bin darüber sehr glücklich, den dritten Monat überstanden.«

Salt fand auch Gelegenheit, seine Antiquitäten nach London verschiffen zu lassen. Zwar wußte er noch nicht, was ihr endgültiger Bestimmungsort sein würde, doch beauftragte er Bingham Richards, sie vorläufig im Britischen Museum unterzubringen, bis er nach London zurückkehren und selbst nach dem Rechten sehen konnte. Bis dahin vergrößerte er die Sammlung weiter. Als er im Sommer 1821 wieder an Typhus erkrankte, entschloß er sich, in Begleitung seines Dolmetschers Yanni das kühlere Klima Assuans aufzusuchen. Die Zeit dort war recht ertragreich. Er konnte den Transport eines Obelisken für seinen Freund Banks in die Wege leiten und die Gräber im Umkreis Thebens erforschen. Yanni gelang es dort, einige bis dahin unbemerkt gebliebene Privatgräber auszugraben, darunter das eines »königlichen Schreibers«, dessen Beigaben Salts Kollektion ergänzten:

Mir sind seine Statue und die seiner Gattin, seine Farbpalette, Töpferscheibe und ein als Skarabäus geformter Ring mit seinem Namen in die Hände gefallen. Yanni hat auch einen sehr gut erhaltenen ägyptischen Sessel gefunden, von der Art, wie sie auf den Wänden der Königsgräber abgebildet sind. Er ist mit Ebenholz und Elfenbein eingelegt und sehr schön gearbeitet. Die Teile sind nicht wie üblich zusammengenagelt oder sonstwie aneinander befestigt, sondern durch Holzbolzen verbunden. Auch hat er die Reste einer Harfe entdeckt, aus denen sich das ganze Instrument sehr leicht rekonstruieren läßt...

All diese Schätze wurden per Schiff ins Konsulat nach Kairo spediert, und Salt wartete, bis ihm die Beilegung des Krieges zwischen Griechenland und der Türkei gestattete, das Konsulat zu verlassen, die Objekte in die Heimat zu schaffen und dort ans Britische Museum zu verkaufen.

Nach London zurückgekehrt, wartete Salt vergeblich auf ein Zeichen der Kuratoren, ob sie sein Angebot, ihnen die ganze Sammlung zur Verfügung zu stellen, endgültig annehmen wollten. Da lief die türkische Fregatte »Diana« im Londoner Hafen ein, mit dem schönsten bisher in Ägypten gefundenen Kunstwerk an Bord: dem durchsichtig weißen Alabastersarkophag aus dem Grab Sethos' I.

Bingham Richards hatte von Salt Anweisung erhalten, den Sarg sofort ins Britische Museum bringen zu lassen. Doch noch bevor er überhaupt entladen werden konnte, hatte sich Belzoni eingeschaltet und Ansprüche gestellt. Laut Vereinbarung mit Salt sollte er, wenn für den Sarkophag mehr als 2000 Pfund erzielt wurde, die Hälfte des Differenzbetrages bekommen. Die Frist von drei Jahren, in der der Sarg dem Britischen Museum hätte angeboten werden sollen, war verstrichen. Belzoni hatte ein ernstzunehmendes Angebot aus Frankreich über 3000 Pfund erhalten. Das Britische Museum mußte daher seiner Ansicht nach wenigstens ebenfalls 3000 Pfund zahlen. Richards war ratlos. Er überredete die Reeder der »Diana«, das Stück vorerst nicht auszuladen, und schrieb in alle Richtungen um Hilfe. William Hamilton antwortete, er solle sich an Salts Instruktionen halten. Lord Mountnorris machte darauf aufmerksam, daß der Sarkophag zollfrei eingeführt worden sei, weil er der staatlichen Sammlung einverleibt werden solle. Würde man ihn an Frankreich verkaufen, so müßte wahrscheinlich ein Zoll entrichtet werden, der über der Differenz zwischen der Schätzung des Britischen Museums und den 3000 Belzoni gebotenen Pfund läge. Charles Yorke brachte einen wichtigen Gesichtspunkt zur Sprache, an den bisher niemand gedacht hatte und der Salt als völliger Blödsinn erscheinen mußte: Salt hätte den Sarg niemals an sich bringen können, wäre er nicht »als Beamter der britischen Regierung tätig gewesen, was den Wesir Mohammed Ali erst zu seiner Zustimmung bewogen habe«. Da also, meinte Yorke, der Sarg zumindest teilweise offizieller britischer Einflußnahme zu verdanken sei, sei es nicht tunlich, ihn zu exportieren.

Die Entscheidung brachte ein Brief von Richards' Vater, dem Richards in seiner Not geschrieben hatte. In dem Brief hieß es, wenn Belzoni wirklich ein Angebot über 3000 Pfund erhalten habe, könnte Richards gerichtlich belangt werden, falls er ihn dem Britischen Museum für weniger überlasse. Richards' Vater war außerdem der Auffassung, die Vereinbarung zwischen Salt und Belzoni sei gegenstandslos, und selbst wenn Belzoni mit 3000 Pfund in bar an der Laderampe auftauche, dürfe man ihm den Sarg nicht aushändigen. Dies würde seinen Sohn den Kuratoren des Britischen Museums ausliefern, die ihm dann zu Recht Vorwürfe machen könnten.

Es lag auf der Hand: Der Beruf eines Agenten zur Verschiffung von Altertümern war ebenso gefährlich wie der eines Agenten für Ausgrabungen. Der arme Richards beugte sich vor der väterlichen Autorität und schickte den Sarg an das Britische Museum.

Natürlich wollte sich Belzoni doch ein Mitspracherecht insoweit sichern, daß er den Sarg zumindest in seiner überaus erfolgreichen Ausstellung in der »Ägyptischen Halle« zeigen konnte. So versessen war er auf diese Idee, daß er den Kuratoren schrieb, er werde auf seine Interessen an dem Sarg verzichten, wenn sie ihm erlaubten, ihn zwölf – oder wenigstens sechs – Monate auszustellen. Die Kuratoren brauchten zwei Monate, um Belzonis Gesuch zu behandeln, und als es schließlich soweit war, wichen sie einer Entscheidung aus, schrieben an Salt und fragten, was er vorschlage.

Salt hatte es inzwischen mit der Angst zu tun bekommen. Zwei Jahre waren seit dem Angebot seiner Sammlung an das Britische Museum verstrichen, und nichts war geschehen. Am 10. Mai

1822 schrieb er an die Kuratoren und wiederholte noch einmal, er wolle seine gesamte Kollektion, die im Lauf der Zeit noch gewachsen sei, dem Museum ohne jede Bedingung zum Geschenk machen. Er erklärte, es habe ihn »mehr als 3000 Pfund« gekostet, die Objekte zu sammeln. Er habe sein väterliches Erbe darangesetzt, die Kollektion zu vergrößern, und falls er krank werde, stünden er und seine Familie mittellos da: »Ich gebe mich daher vertrauensvoll in Ihre Hände und werde mit allem, was Sie für mich zu tun gedenken, mehr als zufrieden sein.«

Das war natürlich bloßes Gerede. Denn nur zwei Wochen später schrieb Salt an Richards und teilte ihm mit, er habe sich an seine einflußreichen Gönner, Lord Mountnorris, Charles Yorke und einen Kurator, William Bankes, gewandt und sie gebeten, für eine faire Rückerstattung seiner Auslagen einzutreten. Weiter schrieb er:

> Es dürfte nicht unrecht sein, wenn ich Ihnen im Vertrauen sage, daß ich hoffe, viertausend Pfund von der Regierung zu erhalten. Andernfalls wäre ich wirklich böse. Mit fünftausend wäre ich überaus zufrieden. Sie wissen, glaube ich, daß mir in Ägypten von Mr. Drovetti 10 000 Dollars (etwa 2000 Pfund) für den Sarkophag geboten wurden. Dasselbe Angebot machte mir ein preußischer Reisender, Baron Minuteli, der mich bat, ihm das Objekt zu überlassen, sollte der Staat es nicht haben wollen. In Frankreich könnte ich für meine Kollektion wenigstens das Doppelte des oben angegebenen Betrages bekommen, obwohl das natürlich, wie Mr. Yorke bemerkt hat, kein besonders faires Argument ist.

Richards wurde ermächtigt, Salts Interessen juristisch wahrzunehmen. Er sagte den Kuratoren, eine Summe von 5000 Pfund für die Sammlung und den Sarkophag gemeinsam sei durchaus vertretbar. Da Belzoni ihnen erklärt hatte, er könne 3000 Pfund für den Sarg allein bekommen, kamen die Kuratoren nach einer simplen Rechnung zu dem Ergebnis, für die Sammlung ohne Sarg 2000 Pfund zu zahlen. Nur brauchten sie für diese Entscheidung geschlagene zwölf Monate. Auf einer Sitzung unter der Leitung des Erzbischofs von Canterbury am 14. Februar 1823 machten sie das offizielle Angebot von 2000 Pfund für die Sammlung – den Sarkophag lehnten sie ab.

Aber jetzt war Belzoni nicht mehr da, um sich für den Verkauf des Sarkophags einzusetzen. Vergeblich hatte er ein Jahr lang dem Britischen Museum mit gerichtlichen Schritten gedroht, um den Sarg in seinen Besitz zu bringen. Unterdessen reiste er in ganz Europa umher und nahm allenthalben die Huldigungen des Publikums entgegen.

Im Sommer 1822 nach England zurückgekehrt, veranstaltete Belzoni eine Versteigerung seiner Exponate in der »Ägyptischen Halle« und fuhr nicht schlecht dabei. Das riesige Modell des Grabes Sethos' I. fand für 490 Pfund einen Käufer, zwei leicht beschädigte Statuen der löwenköpfigen Sechmet gingen für 380 Pfund weg und eine in gutem Zustand befindliche für 300 Pfund. Sogar die Wachsmodelle waren sehr begehrt. Das vom Tempel der Isis auf Philä brachte 28 Pfund, das von Abu Simbel 24 Pfund.

Mittels dieser Beträge konnte Belzoni eine weitere Europatour finanzieren, und Anfang 1823 übergab er seine juristische Vertretung dem Reverend George Adam Browne, Mitglied des Trinity College, Cambridge. Den ihm von Drovetti überlassenen Sargdeckel aus rotem Granit schenkte er dem Fitzwilliam-Museum und rüstete eine Expedition zur Entdeckung der Nigerquelle aus. Unterwegs nach Timbuktu starb er am 3. Dezember 1823 an Dysenterie.

Eine Zeitlang sah es so aus, als würde der Sarkophag tatsächlich keinen Käufer finden. Verzweifelt forderte Salt Richards brieflich auf, ihn wenigstens für 1500 Pfund, aber rasch, zu verkaufen. Das Britische Museum war bald dafür, bald dagegen, und im Februar 1824 machte Mr. John Soane ein Angebot über 2000 Pfund. Bevor er den Sarkophag endgültig aus der Hand gab, schrieb Roberts am 2. April 1824 noch einmal ans Kuratorium und bot das Objekt zum selben Preis an. Diesmal brauchten die Kuratoren nur acht Tage, um eine Entscheidung, und zwar die falsche, zu treffen. Am 10. April lehnten sie ab. Einen Monat später, am 12. Mai 1824, wurde der Sarkophag im Soanes House aufgestellt, wo er heute noch zu bewundern ist.

1824 war ein schlechtes Jahr für Salt. Die ersten Wochen lag er meist krank, und kurz vor Ostern brachte seine Frau ein Kind zur Welt. Sie bekam Fieber. Ihr Arzt konnte sie nur kurz behandeln, da er zu seiner eigenen Frau gerufen wurde, die die Pest hatte.

Nach 20 Tagen starb der Arzt selbst an der Pest, und Salts Frau fiel in ein Koma, aus dem sie nicht mehr erwachte. Auch das Baby starb. Salt war durch den Tod seiner Frau so verzweifelt und von seiner eigenen Krankheit dermaßen geschwächt, daß er sich nicht mehr in der Lage sah, seine Tochter Georgina, damals zwei Jahre alt, zu pflegen. Er schickte sie zur Familie seiner Frau nach Livorno. Henry Salt hatte seine nächsten Angehörigen verloren. Wieder stand er ganz allein in der Fremde.

Er scheint sich in die Arbeit geflüchtet zu haben. Im Oktober starb der Konsul in Alexandria, und Salt hatte jetzt doppelte Pflichten, bei gleichem Gehalt. Er schrieb ein Gedicht mit dem Titel *Ägypten*, das er im Privatverlag in Alexandria veröffentlichte. Es ist lang, mit weitschweifigen philosophischen Erörterungen. Man läßt es am besten in der Vergessenheit ruhen, der es sofort anheimfiel.

Stets litt Henry Salt darunter, daß den Ruhm für die Entdekkungen und Raubzüge im Niltal, die er finanziert hatte, Belzoni davongetragen hatte. Er machte nun den Versuch, sich Anerkennung als Gelehrter zu verschaffen, und schickte einen *Essay über die phonetischen Hieroglyphen von Young und Champollion* mit Abbildungen an Richards. Dieser sollte das Werk so schnell wie möglich publizieren: »Ich möchte, daß es unverzüglich in Druck geht, selbst wenn es mich 150 Pfund kosten sollte.« Leider gab es doch Verzögerungen, und Champollions *Précis du Système Hiéroglyphique* erschien noch vor dem *Essay*, der erst 1825 veröffentlicht wurde.

Aber unermüdlich sammelte Salt weiter, unterstützt von dem treuen Yanni. Anfang 1825 hatte er wieder eine Ladung Antiquitäten beisammen. Vorsichtig geworden, schickte er sie diesmal aber nicht ans Britische Museum, sondern an seinen Agenten Richards in London:

Ich habe wieder gesammelt. Die Kollektion ist jetzt in Livorno, Altertümer im Wert von 4000 Pfund. Es ist die schönste Papyrussammlung, die derzeit existiert, die beste Kollektion ägyptischer Bronzen, einige Brandmalereien und wertvolle Stücke in Gold und Porzellan – kurz, als ägyptische Sammlung ist es die kostbarste der Welt und würde jedem Museum zur Zierde gereichen. Aber ich würde sie ohne Abstriche dem Britischen Museum übereignen, wenn man mir, wie H., eine Pension von 600 Pfund bewilligte, so daß ich meinen Abschied nehmen könnte.

Salt war also immer noch auf ein sicheres Einkommen aus, das ihm ein geruhsames Leben in England ermöglicht hätte. Hätten die Kuratoren des Britischen Museums nur für Augenblicke daran gedacht, in welchem Gesundheitszustand sich Salt befand, hätten sie ihm ohne Bedenken eine Pension ausgesetzt, bei der sie voraussichtlich sehr billig weggekommen wären. Aber diesmal war Salt nicht bereit, mit sich handeln zu lassen, und schrieb wieder an Richards: »Mit größtem Vergnügen würde ich wieder nach England kommen. Aber bleib mir mit Geschäften mit dem Britischen Museum vom Leibe. Leute wie Soane gefallen mir besser.«

Wahrscheinlich hatten die Kuratoren gar nicht die Möglichkeit, Salts Angebot ernstlich in Erwägung zu ziehen. Kaum einen Monat später nämlich schrieb Salt erneut an Richards und teilte ihm mit, ein Agent prüfe seine Sammlung in Livorno im Auftrag eines Käufers aus königlicher Familie, der weit großzügiger als die ewig zögernden Konservatoren sei. Ironie des Schicksals, daß dieser Käufer aus königlicher Familie niemand anders war als der König von Frankreich, dem Salt in Ägypten unablässig entgegengearbeitet hatte. Salt und Belzoni hatten alles getan, um ihm die schönsten Altertümer zu entreißen. Salt hatte die Sammlung seinem Schwager Pietro Santoni geschickt, mit dem Hinweis, er erwarte einen Erlös von mindestens 150 000 Francs. Aber Santoni gelang es, dem Unterhändler des Königs die Sache so schmackhaft zu machen, daß er 250 000 Francs erzielte (10 000 Pfund). Im April 1826 war das Geschäft perfekt. Salt sollte das Geld in Raten über vier Jahre erhalten.

In den Genuß dieser Summen kam er freilich nicht mehr. Am 29. Oktober 1827 starb er an einer Darminfektion. Sein Leichnam wurde in Alexandria begraben, und sein Cousin, der Reverend Thomas Butt, verfaßte ein Epitaphium. Es war der Sohn des Onkels gleichen Namens, der Salt seinerzeit in Fuseli's Gallery Lord Valencia vorgestellt hatte, wodurch Salts Karriere in Ägypten eingeleitet worden war. Das Epitaphium lautete:

Kenntnisreich erforschte und erklärte er
die Hieroglyphen und Denkmäler dieses Landes.
Naturgetreu und mit rascher Feder
hielt er zeichnerisch für die Nachwelt
die Szenen des Altertums fest, an denen er sich selbst ergötzte,
und beschrieb sie in schwungvollen Versen.
Mitten aus einem pflichterfüllten Leben
wurde er, im 48. Lebensjahr
und nach kurzer Krankheit,
in seine, darauf vertrauen wir, bessere ewige Heimat abberufen,
am 29. Oktober des Jahres des Herrn 1827.

Salts Beauftragter in Ägypten, Yanni, hatte noch am Aufbau einer neuen Kollektion gearbeitet. Nur drei Wochen vor Salts Tod wurde sie nach Livorno spediert. Man verschiffte sie dann nach England, wo sie 1835 bei Sotheby's in der Wellington Street versteigert wurde. Ein paar Beispiele aus dem Verkaufskatalog mögen das seltsame Sammelsurium illustrieren, über das sich Salt, wie andere Großunternehmer der Frühzeit der Archäologie in Ägypten auch, ein bizarres Eigentumsrecht anmaßte. Man begründete es mit einer selbstverständlichen kulturellen Überlegenheit, vielleicht aber auch mit dem einfachen, uralten Prinzip, daß, was einer findet, ihm auch gehört.

2. Vierzig Porzellanfiguren diverser Gottheiten, manche sehr klein 9 Schillinge
10. Falke mit Menschenkopf 8 Schillinge
75. Ein kleiner Korb mit der rechten Hand einer weiblichen Mumie, die am Zeigefinger einen in Silber gefaßten Skarabäus trägt 19 Schillinge
170. Verschiedene Mumienaugen, in Alabaster eingelegt 5 Schillinge
215. Goldenes Glöckchen, das einer Knabenmumie um den Hals hing Theben. 6 Pfund 6 Schillinge
321. Sechs Paar rote Ohrringe unterschiedlicher Größe 1 Pfund, 11 Schillinge
343. Ein Paar Augen in Bronze gefaßt, sehr schön, von einer Mumie in Memphis 6 Pfund, 8 Schillinge

354. Kleine blaue Gans auf einem Goldring
Memphis. 17 Schillinge
363. Kufische Goldmünze 15 Schillinge
407. Sammlung von sieben Schreinerwerkzeugen: zwei verschiedene Beile mit Holzgriff, drei Meißel und zwei Messer 16 Pfund, 5 Schillinge
522. Drei Laib Brot 1 Pfund, 6 Schillinge
929. Spielball eines Knaben, gefüllt mit Getreidespelzen, die Außenseite aus Leder, sehr interessant 14 Schillinge
1200. Ein Paar Sandalen, schön bemalt Memphis. 17 Schillinge

Den Höhepunkt des Tages bildete immer der Verkauf der Mumien, der jeweils ans Ende verlegt wurde, damit die Käufer nicht schon vorher abwanderten:

149. Mumie eines kleinen Kindes, 86 cm groß, im Sarg, mit Ringen um Fuß-, Handgelenke und Arme. Der Sarg ist selbst das Abbild des Kindes, sehr merkwürdig gemalt 36 Pfund
150. Weibliche Mumie bester Qualität, 160 cm groß, der Sarg stark bemalt und verziert 105 Pfund
852. Mumie einer königlichen Person, in zwei Särgen 320 Pfund, 5 Schillinge
1269. Mumie einer Tänzerin, bestens erhalten, 150 cm groß 28 Pfund, 5 Schillinge

Insgesamt wurden 1270 Stücke versteigert, darunter Münzen und Medaillen, Statuen in Holz, Stein und Bronze, Rollen mit Papyrusmanuskripten, Skarabäen, Goldschmuck und Götterbilder aus Porzellan.

Der Verkauf dauerte neun Tage und brachte einen Gesamterlös von 7.168 Pfund, 18 Schillingen, 6 Pence. Zählt man die 2000 vom Britischen Museum bezahlten Pfund und die 10 000 Pfund des Königs von Frankreich mit, so beläuft sich der Wert der Saltschen Sammlungen auf 21 000 Pfund. Das waren die Ausgrabungen, die durch den ersten britischen Kunstsammler und Diplomaten in Ägypten finanziert worden waren.

Drovetti, der dieses Spiel erheblich länger gespielt hatte, schnitt noch besser ab. Anfangs hatte er Probleme mit der Unterbringung seiner Kollektion, die er für die Fahne Frankreichs aus

Vaterlandsliebe zusammengestellt hatte. Denn der französische Klerus war gegen den Erwerb von Altertümern, die die Autorität der Bibel untergraben konnten. Zwar bekam Drovetti Angebote auch aus England – Salt versuchte ihn sogar zu Verkäufen ans Britische Museum zu überreden – und Deutschland. Aber Drovetti blieb wie Salt dabei, nur an die Nation zu verkaufen, die er in Ägypten vertrat. Schließlich verlor er, genauso wie Salt, doch die Geduld und verkaufte seine erste große Sammlung an den König von Sardinien für 400 000 Lire (über 13 000 Pfund). Sie wurde zum Grundstock des »Ägyptischen Museums« in Turin. Hierauf erwarb Karl X., der im September 1824 den Thron bestiegen hatte und die alte Größe der Monarchie wiederherstellen wollte, Drovettis zweite Kollektion für 250 000 Francs (10 000 Pfund). 1836 ging eine dritte Sammlung für 30 000 Francs an das Königliche Museum in Berlin.

Drovetti beendete seine Tage in Turin, der Stadt, in der er einst als Militärrichter gedient und zu deren international berühmter ägyptischer Sammlung er so wesentlich beigetragen hatte. Er starb 1852 in einer Anstalt für Geisteskranke.

Schon in den Jahren, in denen Salts und Drovettis große Sammlungen in die europäischen Museen gelangten, war ihre Bedeutung über das bloß Sensationelle und Exotische hinausgewachsen. Sie waren Zeugen einer Vergangenheit, die man jetzt erstmals seit Jahrhunderten auch zu verstehen begann: Die Schrift, in der diese Vergangenheit beschrieben wurde, war entziffert worden.

4

Der Fuchs, der Igel und der Oberst

Das Gezerre um Drovettis und Salts Sammlungen wird verständlicher, wenn man sich klarmacht, daß weder die Sammler noch die Museen wußten, worum sie sich eigentlich stritten. Die Statuen waren zu besichtigen, manche hatten sogar auch Namen, aber wer diese Könige und Königinnen waren, wann sie regiert und was sie getan hatten, war unbekannt. Zu Beginn des 19. Jahrhunderts verstand man die Sprache noch nicht, die Antworten auf diese Fragen geben konnte.

Zu diesem Zeitpunkt wußte man noch nicht einmal, daß diese Sprache auch eine Schrift hatte. Das Wort »Hieroglyphe«, mit dem man Bilder- und Symbolreihen zu beschreiben pflegte, stammt aus dem Griechischen und bedeutet »heilige Einritzung«, nicht »Heilige Schrift«. »Heilige Schrift« würde »Hierographie« heißen, ein Wort, das erst 1835 in Gebrauch kam, als die Entzifferung der »Hieroglyphen« gelungen war. Die alten Griechen glaubten, in den Hieroglyphen sei die alte, verborgene, nur den Priestern zugängliche Weisheit Ägyptens enthalten, und diese Priester hätten schon vor der Eroberung durch Alexander den Großen den Schlüssel zum Geheimnis verloren gehabt. Man hielt also die Hieroglyphen für die stummen Zeugen einer vergessenen Offenbarung. Sie hatten etwas Magisches an sich. Falls man die richtigen Rituale kannte und die passenden Worte aussprach, müßte sich die ursprüngliche Kraft, die in ihnen steckte, wiederentdecken lassen.

Im 17. Jahrhundert hatte sich ein Jesuitenprofessor vorgenommen, die Symbole zu entschlüsseln. Es war Athanasius Kircher, Naturwissenschaftler und Allroundgenie mit unstillbarem Forscherdrang. Nach dem großen Vulkanausbruch von 1630 ließ er sich an einem Seil in den Krater des Vesuvs hinab, um die Ursache des Elementarereignisses zu ergründen. Er erfand eine Rechenmaschine, eine Lautsprechertüte, eine Äolsharfe und eine Laterna Magica. Er verfaßte Abhandlungen über Medizin und Erdbeben und erforschte die klassischen Sprachen.

Kircher schien der richtige Mann, der Natur ihre Geheimnisse zu entreißen. Als er während seiner Studienzeit auf die Hieroglyphen stieß, reizte ihn dieses Rätsel ganz besonders. Und als Professor für Mathematik am Collegium Romanum machte er sich an die Entzifferung der Texte auf verschiedenen Obelisken in Rom. Einer dieser Texte bezieht sich auf den Kaiser Domitian und bedeutet (wie wir heute wissen): »CAESAR DOMITIANUS, er lebt in Ewigkeit.« Die ausführliche Übersetzung Kirchers schießt so weit am Ziel vorbei, daß man sie gerne in fröhlicher Runde zitiert:

Das segenbringende Wesen, das alles Werden bestimmt, dem das Reich des Himmels und vierfältige Macht gehört, durchtränkt die Luft mit Mophtha, der segenbringenden Flüssigkeit, bis hinunter zu Ammon, der mächtig über die unteren Teile herrscht...

Es gab dann immer wieder Elaborate der Pseudogelehrsamkeit, durch die die Hieroglyphen den Sammlern von Altertümern in Erinnerung gebracht wurden. 1762 behauptete Abbé Taudeau, es handle sich nur um bedeutungslosen Zierat, schmückendes Beiwerk an Gebäuden und Statuen, keine Zeichen für Gedanken und Worte. Dem widersprach der Okkultist Chevalier de Palin, der 1802 verkündete, er habe das Mysterium entschleiert: Übersetze man die Psalmen Davids ins Chinesische und schreibe sie in den alten Schriftzeichen dieser Sprache nieder, ergäben sich sämtliche Inschriften und Papyri Ägyptens. 1806 schien das Problem wieder einmal endgültig gelöst zu sein. Joseph von Hammer-Purgstall veröffentlichte seine Übersetzung der »Alten Alphabete« von Achmed Bin Abuker Bin Wahschih. Doch stellte sich heraus, daß dieser Autor ein Scharlatan war und sein Buch nur Spekulationen über kabbalistische Symbole enthielt. Zwischen 1809 und 1821 veröffentlichte der französische Ägyptologe und Numismatiker Marie-Alexandre Lenoir seine *Nouvelle Explication des Hiéroglyphes* in vier Bänden. Er demonstrierte, die Hieroglyphen seien nichts anderes als eine Form des Hebräischen. Doch reagierte das gelehrte Publikum auf seine Enthüllungen ohne rechte Begeisterung, ebenso auf die Behauptung des Comte Caylus, ihm sei jetzt, 1812, endlich die Entzifferung der Hieroglyphen, die den Portiko des Tempels von Dendera zierten, gelungen. Sie seien nichts anderes als der 100. Psalm Davids, in dem das Volk Ägyptens eingeladen wird, das Haus Gottes zu betreten.

Einen ersten wirklichen Fortschritt in der Übersetzung der Hieroglyphen stellte die Schrift dar, die 1761 von dem Altertumsforscher Abbé Jean-Jacques Barthélemy veröffentlicht wurde. Der Abbé vermutete, die von ovalen Ringen umschlossenen Hieroglyphenzeichen seien wahrscheinlich Königsnamen. Derselbe Einfall kam Charles de Guignes, einem französischen Orientalisten, der nach Beweisen für seine Theorie suchte, daß China einst eine Kolonie Ägyptens gewesen und seine Schrift von der ägyptischen abgeleitet sei. Ein anderer Gelehrter, der ebenfalls manchmal als Urheber dieser Schlüsselidee angesehen wird, der dänische Sprachforscher Georg Zoega, publizierte 1797 eine Studie über die Obelisken »De Origine et Usu Obeliscorum«, in der zum erstenmal Faksimiles der Texte reproduziert wurden.

Endgültig gelüftet wurde das Geheimnis aber erst, als der etwa 90 cm hohe und 27 cm dicke Stein aus schwarzem Basalt, den Captain Bouchard bei Fort St. Julien aus dem Nilschlamm gezogen und General Hutchinson für Großbritannien reklamiert hatte, den Forschern in die Hände fiel. Dieser »Stein von Rosette« gab die richtige Antwort, aber erst nach langwierigem Gelehrtengezänk, in dem Engländer und Franzosen anscheinend die Schlacht am Nil fortsetzten.

Zuerst nahm man den griechischen Text auf dem Stein in Angriff. Er bot Professor Porson in London und Dr. Heyne in Deutschland die geringsten Schwierigkeiten. Die beiden Gelehrten arbeiteten sogar mit dem Institut de France zusammen. Textlücken an Stellen, wo der Stein beschädigt war, konnten erschlossen und das Ganze übersetzt werden.

Blieben die demotischen und Hieroglyphentexte, die, darüber war man sich einig, denselben Inhalt wiedergaben wie der griechische. Von den Franzosen wurde Sylvestre de Sacy eingesetzt, Fachmann für Arabisch und hervorragendster Orientalist seiner Zeit. Er konnte schon 1802 bekanntgeben, er habe in dem demotischen Text die Buchstabengruppen identifiziert, die den Eigennamen Ptolemäus, Arsinoe, Alexander und Alexandria entsprächen. Der schwedische Gelehrte und Diplomat Johan David Akerblad arbeitete mit de Sacy in Paris zusammen, um dann unter dem Patronat der Herzogin von Devonshire in Rom Studien an Runen- und phönizischen Inschriften zu betreiben. Akerblad hatte eine Kopie des Steins von Rosette bei sich. Es gelang ihm, sämtliche Eigennamen, die im Griechischen auftauchten, auch im demotischen Text zu identifizieren sowie die alphabetisch geschriebenen Worte für »griechisch« und »Tempel«. Er versuchte sogar, ein Alphabet des Demotischen aufzustellen, bedachte aber nicht, daß, wie in orientalischen Sprachen üblich, auch hier die zwischen Konsonanten stehenden Vokale weggelassen waren. Er blieb also stecken. Aber bald konnte ein englischer Gelehrter wesentliche Verbesserungen an Akerblads Alphabet erzielen. Seine Erfolge ärgerten die Spezialisten auf diesem Gebiet besonders, weil er sich erst gegen Ende des Lebens, und dann auch nur sozusagen mit der linken Hand, der Sprachforschung ergeben hatte.

Thomas Young war der Sohn eines wohlhabenden Quäkers, Kaufmanns und Bankiers. Schon als Schuljunge war ihm klargeworden, daß Erfolg nur eine Sache des Fleißes sei. Er wandte sein Interesse den verschiedensten Gebieten zu, wobei er sich in allem, was er in Angriff nahm, auszeichnete. In London und Edinburgh studierte er Medizin, wurde im Alter von 21 mit der Mitgliedschaft in der »Royal Society« ausgezeichnet und machte seinen Doktor der Physik an der Universität Göttingen. Sein Biograph berichtet, Young habe sich durch Zerstreuungen, denen junge Menschen sonst so leicht erliegen, nicht ablenken lassen, sondern seine Kräfte lieber dem Reiten und der Leichtathletik zugewandt, »wo er es durch Gewandtheit und Geschick zu außerordentlichen Leistungen brachte«. Zugleich war Young ein begabter Musiker und schrieb Artikel für das »Gentleman's Magazine« über griechische Philosophie, chemische Theorien, Botanik und Insektenkunde.

Doch war Young niemals bloßer Dilettant. Auf dem Gebiet der Optik führte er bedeutsame Forschungen durch, erkannte als erster den Astigmatismus im menschlichen Auge und formulierte, Fresnel vorwegnehmend, die Wellentheorie des Lichtes.

1801, im Alter von 28, wurde er zum Professor für Naturphilosophie an der »Royal Institution« ernannt.

Regelmäßig rezensierte er Bücher für die »Quarterly Review«. 1813 schickte ihm der deutsche Philologe Adelung die Kopie seines *Mithridates*, einer Arbeit über asiatische Sprachen. Das weckte Youngs Interesse für die Hieroglyphen, und als ihm im Jahr darauf sein Freund Sir William Rouse Boughton einige Papyrusfragmente aus Ägypten mitbrachte, machte sich Young ans Übersetzen. Er nahm die Papyri und eine Kopie der Inschriften auf dem Stein von Rosette mit nach Worthing, um dort den Sommer zu verbringen. Die griechische Inschrift auf dem Stein schließt mit der Anweisung:

> ... daß dieser Befehl in harten Stein gemeißelt, in heiligen Schriftzeichen, in gewöhnlichen Schriftzeichen und in Griechisch, und in den ersten Tempeln, in den zweiten Tempeln und in den dritten Tempeln niedergelegt werde, wo immer sich das heilige Bildnis des Königs, der in Ewigkeit lebt, befindet.

Daraus ergab sich, daß es sich bei den drei Schriftblöcken jeweils um Übersetzungen desselben Textes handelte. Mit der Präzision und Systematik des geborenen Forschers machte sich Young daran, die Analogien zwischen den Blöcken festzustellen. Er bemerkte, daß zwei Zeichengruppen in der zweiten und zehnten Zeile der demotischen Inschrift offenbar den Worten »Alexander« und »Alexandria« im griechischen Text entsprachen, womit möglicherweise sieben Buchstaben identifiziert waren. Hierauf entdeckte er, daß eine kleine Zeichengruppe in fast jeder Zeile vorkam. Es schien vernünftig, sie mit dem Wörtchen »und« gleichzusetzen. Die am zweithäufigsten wiederholte demotische Zeichenkombination kam ebensooft im Griechischen vor, womit das Wort für »König« gefunden war. Mit Hilfe derselben Methode stellte Young fest, daß eine Buchstabengruppe vierzehnmal im Demotischen und elfmal im Griechischen auftrat. Es gelang ihm so, »Ptolemäus« zu übersetzen, und später noch »Ägypten«.

Nach der Fixierung dieser Übereinstimmungen schrieb Young den demotischen Text über den griechischen – die Worte, die er kannte, genau untereinander –, wobei er natürlich nicht vergaß,

Der Stein von Rosette: oben Hieroglyphen, in der Mitte demotische Schrift, unten Griechisch.

daß das Demotische von rechts nach links geschrieben wurde. Mit Hilfe dieser Technik gelang es ihm, ein Alphabet der demotischen Schrift aufzustellen, das konsistent zu sein schien. Bei seiner Arbeit korrespondierte er eifrig mit de Sacy und Akerblad und erhielt auch Anregungen von ihnen. Man hätte hier also noch sagen können, er habe die Entdeckungen dieser beiden nur fortgeführt. Doch de Sacy und Akerblad arbeiteten lediglich am demotischen Text. Keiner hatte je den ernsthaften Versuch unternommen, das Rätsel der Hieroglyphen zu knacken. Dazu aber war Young fest entschlossen.

Zunächst ging er von der Vermutung aus, die demotische Schrift könnte aus einer dem Ägyptischen und Koptischen gemeinsamen Quelle entstanden sein. Also lernte er Koptisch, um dem Originalalphabet auf die Spur zu kommen. Doch gab er diesen Versuch bald wieder auf, als er bemerkte, daß eine Anzahl der demotischen Schriftzeichen nur kursorische Nachbildungen der statischen Hieroglyphenbilder zu sein schienen. Es gab Formen in dem demotischen Text, die unmöglich alphabetische Buchstaben sein konnten. Sie mußten sich aus in den Hieroglyphen dargestellten Objekten herleiten.

Das brachte Young auf die Idee, die beiden Schriften müßten eng miteinander verwandt sein, offenbar nur Bildform und Kursivform derselben Zeichen. Er rückte jetzt von der weitverbreiteten Auffassung ab, die Hieroglyphen stellten vor allem Laute dar, seien also, wie das Demotische, eine Form der Schrift, die Laute statt Gegenstände versinnbildliche, und könnten entziffert werden, sobald man erst einmal das ihr zugrundeliegende Alphabet gefunden hätte. Ein weiterer Fortschritt war seine Erkenntnis, daß verschiedene Symbole zur Bezeichnung derselben Laute verwendet werden konnten – das Prinzip der Homophonie. In einem Artikel, den er für den Ergänzungsband 1819 der *Encyclopaedia Britannica* schrieb, schlug Young ein Vokabular von über 100 Schriftzeichen vor. Obwohl er sich in Einzelheiten irrte, führten die Methode und die wesentlichen Schlußfolgerungen, die er als erster zog, zur schließlichen Entzifferung der Hieroglyphen.

Kein Begeisterungssturm brach aus, als Young seine Ergebnisse veröffentlichte. Es waren ja nur »Ausarbeitungen« der Forschungen de Sacys und Akerblads, auf einem Gebiet, für das sich die Öffentlichkeit wenig interessierte. Young wandte sich wieder seinen Untersuchungen im Bereich der Medizin, Physik, Astronomie, der griechischen Literatur und Mathematik zu.

Thomas Young unternahm die entscheidenden Schritte zur Entzifferung des Steins von Rosette.

Im Herbst 1821 reiste er nach Rom und Neapel und hörte auch von der Sammlung, die Drovetti nach Livorno geschickt hatte. Er bat, sie kurz besichtigen zu dürfen und entdeckte einen Stein, auf dem Spuren einer Inschrift in Griechisch und Demotisch zu erkennen waren. Das war eine Sensation, offenbar ein zweiter »Stein von Rosette«. Young fragte Drovettis Agenten, ob er den Stein kopieren dürfte, aber sie sahen sich ohne Erlaubnis Drovettis außerstande, ihm seinen Wunsch zu erfüllen.

Young schrieb nun an die Agenten, er wolle einen Künstler aus Florenz für die Anfertigung zweier Kopien bezahlen. Die Kopien sollten Drovetti gehören und bei dem Agenten bleiben, bis Drovetti entschied, ob er sie und an wen und für wieviel verkaufen wollte. Young bot sogar an, die Kopien in Drovettis Sammlung zu belassen, nur unter der Bedingung, daß sie, sollte einmal der Stein von Livorno nach Übersee geschickt werden, in Livorno bleiben müßten, bis der Stein am Bestimmungsort angekommen war. Das war ein großzügiges Angebot. Doch als Drovetti von der Bedeutung des Steins erfuhr, wollte er durch seine Kopiererlaubnis keine Wertminderung riskieren.

Im nächsten Jahr, 1822, wurde Young auf eine Tagung der Akademie der Wissenschaften in Paris eingeladen, auf der der berühmte Physiker Auguste-Jean Fresnel einen Vortrag über die Interferenz der Lichtwellen hielt und Youngs Arbeiten zu diesem Thema rühmend hervorhob. Die Freude, mit der Young diese Demonstration der Unvoreingenommenheit der französischen Gelehrten entgegennahm, wurde indessen erheblich gedämpft, als er noch in derselben Woche einem Vortrag in der Akademie der Schönen Künste beiwohnte. Man lud ihn ein, neben dem Verfasser eines Papiers über die ägyptische Schrift Platz zu nehmen, in dem die Ergebnisse seiner eigenen Forschungen dargestellt wurden, ohne daß sein Name genannt wurde. Das Papier wurde als Offenbarung bejubelt, sein Autor Champollion als Genie.

»Der Fuchs«, schrieb der griechische Satiriker Archilochos, »kennt viele kleine, der Igel nur ein großes Ding.« Young war der Fuchs. Bis zur Veröffentlichung seiner Entdeckungen über die Hieroglyphen waren in wissenschaftlichen Zeitschriften Artikel von ihm erschienen, die ein ungeheuer weites Spektrum, von der Eisenverarbeitung und den Lebensgewohnheiten der Spinnen bis zur Berechnung der Ausdehnungsgeschwindigkeit einer vermuteten Mondatmosphäre, abdeckten. Aber diese Artikel waren selbstverständlich nur Nebenprodukte. Die Hauptarbeiten Youngs bezogen sich auf Medizin und die Physik des Lichtes. Er schrieb 63 Artikel für die *Encyclopaedia Britannica* über Themen, die von Rentenpapieren bis zu Maßen und Gewichten reichten, und nahm seine ägyptischen Studien erst mit 41 Jahren auf, einem Alter, in dem sein Hauptrivale auf diesem Gebiet schon starb.

Jean-François Champollion, dieser Hauptrivale, war der Igel. 1790 in dem Provinzstädtchen Figeac als Sohn eines französischen Buchhändlers geboren, hatte er einen eher unauffälligen Start ins Leben. Doch gab es Leute, die sich später daran erinnerten, daß er von Geburt an gelbe Hornhaut hatte wie ein ägyptisches Baby, daß auch seine Haut gelblich war und sein Gesicht überhaupt sehr orientalisch aussah. Die Legende erzählt, der kleine Jean-François sei einmal als Schuljunge in die Wohnung Fouriers mitgenommen worden, des Mathematikers, der Bonaparte nach Ägypten begleitet hatte. Man zeigte ihm dort Papyri und Hieroglypheninschriften auf Steintafeln. »Kann man sie lesen?« fragte er. Als Fourier nur den Kopf schüttelte, erklärte der Junge: »Ich werde es schaffen. In ein paar Jahren bin ich soweit. Wenn ich groß bin!«

Champollions Biographen erzählen auch die Geschichte, wie der berühmte Phrenologe Dr. Franz-Joseph Gall zu Jean-François ins Haus kam. Dr. Gall betastete die Ausbuchtungen am Kopf des Jungen und erklärte, dieser sei ein Sprachgenie. Zu diesem Zeitpunkt hatte Champollion seine Fähigkeiten schon unter Beweis gestellt, und der berühmte Phrenologe mochte davon gehört haben. Der 17jährige Schüler hatte bereits Arabisch, Syrisch,

Jean-François Champollion.

Chaldäisch und Koptisch gelernt, ebenso Latein und Griechisch. Frühzeitig hatte er auch schon erkennen lassen, daß er sich des Wertes der eigenen Person durchaus bewußt war. Er hatte eine »Weltgeschichte« mit dem Titel »Chronologie von Adam bis zu Champollion dem Jüngeren« entworfen.

Mit 17 Jahren trat Champollion als Autor eines Buches *Ägypten unter den Pharaonen* in Erscheinung und begann mit de Sacy in Paris zusammenzuarbeiten. Hier lernte er Sanskrit, Arabisch und Persisch, bevor er sich auch des Koptischen bemächtigte. Diese Sprache beherrschte er so gut, daß er Tagebuch in ihr schrieb. Im Alter von 19 wurde Champollion zum Geschichtsprofessor an der Universität Grenoble ernannt, wo er Stücke und Satiren mit starker republikanischer Schlagseite verfaßte. Dadurch empfahl er sich Napoleon während dessen Hundert Tagen, verlor aber wegen verräterischer Umtriebe seinen Lehrstuhl, als die Royalisten wieder an die Macht kamen. 1818 konnte er nach Grenoble zurückkehren. Doch im Juli 1821 drohte ihm erneut ein Hochverratsprozeß, und er ergriff die Flucht.

Im gleichen Jahr veröffentlichte er eine Denkschrift zu einigen Texten des *Totenbuchs*, in der er seine Überzeugung zum Ausdruck brachte, die Hieroglyphenschrift sei eine symbolische, keine Lautschrift. Im Jahr darauf hielt er seinen berühmten Vortrag vor der Académie und veröffentlichte ihn unter dem Titel *Lettre à M. Dacier, relative à l'alphabet des hiéroglyphes phonétiques*. Von den französischen Gelehrten wurde diese Schrift als Durchbruch im Kampf um die Entzifferung der Hieroglyphen gefeiert. Diese Auffassung hat sich international bis heute gehalten.

Ob Champollion Youngs Artikel in der *Encyclopaedia Britannica* gelesen und dessen Ergebnisse übernommen hat oder nicht, läßt sich heute unmöglich noch klären. Er stritt es immer ab. Die Veröffentlichung der *Lettre* veranlaßte jedenfalls die »Quarterly Review«, entschieden für die Priorität Youngs einzutreten:

... wir möchten, ohne das Verdienst und die Bemühungen M. Champollions im geringsten zu schmälern, doch behaupten, daß wir, wenn wir sie auf ihren wissenschaftlichen Wert und ihre Originalität hin prüfen, nichts darin finden können, was seine zehnjährige Belagerung der ägyptischen Hieroglyphenfestung – genausolang wie die trojanische der Griechen! – gerechtfertigt hätte...

Die »Review« erinnert dann ihre Leser daran, daß Akerblad und andere schon längst mit dem Aufbau eines Alphabets begonnen hätten, daß es Young ausgearbeitet und auf die Hieroglyphen angewendet und Champollion nichts anderes getan habe, als das von seinen Vorgängern benutzte Prinzip weiterzuentwickeln:

Daß M. Champollion keinen oder fast keinen Anspruch auf Originalität machen kann, obwohl seine Landsleute, dessen sind wir sicher, diese »Entdeckung« weiter als solche feiern werden, geht aus folgender Passage hervor, die wir einem vor einigen Jahren publizierten Bericht Dr. Youngs über Ägypten entnehmen.

Es folgt nun der Text eines Abschnitts des von Young in der *Encyclopaedia Britannica* veröffentlichten Artikels, in dem er die Hieroglyphenzeichen für die Buchstaben, welche den Namen »Ptolemäus« auf dem Stein von Rosette bilden, identifiziert. Champollion wandte später ein, Young habe Fehler gemacht, aber der Einwand der »Quarterly Review«, daß Champollion keine neue Entdeckung gemacht, sondern nur ein Prinzip weiterentwickelt habe, ist überzeugend.

Ein Jahr später, 1823, publizierte Young seine abschließende Stellungnahme zu dem Problem unter dem provozierenden Titel: »Bericht über einige Entdeckungen der letzten Zeit im Bereich der Hieroglyphentexte und ägyptischen Altertümer, einschließlich des vom Verfasser entdeckten Alphabets, das von Mr. Champollion weiterentwickelt wurde.« Young erklärte, er habe seine Forschungsergebnisse niemals »aus Ehrgeiz veröffentlicht, etwa um mich in den Alleinbesitz eines verborgenen Schatzes zu bringen, sondern weil ich mir, und vor allem auch meinem Land, den Ruhm sichern wollte, die Grenzen des menschlichen Wissens hinausgeschoben, die Herrschaft des Menschen über Zeit und Raum ausgedehnt und der Neigung des Menschen zu Vergeßlichkeit und Aberglauben Abbruch getan zu haben.« Er wäre, so fuhr er fort, nicht unglücklich gewesen, in Zukunft ein zurückgezogenes Dasein zu führen, doch der plötzliche Ruhm Champollions habe ihn einer breiteren Öffentlichkeit bekannt gemacht. Er glaube deshalb berechtigt zu sein, »weil ich wohl noch ein paar Jahre zu leben und zu lernen habe, die Entdeckungen, die mir einige meiner Mußestunden verschönert haben, der gebührenden Aufmerksamkeit des Publikums zu empfehlen«.

In einem vom 13. September 1823 datierten Brief bestätigte Young, er werde keine ägyptologischen Texte mehr schreiben, teils wegen des unverhältnismäßigen Aufwands, teils weil das Thema bereits erschöpft sei, und teils weil »Champollion auf diesem Gebiet so rege ist, daß er sich bestimmt nichts von Bedeutung entgehen lassen wird«. 1824, das Jahr darauf, erhob Champollion Anspruch auf die alleinige Urheberschaft an der Entzifferung der Hieroglyphen. Er veröffentlichte ein umfangreiches Buch *Précis du Système Hiéroglyphique des Anciens Égyptiens ...* mit 465 Seiten Text und einem großzügig bemessenen Anhang mit Tafeln und Illustrationen. In der Einleitung setzt sich Champollion mit konkurrierenden Ansprüchen auseinander und führt aus, seine eigenen Leistungen lägen so auf der Hand, daß er nicht so sehr Einwände gegen seine Originalität fürchte als Versuche anderer Gelehrter, von fremdem Ruhm zu profitieren. Dies sei übrigens schon geschehen, natürlich nicht in Frankreich, sondern im Ausland. Er könne derartige Prätentionen zwar entschuldigen, da sie aus Patriotismus erfolgt seien, müsse sie aber im Interesse der wissenschaftlichen Wahrheit doch zurückweisen. Champollion ging hierauf zum Großangriff auf Young über und begann zu demonstrieren, daß dieser den Lautcharakter der Hieroglyphen niemals verstanden habe und daß seine wenigen Übersetzungen eher glückliche Zufallstreffer als Ergebnisse solider sprachwissenschaftlicher Forschung seien.

Es kann kaum ein Zweifel daran bestehen, daß Champollion mehr von Young übernommen hat, als er bereit war zuzugeben. Seine »Entdeckungen«, die mit solchem Lärm hinausposaunt und seither in Kreisen der Ägyptologen so gefeiert wurden, waren weniger ein genialer Einfall als die geduldige, kenntnisreiche Weiterentwicklung bereits vorhandener Ergebnisse. Doch wäre es ebenso sinnlos, Champollions große Verdienste schmälern zu wollen, wie das Bild vom einsamen Genie weiter aufzupolieren, das er und seine Anhänger so gerne von ihm entwarfen:

Mit der Gewalt eines Erdbebens warf der geniale Franzose die haltlosen Spekulationen seiner Vorgänger über den Haufen. Von dieser Stunde an hörten die Annalen Ägyptens, die altehrwürdigen Chroniken und die Papyri, die im Staub der Jahrhunderte vor sich hindämmerten, auf, Geheimnisse zu sein! Der »Schleier der Isis« – der »Vorhang, den kein Sterblicher heben kann« –, der seit 2000 Jahren allen Bemühungen der Griechen und Römer getrotzt hat, nicht zu reden von den noch hartnäckigeren Anstrengungen der modernen Ägyptologen, wurde von CHAMPOLLION LE JEUNE gelüftet.

Mit diesen Worten begeisterte der ehemalige amerikanische Konsul in Kairo 1844 seine Zuhörer in Boston, zwanzig Jahre, nachdem Champollion wie ein Komet am Ägyptologenhimmel erschienen war (und nur 50 Jahre, nachdem die Bostoner »Tea Party« ebenfalls internationale Rivalitäten ausgelöst hatte). George R. Gliddon, der sich selbst als »einer von CHAMPOLLIONS Schülern« bezeichnete, weilte in Ägypten, als Champollion seine Entdeckungen veröffentlichte, und bemerkte das bestürzte Schweigen, das folgte. »Wie nach einem Donnerschlag atemlose Stille eintritt, so schien die Welt der Wissenschaft nach dem schrecklichen Anblick der Wahrheit wie gelähmt.«

Aber das Schweigen der Wissenschaft lag weniger daran, daß die Gelehrten durch Champollions Veröffentlichungen wie vom Donner gerührt waren. Sie hatten sich vielmehr in ihren Positionen so festgefahren, daß sie für seine Ideen nicht mehr zugänglich waren. Mitglieder des Ägypteninstituts, die Napoleon begleitet hatten, saßen immer noch in den höheren Rängen des Wissenschaftsbetriebes und wollten sich von einem republikanischen Grünschnabel, der niemals in Ägypten gewesen war, wirklich nichts sagen lassen. Auch die Christen fühlten sich unbehaglich bei Fortschritten der Ägyptologie, die keine Beweise für einen Aufenthalt der Israeliten dort oder ihren Auszug aus dem Land lieferten. Und die Altphilologen verachteten einen solchen Aufwand an Intelligenz und Geld für einen derart barbarischen Gegenstand.

In Anerkennung seiner wissenschaftlichen Leistungen wurde Champollion durch den französischen Staat 1824 mit der Mission betraut, die ägyptischen Sammlungen in den Museen von Turin, Livorno, Rom, Neapel und Florenz zu studieren. Ludwig XVIII. und später auch Karl X. hatten ihm seinen Republikanismus so weit verziehen, daß er zum Konservator der ägyptischen Sammlungen im Louvre ernannt und von der französischen Regierung beauftragt wurde, die Antiquitäten, die Drovetti und Salt nach Livorno geschickt hatten, zu sichten und zu erwerben.

Doch inzwischen war nach Paris durchgesickert, daß die Engländer in Ägypten wieder aktiv geworden waren, und Champollion machte sich Sorgen, Frankreich könnte aus seiner Stellung als »Mutter der Künste« und »Schutzherrin der Ägyptologie« verdrängt werden. Eine Expedition unter Leitung Champollions, an der auch vier französische Künstler teilnehmen sollten, wurde ausgerüstet. Man wollte Ägypten der französischen Wissenschaft als Domäne sichern. Eine kleine Schwierigkeit entstand nur, als man erfuhr, daß der Großherzog der Toskana eine ähnliche Expedition plante. Doch wurden die Wogen taktvoll geglättet, indem die italienische Expedition auf genau die gleiche Weise ausgerüstet wurde. Die Leitung sollte der hervorragende Orientalist Professor Ippolito Rosselini, ein Anhänger Champollions, haben, auch er begleitet von vier italienischen Künstlern. Da sich die wissenschaftlichen Ziele der beiden Expeditionen deckten, entschied man sich aus Sparsamkeitsgründen, sie zusammenzulegen. Man fuhr im selben Schiff nach Alexandria.

George Gliddon, der sich 1828 in Kairo aufhielt, registrierte die Ankunft der vereinigten Expedition. Sie »goß neues Öl in die Flammen der archäologischen Eifersucht, die seit 30 Jahren das Verhältnis zwischen England und Frankreich in diesem Bereich vergiftet hat«. Champollion betrachtete alle anderen Gelehrten als Eindringlinge in den von ihm exklusiv beanspruchten Forschungsbereich und stellte klar, daß jeder, den man bei einer Aufnahme oder Erklärung ägyptischer Hieroglyphen ertappte, sich eines Vergehens schuldig machte. Die englischen Wissenschaftler, die schon Jahre vor der Ankunft Champollions überall emsig gearbeitet hatten, hüteten sich sorgsam, ihm zu begegnen. Denn es bestand Gefahr, daß er alles, was sie in der Folge veröffentlichten, als Resultat dieser Begegnung hinstellte. Das führte zu allerlei komischen Szenen, weil die Briten, sobald sie hörten, daß Champollion in der Nähe war, sofort wegtauchten, um nicht persönlicher Kontakte mit ihm geziehen zu werden.

Die Gaunereien, die 30 Jahre lang die nationalen Rivalitäten im Niltal bestimmt hatten, lebten jetzt während Champollions Besuch erst recht auf. Die Engländer hatten einen Basaltstein entdeckt, den Türsturz einer verfallenen Moschee in Kairo, auf dem sie, ähnlich wie beim Stein von Rosette, eine Inschrift in drei Sprachen zu erkennen glaubten. Sie wandten sich an Mohammed Ali um die Erlaubnis, den Stein im Interesse der Ägyptologie entfernen zu dürfen. Dabei gingen sie den bewährten Weg über den britischen Konsul und machten das Angebot, als Gegenleistung für diese Gunst die ganze Moschee zu restaurieren. Drovetti jedoch hörte von diesem Gesuch und überredete den Pascha, es mit der Begründung abzulehnen, die Entfernung des Türsturzes wäre ein Sakrileg. Da nun Mohammed Ali die Engländer mit einem so frommen Vorwand abgespeist hatte, konnte er auch den Franzosen nicht mehr erlauben, den Stein an sich zu nehmen.

Dabei wäre es geblieben, hätte nicht jemand Champollion den Stein gezeigt. Das sich daraus ergebende Chaos war so groß, daß man Drovettis besondere diplomatische Talente zu Hilfe rufen mußte. Er entfaltete sie, indem er sich an Mohammed Alis Sohn Ibrahim Pascha mit der Bitte wandte, den Stein entfernen zu dürfen, natürlich ohne zu erwähnen, daß dessen Vater schon abgelehnt hatte. Ibrahim genehmigte die Bitte und verlangte nur, daß man den Anwohnern sage, der Pascha wolle den Stein für sich selbst. Das wäre weniger skandalös, als wenn man ihn den Fremden überließe. Doch in Kairo gab es keine Geheimnisse, und die Engländer erfuhren von dem Plan. Bei Nacht und Nebel schlichen sie sich zu der alten Moschee, brachen den Türsturz heraus und schleppten ihn im Triumph ins Konsulat. Die Empörung war gewaltig, und Ibrahim veranlaßte seinen Vater, die Engländer zur Herausgabe des Steins an die ägyptische Regierung zu zwingen. Das verursachte jedoch weniger Scherereien als man vermutet hätte: Eine Untersuchung des Steins hatte schon ergeben, daß er auf Grund schwerster Beschädigungen praktisch wertlos war. Man fertigte Faksimile-Kopien an, schickte sie nach London, und die Engländer brachten das Original gelassen an den ursprünglichen Ort zurück. Der Stein landete schließlich doch in Paris. Was Champollion aus der Angelegenheit lernte, war hauptsächlich, wie man einen Rivalen im internationalen Wettbewerb um ägyptische Altertümer aussticht.

Er lernte überhaupt schnell. Als die vereinigte Expedition im Tal der Könige kampierte, wo sie sich das Grab Ramses' IV. zum Hauptquartier erwählte, kam Champollion der Gedanke, die Reliefs auf dem Grab Sethos' I. würden seiner Sammlung im Louvre zur Ehre gereichen. Er traf Vorkehrungen, sie herauszumeißeln. Joseph Bonomi, englischer Bildhauer und Zeichner, bekam Wind davon und protestierte schriftlich bei Champollion:

Sollte es wahr sein, daß Sie so etwas vorhaben, halte ich es für meine Pflicht als Engländer und Liebhaber von Altertümern, alles zu tun, um Sie von einem solchen Akt des Vandalismus abzubringen – zumindest bis Sie die Erlaubnis vom amtierenden Generalkonsul oder Mohammed Ali selbst haben.

Champollion antwortete mit »Hauteur«:

Ich halte es ebenfalls für meine Pflicht als Franzose, Ihnen zu sagen, daß ich, da ich keine andere Autorität in Ägypten anerkenne als die des Paschas, niemanden sonst um Erlaubnis zu fragen gedenke, am wenigsten den britischen Konsul, der im übrigen gewiß nicht die lächerlichen Bedenken hat, die Sie für ihn vortragen zu müssen glauben. Wenn es mir gelingt, bessere Arbeiter, als die mir von Kairo geschickten aufzutreiben, denen ich diese schwierige Operation anvertrauen kann, können Sie, werter Herr, davon überzeugt sein, daß Sie eines Tages das Vergnügen haben werden, einige der herrlichen Bas-Reliefs des Grabes des Osireums im französischen Museum zu bewundern. Das ist der einzige Weg, sie vor drohender Zerstörung zu bewahren, und ich werde als wirklicher Liebhaber von Altertümern handeln, da ich sie nur zur Aufbewahrung, nicht zum Verkauf fortschaffen lasse.«

Eine neue Moral wurde am Nilstrom eingeführt. Es war vollkommen in Ordnung, die ägyptischen Denkmäler zu stehlen, solange der Beweggrund nicht persönliche Bereicherung war. Dieses Verfahren altruistischer Plünderung wurde schnell populär. Sogar Bonomi wurde davon angesteckt. Nach dem Empfang von Champollions Antwort und als er erfuhr, daß auch Rosselini sich seine Reliefstücke zugunsten des Museums in Florenz weghackte, heulte er mit den Wölfen und holte sich seine »Strecke« für das Britische Museum.

Alle drei entschuldigten ihre Diebstähle mit der Begründung, sie wollten die Altertümer nur sicherstellen, damit die Welt sie auch künftig bewundern könne. Beließe man die Reliefs im Tempel, wären sie vom Regen schnell zerstört. Champollion indes wollte verhindern, daß jedermann sich frei aus dem Altertümervorrat im Niltal bediente und schrieb einen Protestbrief an Mohammed Ali. Er beklagte, daß man so freizügig mit Antiquitäten handle und schlug vor, die Ausgrabungen und den Export von Funden durch die Regierung kontrollieren zu lassen. Mit diesem Vorschlag hatte er Erfolg, aber nicht bevor er Mohammed Ali überredet hatte, einen der beiden Obelisken vor der Tempelfront in Luxor zur Erinnerung an Napoleons Truppen nach Paris zu transportieren. Der Obelisk wurde 1830 auf einem Spezialiastschiff, der »Dromadaire«, nach Paris spediert und am 25. Oktober 1836 mit großem Pomp auf der Place de la Concorde aufgestellt. 200 000 Zuschauer und sogar König Louis-Philippe waren dabei.

Am 15. August 1835 wurde ein Regierungserlaß in Ägypten veröffentlicht, der eigentlich das Ende derartiger Zeremonien hätte bedeuten müssen. In der Präambel hieß es, die Museen und Sammler der fremden Mächte seien so auf die ägyptischen Altertümer erpicht, daß Ägypten Gefahr laufe, all seine alten Denkmäler an andere Länder zu verlieren.

Und es liegt auf der Hand: Unter keinen Umständen würden es die Europäer zulassen, daß ähnliche Objekte aus ihren eigenen Ländern exportiert werden. Aber wo immer hier Altertümer entdeckt werden, schicken sie unverzüglich Gelehrte, um sich ihrer zu bemächtigen. Und diese Leute kaufen sie dann fast immer zu erbärmlichen Preisen, die jedoch die Begehrlichkeit ihrer unwissenden Besitzer reizen.«

Mit Hilfe einer raffinierten Technik wurde »Kleopatras Nadel«, ein Geschenk Mohammed Alis an Sir James Alexander, am Londoner Themse-Ufer aufgestellt.

Da diese antiken Schätze zum Ruhm des Landes, dem sie gehören, beitragen und da Ägypten unermeßliche Reichtümer dieser Art besitzt, hält es die Regierung für angezeigt:

1. Daß inskünftig der Export von Altertümern aller Art streng untersagt ist.
2. Daß alle Funde, die der Staat bereits besitzt oder durch künftige Ausgrabungen und Forschungen in seinen Besitz bringt, in Kairo an einem noch zu bestimmenden Ort aufbewahrt werden...
3. Daß es inskünftig nicht nur ausdrücklich verboten ist, die alten Monumente Oberägyptens zu zerstören, sondern der Staat auch Maßnahmen ergreift, ihre Konservierung überall im Land sicherzustellen.

Der Erlaß sah ferner eine Beendigung aller Grabungsarbeiten vor. Die Provinzgouverneure waren gehalten, mittels bewaffneter Inspekteure die Einstellung der Arbeiten zu erzwingen. Alle Häfen sollten bewacht werden, damit in Zukunft jeder Export von Antiquitäten unterbunden wurde. Ein Generalinspekteur zur Überwachung dieser Restriktionen in ganz Ägypten war zu ernennen, und die Repräsentanten europäischer Mächte sollten durch offizielle Noten informiert werden, so daß die Kooperation aller Nationen gewährleistet war ... ein weiterer Inspekteur sollte die wichtigen Fundstätten bereisen und den Bestimmungen dieses Erlasses Geltung verschaffen.

Das Dekret war ein von den besten Absichten beseeltes Stück Gesetzgebung, geeignet, der internationalen Konkurrenz beim Raub der Denkmäler des Niltals einen Riegel vorzuschieben. Doch der Mann, der zu dieser Zeit die Regierungsgewalt in Ägypten innehatte, interessierte sich schon bald nicht mehr für den Schutz der Altertümer Ägyptens. Er zog es vor, die eigenen Gesetze zu mißachten. Sie hinderten ihn daran, die Launen der hohen Persönlichkeiten, denen er imponieren wollte, zu befriedigen. Für eine ganze Generation wurde die Bewahrung der ägyptischen Altertümer für das eigene Land stillschweigend vergessen.

Nachdem die Entzifferung der Hieroglyphen gelungen war, blieb noch ein großes Geheimnis des alten Ägypten, das die Phantasie der Menschen seit Jahrhunderten beschäftigt hatte: der

Ursprung und Zweck der Pyramiden. An Theorien war kein Mangel. Herodot hatte in seinen Schriften 445 v. Chr. als Erbauer der Großen Pyramide König Cheops benannt. Er berichtete, die ägyptischen Priester hätten ihm erzählt, wie der Bau vor sich gegangen sei: Zu Hunderttausenden habe man die Menschen zur Arbeit gezwungen, und 20 Jahre lang hätten sie jedes Jahr immer nur drei Monate frei gehabt. Die für die Arbeiter aufgewendeten Mengen an Rettichen, Zwiebeln und Knoblauch waren in ägyptischen Schriftzeichen an den Pyramiden vermerkt und wurden von Herodot als Äquivalent von 1600 Silbertalenten angegeben. Herodot erzählt auch die Geschichte, daß der König, als ihm das Geld ausging, seiner Tochter befahl, durch Prostitution zu den Baukosten beizutragen. Dabei war sie so tüchtig, daß sie noch mehr als nur den restlichen Bau der Großen Pyramide finanzierte. Sie verlangte nämlich von ihren Kunden nicht nur Bargeld, sondern auch jeweils einen Stein, bis sie genug Material für ihre eigene Pyramide zusammenhatte.

Herodot identifiziert auch die Erbauer der zweiten und dritten Pyramide richtig als Chefren und Mykerinos, schreibt aber, die Ägypter hätten beide Könige so sehr gehaßt, daß sie die Pyramiden lieber die »Pyramiden des Schäfers Philition« nannten, der seine Schafe dort weidete.

Der griechische Geschichtsschreiber Diodoros Siculus, der Ägypten 60 v. Chr. bereiste, staunte darüber, daß sich keine Arbeitsspuren im Sand um die Pyramiden mehr finden ließen. »Es sieht so aus, als ob die ganze Konstruktion unmittelbar auf die Sandfläche gesetzt worden wäre, nicht durch die allmähliche Arbeit von Menschen, sondern durch den plötzlichen Schöpfungsakt eines Gottes.« Bei den Ägyptern, so berichtete er, seien allerlei Wundergeschichten darüber in Umlauf. Er selbst aber gab die nüchterne Information, daß der Bau im Lauf von 20 Jahren von einem Heer von 360 000 Arbeitern erstellt worden sei.

Plinius, der ein Jahrhundert später schrieb, hielt die Pyramiden für »eitle, törichte Selbstdarstellungen königlichen Reichtums« und meinte, die Könige hätten sie nur erbaut, um durch die Erschöpfung aller Ressourcen ihren Nachfolgern und Rivalen jede Möglichkeit der Entfaltung abzuschneiden. Niemand, so fährt Plinius fort, sollte die Pyramiden als gewaltige Leistungen der Könige bewundern. Denn die kleinste und schönste sei von einer Prostituierten, Rhodope, erbaut worden, die damals zusammen mit dem Fabeldichter Äsop in Sklaverei lebte. Plinius ist der Auffassung, es sei ein größeres Wunder als die Pyramiden selbst, daß eine Prostituierte genügend Mittel zusammenbrachte, um sich selbst eine zu bauen.

Die klassischen Schriftsteller waren im allgemeinen davon überzeugt, daß die Pyramiden Denkmäler oder Gräber von Königen waren. Im Mittelalter war eine alternative, Gregor von Nazianz zugeschriebene Theorie populär, nach der die Pyramiden von Juden im Exil als riesige Getreidespeicher erbaut worden seien.

Die Große Pyramide wurde im Lauf der Jahrhunderte immer wieder von Reisenden aufgesucht. Man wußte, sie besaß im Innern einen Gang und einen Brunnen. Sie war hochberühmt als letztes der Sieben Weltwunder der Antike, rätselhaft, der Zeit trotzend. Der einzige ernsthafte Plan zu ihrer Zerstörung, von dem man weiß, entsprang dem Hirn Ibrahim Paschas, des ägyptischen Vizekönigs, dem 1854 von einem afrikanischen Magier eingeredet wurde, die Pyramide enthalte unermeßliche Schätze. Der Pascha kam auf die Idee, den Brunnen mit Schießpulver zu füllen und es anzuzünden, konnte aber von dem venezianischen Konsul mit dem Argument davon abgebracht werden, die Explosion würde Kairo gefährden.

1737, als Friedrich Norden in die Große Pyramide eindrang, war sie schon so von Besuchern überlaufen, daß »die Eingänge in der Nord- und Südseite vom Rauch der Fackeln, die die Reisenden mit sich führten, geschwärzt waren«. Der Brunnen der Pyramide jedoch blieb unerforscht. Erst Captain Caviglia, ein von Henry Salt beauftragter Kaufmann aus Genua, räumte 1818 den Schutt weg und stellte fest, daß der Brunnen mit einer unterirdischen Kammer in Verbindung stand. Im gleichen Jahr betrat Belzoni als erster Europäer die Pyramide des Chefren. Doch blieb noch viel zu tun, bis das Geheimnis der größten Bauten der Erde gelüftet war. Dazu bedurfte es eines energischen Mannes, weitblickend und entschlußfreudig zugleich.

Richard William Howard-Vyse war Soldat mit Leib und Seele. Sohn des Generals Richard Vyse, hatte er die Tochter des Feldmarschalls George Howard geheiratet, seinem Namen den der Familie seiner Frau hinzugefügt und deren Wappen mit übernommen. 1807, und dann noch einmal von 1812 bis 1818, saß er für Stoke Poges im Parlament. 1810 verlieh ihm die Universität Oxford die Ehrendoktorwürde. All diese Faktoren hatten, in Verbindung mit einem unerschütterlichen christlichen Glauben und nicht unbeträchtlichen Fähigkeiten, im Lauf der Jahre einen Charakter geschmiedet, der sich auf seine Prinzipientreue etwas zugute hielt.

Vyse war 51, als er zum erstenmal nach Ägypten kam. Was die Pyramiden betrifft, so hatte er sich seine Meinung anhand der Schriften Jacob Bryants gebildet, eines englischen Altertumsforschers, dessen Ruhm seit seinem Tod im Jahre 1804 eher im Abnehmen begriffen war. Bryant glaubte, die Pyramiden seien das Werk der »Hirtenkönige«, der Nachkommen Hams, die wegen ihres Abfalls vom Glauben aus Babel vertrieben und in die ganze Welt verstreut wurden: nach Griechenland, Karthago und sogar bis nach Amerika, wo noch Spuren ihrer Bauten zu sehen waren. Es waren außergewöhnliche Menschen, vom selben Stamm wie die Zyklopen und wie diese dazu verdammt, unstet über die Erde zu wandern und überall gigantische, erstaunliche Bauwerke zu errichten. Vyse assoziierte diese Menschen mit den Philistern und war davon überzeugt, ihre Geschichte sei ein Beweis für das Walten der Vorsehung:

> Diese Stämme sind lebendige Beispiele für die strafende Gerechtigkeit Gottes in der Vergangenheit, so wie es die verstreuten Juden heute sind. Offenbar sind sie schließlich völlig vernichtet worden, und die Pyramiden sind als zeitlose, stumme Zeugen der überragenden Größe dieses außerordentlichen Volkes, der Unerbittlichkeit der göttlichen Gerechtigkeit und der Wahrheit der göttlichen Offenbarung übriggeblieben.

Ein Hinweis auf die Maßstäbe, mit denen Colonel Vyse an die Geschichtsforschung heranging, ist die Tatsache, daß er Bryants Theorien vor allem deshalb übernahm, weil sie »die tiefe Überzeugung des Autors von der Wahrheit der göttlichen Offenbarung und der niemals irrenden Gerechtigkeit des Allmächtigen« widerspiegelten.

Vyse wurde beim britischen Konsulat vorstellig und bat um die Erlaubnis, die Pyramiden erforschen zu dürfen. Er wurde zu Captain Caviglia geführt, der sich als britischer Untertan mit Heimathafen Malta vorstellte. Caviglias Erfahrungen und Ausgrabungen rings um die Pyramiden, aber auch seine Bibelfestigkeit – er zitierte immer wieder Bibelsprüche – empfahlen ihn Vyse nachdrücklich. Vyse erklärte sich einverstanden, ihn als Aufseher über die Grabungsarbeiten einzustellen. Die erforderlichen Gelder sollten Vyse selbst, Colonel Campbell – der britische Generalkonsul – und Charles Sloane – der Vizekonsul – aufbringen. Caviglia wurde im Hotel carte blanche gegeben. Er sollte es sich bequem machen und über sämtliche Mittel verfügen, die er für seine Arbeit brauchte. Vyse ließ sich von ihm auch das Versprechen geben, daß er sofort schreiben würde, sobald irgendetwas Interessantes auftauchte. Dann begab er sich, merkwürdig gleichgültig gegen das Projekt, das er soeben angekurbelt hatte, auf einen Ausflug nach Oberägypten.

Seine lange, gemächliche Reise das Niltal aufwärts überzeugte Vyse, er bewege sich tatsächlich in dem vom »Herrn gesegneten Land«, als das es der Prophet Jesaja bezeichnet hatte. Auf der Insel Philä, die inmitten des großen Sees liegt, zu dem sich der Nil dort erweitert, war es ihm unmöglich, ohne Rührung

diesen gewaltigen Strom zu betrachten, periodisch von Überschwemmungen heimgesucht, deren Ursache man nicht kennt, genauso wie die Geschichte dieses mächtigen Volkes, durch dessen Fleiß einst die Flußauen blühten, im dunkeln liegt. Mit ihren theoretischen Kenntnissen, die diese Menschen, vom Aberglauben inspiriert, in die Praxis umsetzten, schufen sie Bauten von so unvergleichlicher Schönheit, daß noch die bloßen Ruinen die Nachwelt zur Bewunderung hinreißen.

In Theben stellte Vyse besorgt fest, daß man ein Pulvermagazin nur einen Kilometer von den alten Bauwerken entfernt errichtete. Die Prachtstraße nach Luxor, die einst überwältigend gewesen sein mußte, war, wie er bekümmert beobachtete, von Sand- und Schuttbergen entstellt, vor allem auch durch »die Entfernung des einen, nach Paris verschleppten Obelisken, wodurch der noch verbleibende seine Wirkung eingebüßt hat«.

Vyse geriet in Zorn über die Zerstörung so vieler Monumente und klagte häufig darüber, daß die Menschen sie nur der Steine wegen abrissen, selbst in Gegenden, wo anderes Baumaterial leicht zu beschaffen wäre. Am meisten bedauerte er aber, daß viele von früheren Reisenden beschriebene Sehenswürdigkeiten der Zerstörung zum Opfer gefallen waren. Doch mit der sonderbaren Ambivalenz, die damals auch an anderen glühenden Patrioten in Ägypten zu bemerken war, schließt er den Absatz, in dem er den Verlust der alten Denkmäler beklagt, mit den Worten:

Es ist sehr bedauerlich, daß man den Obelisk von Theben nicht als Denkmal für Lord Nelson in unserem Land aufgestellt hat. Er wäre ein besserer und herrlicherer Zeuge für die Größe dieses Mannes als jede moderne Skulptur.«

In Theben kam Vyse jedoch auch zu dem Schluß, die alten Ägypter hätten das Erbe der Menschheit sogar vor der Sintflut bewahrt. Man könne aus Homer und der Mythologie der alten Völker ableiten, daß

... die Menschen ursprünglich außer mit hohem Alter auch mit überlegenen intellektuellen und physischen Fähigkeiten gesegnet waren ... und daß die Künste schon vor der Sintflut einen hohen Stand erreicht hatten. Man kann mit einiger Berechtigung auch schlußfolgern, daß viele Kunstwerke dieses große Ereignis überlebt haben. Die Energie und Kunstfertigkeit, die aus den prachtvollen Grabmälern, den Pyramiden und vielen anderen staunenswerten Überresten ferner Vergangenheit zu uns sprechen, sind vielleicht doch nicht ganz so überraschend ...

In Dendera, wo Vyse 1836 den damals am häufigsten erwähnten Tempel im Niltal besuchte, war er wieder von dem Ausmaß der dortigen Zerstörung schockiert und schrieb, daß »in dem Maße, wie die sogenannte Zivilisierung des Landes fortschreitet, diese edlen Bauten mehr und mehr zu Steinbrüchen werden. Weder Alter noch künstlerischer Wert bilden ein Hindernis für die Menschen, die sich, sei es für öffentliche Gebäude, sei es für private Paläste, hemmungslos dieser Materialien bedienen.«

Zwar war auch Vyse nicht frei von dem naiven Glauben der englischen Weltreisenden der damaligen Zeit an die kulturelle Überlegenheit der Briten. Aber er bemerkte wenigstens eine andere Schwäche seiner Landsleute, die diese sonst kaum zur Kenntnis nahmen: die Unfähigkeit, die Sprache des von ihnen besuchten Landes zu sprechen. Vyse erwähnt häufig, wie sehr er es bedauerte, keine diplomatischen Feinheiten mit Würdenträgern austauschen zu können, von denen er eingeladen wurde oder an die er sich mit einer Bitte wandte. Er klagt darüber, daß seine Dolmetscher alle scheinbar unwichtigen Höflichkeitsfloskeln übergingen. Er ließ es sich nicht nehmen, über einen Zwischenfall zu berichten, der während seines Besuchs beim Gouverneur von Assiut passierte, »was zeigt, welche dummen Mißverständnisse in diesem Land zwischen Personen auftreten können, die einander nicht verstehen«. Er ritt in Begleitung des Janitscharen und des Gefolges des Gouverneurs durch den Basar, als er an einem Tor auf einen arabischen Offizier stieß,

der mich energisch und mit heftigen Gesten aufforderte, anzuhalten und ihm aus dem Weg zu gehen. Sein Pferd war ziemlich nervös, und da das meine ebenfalls schwer zu zügeln war, glaubte ich, er fürchte nur, die beiden Tiere könnten aneinandergeraten. Doch war es ein leichtes, hier einen Unfall zu vermeiden. Ich hielt mich, während ich durch das Tor ritt, nur einfach ganz links und machte ihm Zeichen, auf der gegenüberliegenden Seite zu bleiben. Zugleich entbot ich ihm den üblichen Gruß. Er erregte sich aber zu meiner Verwunderung nur um so mehr und sprach noch lauter als vorher. Erst nachträglich erfuhr ich, daß er, was von meiner Seite als Höflichkeit gedacht war, als Affront auffaßte. Er hatte darauf bestanden, daß ich wartete, damit er, ein Mohammedaner, als erster durchs Tor reiten konnte.

Obwohl der Janitschar Vyse drängte, den Mann beim Gouverneur anzuzeigen, verzichtete Vyse darauf. Dennoch war auch er empfindlich und fühlte sich leicht in seinem Nationalstolz verletzt. Eines Tages segelte er stromabwärts und sah ein Boot mit englischer Flagge, das am anderen Ufer vertäut war. Als er erfuhr, das Boot gehöre einem Araber und kein Europäer sei an Bord, wollte er unbedingt an Bord gehen und die Flagge einholen. Er wurde nur durch das plötzliche Auftauchen eines Maltesers auf dem Boot gestoppt, der auf sein Recht pochte, unter dieser Flagge zu segeln. Vyse berichtete dem Generalkonsul über den Zwischenfall und erklärte ihm, er habe nicht tolerieren können, daß »die Flagge jeder Verunehrung durch schlechtes Benehmen der unter ihr segelnden Araber ausgesetzt« sei.

Colonel Vyse hatte unter Wellington gedient und ein besonders feines Gespür für die schleichende Zunahme des französischen Einflusses in Ägypten entwickelt. Die Franzosen, so schrieb er, sind und waren immer ein Volk, »dessen Interessen notwendig mit denen Großbritanniens kollidieren müssen«. Er schreibt auch, jeder nur oberflächliche Beobachter in Ägypten müsse einfach das Ausmaß des französischen Einflusses bemerken. Wahrscheinlich war sich Captain Caviglia dieser Einstellung seines Auftraggebers bewußt und machte sich kein Gewissen daraus, Vyse zu berichten, seine langsamen Fortschritte bei den Pyramiden seien zum Teil vom Neid und den Machenschaften der Franzosen verursacht. Als indessen Vyse zurückkehrte, mußte er feststellen, daß die Arbeit, in die er seine Gelder investiert hatte und die der Erforschung der Pyramiden dienen sollte, vor allem der Ausgrabung der Mumiengräber zwischen Sphinx und Zweiter Pyramide zugute gekommen war. Caviglia hatte diese Umfunktionierung vorgenommen, weil, wie er sagte, die Gräber höchstwahrscheinlich Objekte von großer wissenschaftlicher Bedeutung enthielten.

Das war natürlich richtig. Man würde in den Gräbern viel eher wertvolle und gut verkäufliche Antiquitäten entdecken als in den Pyramiden, und das bei einem Bruchteil der Arbeit. Aber Vyse war nicht an Profiten interessiert und war sogar damit einverstanden, daß alle unter des Paschas Ferman gefundenen Gegenstände diesem gehören sollten. Es folgte eine Zeit der Querelen, die an die Auseinandersetzungen zwischen Salt und Belzoni erinnerten. Caviglia beanspruchte, Partner, nicht Angestellter zu sein. Vyse mochte zwar bezahlen, doch habe nur er, Caviglia, die erforderlichen Fähigkeiten. Sie schieden im Groll, und Vyse führte nun selbst Aufsicht.

Anfangs hatte er wohl gedacht, bei der Anleitung der Arbeiter könnten kaum Probleme auftauchen. Unparteiische Gerechtigkeit und eine feste Hand verschafften überall auf der Welt Respekt. Und eine sehr erfolgreiche militärische Karriere hatte Vyse in dem Gefühl bestärkt, er sei ein guter Menschenführer. Er arbeitete eine Liste gerechter Löhne aus, und als Gegenleistung arbeiteten Männer, Frauen und Kinder von Sonnenauf- bis Sonnenuntergang mit einer Stunde Mittagspause. Die Arbeiter im Innern der Pyramiden erhielten höhere Löhne, und es waren Prämien in Höhe des doppelten Lohns ausgesetzt, falls irgendeine wichtige Entdeckung gemacht wurde.

Bei diesem System verdienten die Bauern nicht nur mehr Geld denn je in ihrem Leben, sondern sie waren auch, wie Vyse berichtet, von der unbezahlten Zwangsarbeit am nahe gelegenen Kanal befreit. Er konnte wirklich erwarten, als gütiger, aufgeklärter »Monarch« betrachtet zu werden. Dennoch sah er sich enttäuscht. Jeden Morgen kam die Arbeit nur langsam in Schwung. Viele kamen erst um sieben oder acht. Diebstähle waren an der Tagesordnung. Der Reis hatte die Gewohnheit, auch Leute auf die Lohnliste zu setzen, die sich nur bei der Lohnauszahlung sehen ließen. Und weit entfernt davon, Vyse Respekt entgegenzubringen, taten sie ihr Möglichstes, ihn hereinzulegen. Bekümmert vertraute er seinem Tagebuch an, daß eines Abends »ein Bursche auf den Schultern eines anderen Mannes hereingetragen wurde, offensichtlich halb tot. Seine weiße Mütze und Stirn waren mit Blut und Sand besudelt. Man erzählte mir, er sei von ganz oben in den Schacht in der Dritten Pyramide hinuntergefallen.« Vyse fand den jungen Mann bewegungslos auf einer Erdbank liegen, einen Greis neben sich, der behauptete, sein Onkel zu sein, und die Fliegen verscheuchte. Vyse schickte sofort nach Kairo zu einem Arzt, doch als er sich einmal plötzlich umwandte, sah er, daß der Junge seine Augen offen hatte und sie blitzschnell schloß. Sodann beobachtete er aus der Ferne, wie der Junge mit dem Alten sprach. Aber er fiel sogleich wieder in Ohnmacht, als sich Vyse näherte. Daraufhin erklärte Vyse dem Alten, er könne seinetwegen den Jungen pflegen, doch werde er ihn nicht dafür bezahlen. Der Mann erwiderte, in diesem Fall wolle er den Kranken lieber ins Dorf bringen lassen, und schon brach er auf, gefolgt von einer großen Menge laut jammernder Bauern, die den Burschen nach Hause trugen. Es stellte sich heraus, daß der Junge sich nur an der Schachtwand den Kopf geschürft hatte und sonst wohlauf war. »So«, fährt Vyse fort, »benahm sich dieses bösartige Volk. Und ähnliche Zwischenfälle kamen am laufenden Band vor.«

Die Erwartungen, die Vyse anfangs gehabt hatte – daß Leute, die, nach seinen Maßstäben, fair behandelt wurden, mit Treue und Dankbarkeit reagierten –, erwiesen sich mehr und mehr als Illusion. Sein abschließendes Urteil über die Arbeitskräfte ist wieder ein Beispiel dafür, wie die Realität über die berechtigtsten Hoffnungen triumphieren kann:

Bei all den Vorteilen regelmäßiger Entlohnung und Befreiung von Schwerstarbeit, bei aller Bequemlichkeit und Rücksichtnahme bei kleineren Unfällen, bei aller ärztlichen Versorgung und guten Verpflegung der Kranken, bei allem Verzicht auf schwere Strafen und körperliche Züchtigung waren diese Unglückseligen doch total unempfänglich für die ihnen erwiesene Freundlichkeit. Im Gegenteil, sie scheuten weder Betrug noch List, um an Geld, Lebensmittel, Arzneien usw. heranzukommen. Am Ende hatten Frechheit und Faulheit einen Grad erreicht, daß mir nichts anderes übrigblieb, als aufzugeben... Ich bin mir inzwischen sicher, daß unter den hier obwaltenden Umständen keine kontinuierliche Arbeit ohne Androhung körperlicher Züchtigung möglich ist.

Vyse schätzte sich glücklich, John Shae Perring, einen Ingenieur, der am Hof des Paschas die Stellung eines Assistant Managers für öffentliche Arbeiten bekleidete, als Mitarbeiter gewonnen zu haben. Die beiden untersuchten die Pyramiden von Gizeh und fuhren dann weiter nach Sakkara, Daschur und Meidum. Zu Beginn ihrer Tätigkeit war das Innere der Großen Pyramide bereits erforscht, und auch zur zweiten hatte man schon einen Zugang freigelegt. Es gelang nun Vyse, auch in die dritte Pyramide – die des Mykerinos – einzudringen. Er bahnte sich seinen Weg mittels kleinerer Sprengungen, wofür er heftige Kritik einstecken mußte. Aber paradoxerweise halfen ihm diese Explosionen bei der dritten Pyramide gar nichts. Denn nachdem er sich den Weg bis fast ins Zentrum freigesprengt hatte, entdeckte er per Zufall den eigentlichen Eingang, als er einige lose Steinblöcke an der Nordseite entfernte. Es wurde ihm jetzt klar, weshalb die von oben in den Bau getriebenen Tunnels kein Ergebnis gebracht hatten: Die Grabkammer und alle zu ihr führenden Gänge befanden sich nicht im Innern, sondern unterhalb der Pyramide. Die Kammer selbst war von Grabräubern schon geöffnet worden, und der im Innern gefundene längliche blaue Behälter enthielt nur noch die zerbröckelten Überreste einer Leiche. Es fand sich außerdem ein Sarkophag ohne Deckel. Vyse entschloß sich, ihn ans Britische Museum zu schicken, da er, in der Kammer belassen, nur dem Verfall preisgegeben wäre. Es glückte den Männern, den Sarkophag auf Wagen bis zur Mündung des Eingangsstollens zu rollen und ihn dann mit Hebeln herauszuheben, »was in Anbetracht seines Gewichts von fast drei Tonnen kein leichtes Stück Arbeit war«. Man verpackte ihn in einer festen Holzkiste und schaffte ihn auf ein Handelsschiff, das im Oktober 1837 vor Cartagena sank. Seitdem ruht es, zusammen mit seiner kostbaren Last, auf dem Grund des Meeres.

In dem detaillierten Bericht über seine Arbeit, den Vyse veröffentlichte, findet sich keine Erwähnung einer Exportgenehmigung für den Sarg. Doch stellte Vyse klar, alle eventuell in den Pyramiden gefundenen Altertümer seien Eigentum des Paschas. Man solle die Funde an Colonel Campbell im britischen Konsulat schicken und sich wegen der Objekte, die Vyse nach England zu schicken wünschte, an Borghos-Bey, den Privatsekretär Mohammed Alis, wenden. Auf seiner Liste kommt allerdings der Sarkophag nicht vor, nur Gegenstände wie »drei zerbrochene Tontöpfe, fünf kleine Glasflaschen, drei Vögel aus Holz, neun zerbrochene Stücke ...«.

Vyse brachte seine Sammlung mit nach England und schenkte sie 1888 dem Britischen Museum. Perring ließ er zurück. Er sollte auf Kosten Vyses die Pyramiden weiter erforschen. Vyse selbst überwachte in London die Publikation seiner Aufzeichnungen. Es waren die genauesten und umfassendsten Forschungsberichte über die Pyramiden, die im 19. Jahrhundert veröffentlicht wurden. Sie setzten Maßstäbe bis in die jüngste Zeit. Zwar ist in der Geschichte der Ägyptologie der Name Vyse mit der Verwendung von Schießpulver und gewaltsamen Grabungstechniken verknüpft, doch war der von ihm angerichtete Schaden nur gering, und seine Leistungen stellen einen beachtlichen wissenschaftlichen Beitrag dar. Vyse hätte einen besseren Ruf verdient, nicht zuletzt wegen seiner doch ungewöhnlichen Motivation. Er war nicht auf Ruhm und Reichtum für seine Person oder sein Land aus, sondern nur auf die Erweiterung des menschlichen Wissens.

5

Kulturaustausch

Die innere Sicherheit infolge der Machtergreifung Mohammed Alis und seine Förderung ausländischer Investitionen führten zu einem neuen Touristenstrom von Europa nach Ägypten. Nach 1808 gab es für die englischen Rentiers wieder die Möglichkeit, im Niltal zu reisen. Sir Archibald Edmonstone äußerte sich positiv über die veränderte politische Situation:

Seit Beendigung der Tyrannei der Mameluken-Beys und der daraus folgenden Wirren regieren die türkischen Paschas mit starker Hand. Bisher unbekannte Disziplin und Sicherheit herrschen im Land. Infolgedessen haben sich nicht nur die Fellachen wieder vollständig unterworfen, sondern auch die nubischen Berber jenseits der Südgrenze und die nomadisierenden Araber, die lange Zeit an den Westgrenzen für Unruhe sorgten, sind wieder tributpflichtig und abhängig geworden.

Sir Archibald hatte 1819/20 in Mamelukengewändern (»einer gewaltigen Pluderhose, roten Pantoffeln und einem weißen Seidenturban«) zwei Oasen erforscht. Für den Handelskampf um Altertümer, der sich in seiner Umgebung abspielte, interessierte er sich nicht. Er verbrachte seine Stunden am Nil mit dem Kopieren griechischer Inschriften und Tagebuchaufzeichnungen über merkwürdige Sitten und Gebräuche im Land, mit denen er das lesende Publikum in der Heimat zu unterhalten hoffte.

Da waren die Interessen des Jean-Baptiste Lelorrain, eines französischen Ingenieurs, schon praktischerer Natur. Er war von dem französischen Sammler und Altertumsforscher Louis-Sebastien Saulnier beauftragt worden, das prachtvolle Tierkreisrelief von der Decke des Tempels in Dendera zu entfernen und nach Paris zu bringen. Die Franzosen dachten anscheinend, die Schönheit des Kunstwerks habe General Desaix so sehr berührt und es sei in der großen *Déscription de l'Égypte* so herrlich reproduziert worden, daß es in »gewisser Weise schon als Nationaldenkmal« aufzufassen sei.

Relief des Tierkreises von der Decke des Dendera-Tempels, das Lelorrain nach Frankreich brachte. Es befindet sich heute im Louvre.

Bei der Beantragung seines Fermans war Lelorrain diplomatisch genug, Mohammed Ali den eigentlichen Zweck seines Hierseins zu verhehlen. Er stellte sich als einfachen, von Wissensdurst getriebenen Reisenden vor.

Als Lelorrain in Dendera ankam, war der Platz von einer Gruppe englischer Besucher belagert, die Zeichnungen von dem Zodiak anfertigten. Daher reiste er nach Theben weiter und kaufte dort ein paar Antiquitäten, um den Eindruck eines harmlosen Touristen zu erwecken, der ein Auge auf minder wertvolle Kuriositäten geworfen hatte. Hierauf streute er in seiner Umgebung das Gerücht aus, er sei krank und wolle zur Erholung für ein paar Wochen ans Rote Meer fahren, kehrte aber statt dessen nach

Dendera zurück und traf Vorbereitungen, den Tierkreis herauszumeißeln.

Der Zodiak war in meterdicke Steinblöcke eingraviert. Lelorrain sprengte mit Schießpulver Löcher in die Steine und ließ das Kunstwerk dann von 40 Arbeitern unter einem Vorarbeiter mit Meißeln und Sägen herausoperieren. Nach drei Wochen Tag- und Nachtschicht konnten die Blöcke entfernt und auf Walzen zu einem Boot transportiert werden. Der Kapitän wandte ein, der Wasserstand sei zu niedrig. In dieser Saison könne eine so schwere Last nicht mehr nach Norden transportiert werden. Doch Lelorrain war lange genug in Ägypten gewesen, um zu wissen, daß der Mann von den Engländern bestochen war. Er fragte den Kapitän nur, wieviel ihm geboten worden sei, zahlte selbst den Betrag von 1000 Piastern, und schon setzte man Segel. Auf halbem Weg nach Kairo wurden sie von einem englischen Agenten angehalten. Er wies ein Schreiben des Großwesirs des Paschas mit dem Verbot vor, die Steine abzutransportieren. Lelorrain hißte die französische Flagge, ließ die Gegner einfach nicht auf sein Schiff und segelte weiter. In Alexandria versuchten sowohl der englische als auch der französische Konsul Lelorrain an der Verladung des Tierkreises zu hindern. Beide malten sich aus, wie großartig sich das Kunstwerk in ihrer eigenen Sammlung ausnehmen würde. Lelorrain blieb standhaft. Die Blöcke gelangten wohlbehalten nach Frankreich, wurden Ludwig XVIII. für 150000 Francs verkauft und im Louvre aufgestellt.

Saulnier erklärt in seinem 1822 veröffentlichten Bericht über die Aktion, sein Motiv, den Zodiak nach Frankreich bringen zu lassen, sei »Altruismus in Kunstdingen« gewesen. Die arabischen Wahhabiten bedrohten Ägypten und würden bei einer Invasion sämtliche alten Monumente zerstören.

»Vor dieser keineswegs nur eingebildeten Gefahr, und vor der oben erwähnten Zerstörung ist nun der Tierkreis von Dendera glücklich gerettet und unter den Schutz der europäischen Kulturnationen gestellt.«

1822, als der Zodiak im Louvre aufgestellt wurde, publizierte der mit einer Sammlung von mehr als 500 Objekten aus Ägypten zurückgekehrte französische Mineraloge Frédéric Caillaud in London den Bericht über seine Reisen im Niltal. Er beklagte, mit welchem Vandalismus andere Länder die Schätze Ägyptens zerstörten: »Hätten die Monumente nichts zu fürchten als nur die jahreszeitliche Witterung, so würden sie noch Jahrhunderte überdauern. Aber sie sind der Gewalt der Türken ... und noch mehr den gierigen Händen gewisser Europäer ausgesetzt. Ich möchte keine Namen nennen, allerdings betonen, daß es sich nicht um Franzosen handelt ...«

Diese Einstellung war zumindest konsequent. Seit Beginn der englisch-französischen Rivalität bei der Plünderung der ägyptischen Schätze hatte jede Nation stets die andere für den Schaden verantwortlich gemacht, den beide gemeinsam verursachten. In den Jahren nach der Veröffentlichung von Caillauds Buch besuchte Champollion die wichtigsten Ausgrabungsstätten und protestierte gegen ihre Schändung, während er gleichzeitig die Verschiffung des Obelisken von Luxor nach Frankreich organisierte. Auf seinen Reisen begegnete er auch Lord Algernon Percy, dem vierten Herzog von Northumberland, der mit seinem Begleiter Major Orlando Felix augenscheinlich nur ans Kopieren von Grabinschriften dachte. Trotzdem fanden die beiden neben ihrer wissenschaftlichen Tätigkeit noch Zeit, eine Antiquitätensammlung zusammenzuraffen, die schließlich über 2000 Stücke umfaßte.

Es gab allerdings auch Ägyptenreisende, die nur den Kunstgenuß suchten. Zu Beginn des 19. Jahrhunderts wurde die Kunst romantisch verklärt. Es wurde Mode, den »Stadtmenschen« zu verachten und den »edlen Wilden« zu verherrlichen. Schwülstige religiöse Mystik und unreflektierte Begeisterung für verschwundene oder primitive Kulturen, einschließlich der ägyptischen, griffen um sich. Die führenden Dichter der Romantik machten alle auch auf Ägyptisch. Die letzten Worte von Shelleys »Ozymandias« (1818) beschwören hypnotisch das Schweigen und die Einsamkeit der Wüste herauf:

Und auf dem Sockel steht die Schrift: »Mein Name
Ist Ozymandias, aller Kön'ge König:
Seht meine Werke, Mächt'ge und erbebt!«
Nichts weiter blieb. Ein Bild von düstrem Grame,
Dehnt um die Trümmer endlos, kahl, eintönig
Die Wüste sich, die den Koloß begräbt.

(Übersetzung von Adolf Strodtmann)

Auch Keats geriet in ägyptische Verzückung. Sieben seiner Gedichte aus demselben Jahr beziehen sich auf das Land selbst oder auf die Königin Kleopatra. Ein Sonett trägt den Titel *An den Nil*. Byron seinerseits trug sich schon 1811 auf einer Reise nach Athen mit dem Gedanken, Ägypten zu besuchen. Er hatte sich auch bereits einen Ferman besorgt, blieb dann aber doch lieber in Griechenland. 1819 überredete er seinen Verleger John Murray, dem ersten Canto des *Don Juan* einige Verse hinzuzufügen:

Was ist des Menschen Hoffen? Cheops ließ
Die erste baun von allen Pyramiden,
Der alte König glaubte, dies verhieß
Ihm einen Namen und der Mumie Frieden.
Der oder jener Forscher aber stieß
Den Deckel von dem Sarg. – O setzt hienieden
Nicht Hoffnung auf ein eitel Monumentchen.
Blieb doch von Cheops' Asche nicht ein Quentchen.«

(Übersetzung von Adolf Böttger)

Benjamin Haydon, ein enger Freund von Keats, malte große, mit Motiven überfrachtete historische Gemälde: Fünf davon hatten ägyptische Themen. Die Ideen dafür holte er sich in den Ägyptischen Räumen des Britischen Museums und beim Besuch des Sarkophags Sethos' I. in der Soane Gallery. »Alles Ägyptische im Museum« nahm er genauestens in Augenschein. Den größten Teil seiner Arbeitszeit verwandte er in den Jahren 1823 bis 1826 auf ein Bild mit dem Titel »Der Pharao entläßt Mose im Morgengrauen nach der Auffindung seines toten Erstgeborenen am Passahtag«. Das Thema reizte ihn, weil, wie es in seinen Aufzeichnungen heißt, »ein solches Gemälde mit ein oder zwei Sphingen und vielleicht einer drohend aufragenden, dunklen Pyramide, die Menschen im Vordergrund von flackerndem Fackellicht beleuchtet, schrecklich und anziehend zugleich wirkt. Es verbindet das Erhabene mit dem Idyllischen.«

Das Dunkle und Drohende, das Erhabene und Idyllische, das Haydon und andere Maler bei den ägyptischen Themen so anzog, kam auch in der Architektur der Zeit in einem »Commercial Picturesque« genannten Stil zum Ausdruck. Ein frühes Beispiel dafür ist die Ägyptische Halle in Picadilly, die Belzonis Ausstellung beherbergt hatte. Ein ähnliches »Ägyptisches Haus«, ein geologisches Museum, stand in Penzance, mit Kragsteinfenstern, Torusformen und überall angebrachten geflügelten Sonnen. Der »ägyptische Stil«, mit dem der Betrachter hohes Alter assoziierte, war sehr beliebt für solche Gebäude. Man verband mit ihm auch Vorstellungen von Stärke, Solidität und Dauerhaftigkeit, so daß er sich besonders gut für Mühlen, Bahnhöfe und Brücken eignete. Sowohl das Chain Pier in Brighton, erbaut 1823, als auch die Clifton-Hängebrücke in Bristol, entworfen 1831, erinnern an ägyptische Stilelemente. Der Plan Brunels für Clifton sah Pylone mit Sphingen und geflügelten Globen obendrauf vor, ebenso Hieroglyphenschmuck. Das Ganze fand überall große Anerkennung.

Sogar die Fabrikanten des industriellen Nordens versuchten ihre »Höllenschmieden« mit einem Hauch Ägypten zu vergeistigen. Die Temple Mills in der Marshall Street in Leeds wurden mit einer Front versehen, die an den Tempel von Edfu erinnerte, und ein Gebäude dieser Fabrik wurde in Anlehnung an Dendera erbaut. Die Säulen im Innern hatten Palmen- und Papyrus-Kapitelle. Auf dem Dach wurde ein Beet angelegt, auf dem Gras wuchs und Schafe weiden konnten. Das stellte man erst wieder ab, als ein Schaf hinunterfiel und in die Maschinen stürzte.

Vor allem in der Friedhofsarchitektur waren Ägyptenmotive seit der Renaissance verbreitet. Doch ab Anfang des 19. Jahrhunderts traten sie noch mehr in den Vordergrund. Unter Napoleon wurde der große, prachtvolle Friedhof Père-Lachaise in Paris angelegt. Viele seiner schönsten Grabmäler sind in ägyptischem Stil gehalten. Das Standard-Familiengrab enthielt ein unterirdisches Gewölbe, darüber stand eine oft mit ägyptischen Motiven verzierte Kapelle. Das Grab von Gaspard Monge, von den Studenten der École Polytechnique errichtet, ist reich an ägyptischen Stilelementen, sehr passend für ein Grabmal für den Senior unter Bonapartes Wissenschaftlern. Père-Lachaise wurde schnell zum berühmten, häufig nachgeahmten Vorbild für öffentliche Friedhöfe. In einem »Essay über Friedhöfe«, veröffentlicht 1837 im »Architekturmagazin«, heißt es, »der breite ägyptische Stil mit seinen kolossalen Proportionen wurde manchmal für Mausoleen verwendet und gelegentlich auch für sonstige Friedhofsgebäude, wahrscheinlich weil man mit ägyptischen Monumenten unwillkürlich Dauer und Stärke assoziiert.« Der Autor versäumt jedoch nicht, auf einen schon von anderer Seite gemachten Vorbehalt hinzuweisen: »... man könnte ebensogut den gotischen Stil favorisieren, denn es ist eine Tatsache, an der nicht zu rütteln ist: Bei der Gotik handelt es sich um christliche Architektur, während die klassische und ägyptische heidnischer Provenienz sind.«

Der 10. Herzog von Hamilton jedoch kümmerte sich nicht um die Mißbilligung seiner christlichen Zeitgenossen. 1837 gab er 600 Pfund für einen von Champollion nach Frankreich spedierten Sarkophag aus, aber nicht um ihn auszustellen, sondern für seine eigenen sterblichen Überreste. Er gab den Bau eines großen Mausoleums auf dem Gelände des Hamilton Palace in Auftrag. »The Times« schrieb darüber: »Es dürfte der teuerste und prachtvollste Toten-Tempel der Welt sein – ausgenommen natürlich die Pyramiden.« Dann ließ sich Hamilton darin beisetzen, nachdem sein Leichnam von Joseph Pettigrew, Autor von *Geschichte der ägyptischen Mumien*, einbalsamiert worden war.

Abgesehen von solchen Exzentrikern ließen sich aber auch nüchterne Gemeinderäte und Unternehmer von dem ägyptischen Virus anstecken. 1839 legte die »Londoner Friedhofsgesellschaft« auf dem St. James-Friedhof in Highgate den »Circle of Lebanon Catacombs« an. Eine große libanesische Zeder steht dort, umgeben von kreisförmig angeordneten Familiengräbern mit Stuckfassade. Durch den Eingang, ein von ägyptischen Säulen mit Obeliskenwächtern flankiertes Kragsteinportal, gelangt man auf eine »ägyptische Prozessionsstraße«. Auch die »Nekropolis« in Glasgow, kurz nach 1830 angelegt, enthält mehrere Gräber in ägyptischem Stil sowie einen Obelisken mit Inschriften und ägyptische Gewölbe zur Aufbahrung der Toten, über denen das Gebäude mit den eigentlichen Gräbern errichtet ist. Noch mehrere andere Städte dieser Zeit verbanden ägyptische Architektur mit ihren Friedhöfen: Kensal Green, Norwood, Brompton und Bradford.

Der bizarrste Plan war zweifellos der von Thomas Willson entworfene. Dieser schlug 1824 den Bau einer großen Pyramide, in der fünf Millionen Tote Platz haben sollten, mitten in London vor. Sie sollte aus Backstein bestehen und mit Granit verkleidet sein, eine Fläche von der Größe des Russell Square bedecken und die St. Paul's Cathedral »um ein Beträchtliches überragen«. Die Kosten berechnete Willson auf 2583552 Pfund. Es war daran gedacht, alle Gräber darin auf dem freien Markt zu Preisen zwischen 100 und 500 Pfund zu verkaufen, woraus sich ein geschätzter Gewinn von 10764800 Pfund ergab. Doch trotz Willsons Beteuerungen, »dieses große Mausoleum wird ein weiteres architektonisches Ruhmesblatt Londons« darstellen, trotz des zu erwartenden Profits und des Umstands, daß der Bau ästhetisch wirkungsvoll, einbruchsicher und hygienisch sein würde, fanden sich zu wenig Geldgeber und das große Projekt blieb unausgeführt.

Die meisten Dichter, Architekten und Künstler, die sich von Ägypten inspirieren ließen, waren niemals selbst dort. Einige der berühmtesten begnügten sich überhaupt nur mit flüchtigen Andeutungen, wie z. B. J. W. Turner, der gelegentlich Pyramiden vor den Hintergrund seiner biblischen Landschaften pinselte. Andererseits gab es doch auch Künstler, die die Zeit und die Mittel besaßen, sich an Ort und Stelle umzusehen, und es ergab sich dann von selbst, daß sie miteinander Bekanntschaft schlossen.

Frederick Catherwood, bekannt vor allem durch seine Zeichnungen der Maya-Bauwerke, besuchte Ägypten in den Jahren 1823 und 1824 und traf auf dem Rückweg in Malta Robert Hay, einen schottischen Altertumsforscher und Reisenden. Hay war so begeistert von Catherwoods Geschichten und Zeichnungen, daß er auf der Stelle nach Alexandria reiste und die folgenden zwölf Jahre in Gesellschaft von Künstlern und Gelehrten im Niltal verbrachte. Einer dieser Künstler war Joseph Bonomi, Bildhauer und Zeichner, der, von Hay nach Ägypten geholt, sich ebenfalls acht Jahre dort aufhielt. Er half Gelehrten bei ihren Forschungen, unter anderem dem Mann, der als erster ein breiteres Interesse an der Ägyptologie in England auslöste.

John Gardner Wilkinson war schon als Schuljunge in Harrow mit den Mysterien der Hieroglyphen in Berührung gekommen. Sein Rektor, Dr. George Butler, war nämlich ein Freund und früherer Student von Thomas Young. Ohne Abschluß verließ Wilkinson später das Exeter College in Oxford und begab sich aus Gesundheitsgründen ins Ausland, nach Italien, wie es damals üblich war. Dort begegnete er Sir William Gell, einem Altertumsforscher, mit dem er schon über die Hieroglyphen korrespondiert hatte, und ließ sich dazu bestimmen, sein Leben der ägyptischen Archäologie zu weihen.

Wilkinson besaß ein unabhängiges Einkommen, was ihn in die Lage versetzte, 1821, im Alter von 24, nach Ägypten zu reisen und dort die nächsten zwölf Jahre seines Lebens zu verbringen. In dieser Zeit besuchte er alle wichtigen Fundstätten und fertigte sorgfältige, sehr talentierte Zeichnungen an. Er lernte Arabisch und Koptisch, um die Hieroglyphen übersetzen zu können, und kam unabhängig von Champollion zu vielen ähnlichen Schlußfolgerungen.

Zumeist beschäftigte er sich, ohne staatliche Unterstützung, mit den Hieroglyphen, und es gelang ihm, eine Anzahl Königsnamen zu identifizieren. Als erster erstellte er eine zuverlässige chronologische Liste der Könige und Dynastien. Auch zeichnete er den ersten vollständigen Stadtplan des alten Theben, produzierte eine unvergleichliche Menge Gräberzeichnungen und -abbildungen und verfaßte ein monumentales, weit ausholendes und sehr erfolgreiches Werk: *Die Sitten und Gebräuche der alten Ägypter. Alltagsleben, Regierungsform, Gesetze, Kunst, Industrie, Religion, Landwirtschaft und Geschichte, dargestellt anhand der noch existierenden Gemälde, Skulpturen und Monumente des Altertums, unter Berücksichtigung antiker Autoren.* Es erschien in drei Bänden im Jahre 1837. Bonomi hatte die Illustrationen zum Druck vorbereitet.

Im Jahr zuvor war *Sitten und Gebräuche der modernen Ägypter* von Edward William Lane in London erschienen. Das Werk wollte die modernen Ägypter schildern, so wie Wilkinson deren Vorfahren beschrieb. Von allen Engländern, die sich in lange Leinenhosen und Kaftan kleideten, Schafsaugen aßen, sich arabische Namen zulegten und ihre Identität als Engländer soweit wie möglich auszulöschen suchten, war Lane gewiß einer der gelehrtesten und schreibkundigsten. Sohn eines Pastors aus Hereford, sollte er in Cambridge studieren und den geistlichen Beruf ergreifen, entschloß sich aber nach kurzem Aufenthalt in Cambridge anders. Nach einigen Jahren in London, wo er die Kunst des Zeichnens und Kupferstechens sowie Arabisch erlernte, stach er im Juli 1825 im Alter von 24 auf einer Brigg nach Alexandria in See. Das Schiff ging in einem Sturm auf der Höhe von Tunis fast unter. Sein Biograph berichtet, Lane habe den unfähigen Kapitän in die Kajüte geschickt, selbst das Steuer ergriffen und die Brigg wohlbehalten nach Malta navigiert. In Ägypten bewies Lane denselben unabhängigen Mut bei dem Versuch, in die Haut eines Arabers zu schlüpfen:

Ich lebte fast ausschließlich mit Muslimen der verschiedensten Schichten zusammen. Ich führte ihr Leben und nahm ihre Gewohnheiten an. Um in jeder Hinsicht ihr Vertrauen zu gewinnen, bekundete ich, soweit mit meinem Gewissen vereinbar, Meinungen, die mit den ihren übereinstimmten, und vermied meist die Äußerung abweichender Ansichten, unterließ auch jede Handlung, die ihr Mißfallen hätte erregen können. So verzichtete ich z. B. auf von ihrer Religion verbotene Speisen, Weingenuß usw. und sogar auf Sitten, die sie befremden mußten, etwa den Gebrauch von Messer und Gabel beim Essen ... Wegen der Kleidung, die ich aus Bequemlichkeitsgründen trage, werde ich in der Öffentlichkeit fast immer für einen Türken gehalten.

Wilkinson erlangte Berühmtheit, indem er die Geheimnisse einer längst vergangenen Kultur enthüllte, Lane, weil er, wie die Sozialanthropologen im letzten Teil des 19. Jahrhunderts, mit einer Kultur vertraut war, die seine Zeitgenossen fremd und exotisch anmutete. Peinlich genau beobachtete und protokollierte er jede Einzelheit des ägyptischen Alltags. Auch fertigte er mit Hilfe einer »Camera lucida« eine Reihe von Zeichnungen an: Der Apparat warf über ein Prisma ein Bild auf eine schwarze Platte, wo die Umrisse nachgezogen werden konnten.

Die Verleger, denen Lane seine ägyptischen Beobachtungen anbot, lehnten mit der Begründung ab, das Publikum sei derzeit an einem solchen Thema nicht genügend interessiert. Glücklicherweise erkannte Lord Brougham die Möglichkeiten, die in diesem Projekt steckten, und empfahl es der »Gesellschaft zur Verbreitung nützlichen Wissens«. Das Buch war ein Erfolg und erlebte in den ersten zehn Jahren nach Erscheinen vier Auflagen. Aber das war vielleicht nicht ausschließlich einem weitverbreiteten Interesse an Anthropologie zu verdanken. In der Einleitung findet sich ein Hinweis, der die Leser hellhörig gemacht haben dürfte: »Die drückende Hitze der Sommermonate erzeugt eine gewisse Trägheit und reizt den Ägypter zugleich zu unmäßigem Sinnengenuß. Und die üppige Fruchtbarkeit des Bodens verführt ihn zum Müßiggang ...«

Die Leute zu Beginn des Viktorianischen Zeitalters ließen sich ab und zu nicht ungern mit Enthüllungen über den »übermäßigen Sinnengenuß« fremder Völker unterhalten. Sie waren ungemein an Abenteuern interessiert, bei denen ungestraft gesellschaftliche Tabus durchbrochen wurden. Und Lane hatte die besten Voraussetzungen, solche Abenteuer zu beschreiben. Er schildert nicht nur die Außenseite der ägyptischen Kultur – Häuser, Kleidung, Umgangsformen, Spiele und öffentliche Feste –, sondern auch die verborgene Welt der Harems und Schlafzimmer. Sein Buch enthält Einzelheiten darüber, wie man Haschisch und Opium zubereitet und raucht, berichtet über die geheimen Rituale der Derwische, die Praxis der Beschneidung und Zaubermittel gegen den bösen Blick. Begeistert läßt er sich über die Reize der ägyptischen Frau aus:

»Ihre Augen sind mit sehr seltenen Ausnahmen schwarz, groß, länglich und mandelförmig, mit langen Seidenwimpern, unglaublich sanft und betörend. Es sind Augen, unvorstellbar schön ...« Auch die Geheimnisse des Make-ups und die Instruktionen, die die Frauen zu willigen Instrumenten der Lust ihrer Männer machen sollten, werden bis ins einzelne entschleiert. So mancher Seufzer muß sich der Brust des darbenden Viktorianers beim Lesen der Worte entrungen haben: »Die Begehrlichkeit der Mehrzahl der ägyptischen Frauen und ihre Freizügigkeit dürfte viele Gründe haben: teils das Klima, teils das Fehlen geeigneter Aufklärung, unschuldiger Zeitvertreibe und Vergnügungen.«

Neben der Verzückung der Sinne gab es die des Übersinnlichen. Lane konnte aus persönlicher Erfahrung bezeugen, daß sich die okkulten Kräfte der alten Ägypter auf ihre modernen Nachfahren vererbt hatten. Er ging einmal in Kairo zu einem Magier und brachte, wie ihm aufgetragen worden war, eine Mischung aus Weihrauch und Koriandersamen mit. Sie wurde in einer Räucherpfanne verbrannt, während ein Knabe, »noch nicht in der Pubertät«, hereingerufen wurde, der sich neben die Pfanne stellte. In die Handfläche des Knaben legte der Magier ein »magisches Quadrat«, ein Brett mit Zahlen, die so angeordnet waren, daß die Summe der Zahlen in den horizontalen, vertikalen und diagonalen Reihen stets 15 ergab. In die Mitte des Quadrats goß der Magier etwas Tinte und befahl dann dem Knaben, den Fleck starr zu fixieren. Lane wurde nun gefragt, ob er wünsche, daß irgendeine Person, lebendig oder tot, herbeigerufen werde. Er nannte Lord Nelson. Sofort erblickte der Junge einen Mann in schwarzer, europäischer Kleidung, dem der linke Arm zu fehlen schien. Das war imponierend, aber doch falsch, und Lane fragte, eine mögliche Erklärung vorschlagend, ob das Bild in dem Fleck vielleicht wie von einem Spiegel zurückgeworfen würde, so daß links als rechts erschien. Der Magier bestätigte das.

Die Nüchternheit Sir John Gardner Wilkinsons, der nach der Veröffentlichung seiner *Sitten und Gebräuche* geadelt wurde, stand dagegen niemals in Frage. In *Das moderne Ägypten*, das 1843 erschien, schrieb er, in starkem Gegensatz zu Lane, ohne Abstriche aus der Perspektive des Engländers im Ausland. Natürlich verfolgte er mit seinem Buch auch andere Zwecke. Es war eher ein umfassender Reiseführer und versorgte den Touristen mit Informationen, die den Ägyptenbesuch lohnend machen konnten. Die Neugierde des Lesers zu befriedigen war nicht beabsichtigt. Das Buch ist unglaublich instruktiv. Wilkinson klassifiziert sogar die verschiedenen Routen und Hotels auf dem Weg nach Ägypten und im Land selbst und gibt Ratschläge, wie man der Raffgier der Schiffsführer und Eselstreiber begegnen könne. In Hülle und Fülle finden sich sorgfältig recherchierte Angaben über Geschichte und Lage jeder größeren archäologischen Grabungsstätte am Nil sowie ganz praktische Hinweise für den Reisenden, z. B. der Vorschlag, ein gemietetes Boot zuerst unter Wasser zu setzen, um die Ratten darauf zu ersäufen.

Auch was die Einstellung zu den Ägyptern betrifft, konstrastiert Wilkinsons *Das moderne Ägypten* stark zu Lanes *Die modernen Ägypter*. Wilkinson macht minutiöse Angaben über die angemessene Entlohnung verschiedener Dienerklassen und warnt ständig vor raffinierten Betrügereien. Einem Reisenden z. B., der ein Boot gemietet, es unter Wasser gesetzt hat und dann ein paar Tage mit ihm unterwegs ist, ist sehr zu empfehlen, einen seiner einheimischen Diener »nachts oder unter dem Vorwand eines

Bades« unter das Schiff tauchen und nachschauen zu lassen, ob nicht am Kiel Holzpflöcke befestigt sind. Denn solche brächten Bootsvermieter manchmal an, um das Schiff zu bremsen, die Reisezeit zu verlängern und dadurch die Mieteinnahmen zu erhöhen. Laut Wilkinson können Ägypter perfide und gierig sein, doch solle sich der englische Reisende daran gewöhnen, daß selbst der ägyptische Bettler sich ihm überlegen fühlt.

Wilkinsons Zeichnungen fanden wegen der Wirklichkeitstreue, mit der sie die von ihm studierten Monumente, Inschriften und Wandgemälde wiedergaben, Bewunderung. Bonomi, der sie zur Veröffentlichung vorbereiten half, war Zeichner, Lane Kupferstecher. Bis dahin war es die Aufgabe des eine Expedition begleitenden Künstlers gewesen, wie eine Kamera die interessierenden Objekte naturgetreu abzubilden. Aber der erste Künstler, der Ägypten als professioneller Kunstmaler besuchte, der sich also seinen Lebensunterhalt durch Malen von Bildern verdiente, war David Roberts.

Roberts war der begabte älteste Sohn eines schottischen Schusters. Er trat zunächst als Artist und Komparse in Zirkussen und Theatern auf, was ihm den Weg in die Welt der Kunst ebnete. Zeitlebens hatten seine Bilder etwas Theatralisches an sich und hätten sich recht gut als Kulissen für romantische Opern geeignet. Roberts war immer auf der Suche nach dramatischen Staffagen und Themen, die es rechtfertigten, große Flächen Leinwand mit glühenden Farben zu bedecken. Eine seiner ersten Auftragsarbeiten war »Der Auszug der Kinder Israel aus Ägypten«, den er aber, wie er schrieb, »vor allem malte, um den ›ägyptischen Stil‹ zur Geltung zu bringen, diese bei aller Erhabenheit doch einfache und schlichte Architektur«. Das Gemälde zeigt Menschen, die zu Zehntausenden das »Haus der Knechtschaft« verlassen, während die Ägypter ihnen von den Gartenterrassen ihrer prächtigen Paläste aus zusehen. Die Farben sind üppig und ziemlich düster, doch die Architektur ist nicht wirklich ägyptisch, eher gräkoromanisch nach dem Vorbild Denons und der meisten reisenden Maler vom Anfang des 19. Jahrhunderts. Die linke Seite nimmt ein weitläufiges Gebäude mit Kolonnaden ein. Es geht in den dunstigen Hintergrund über, aus dem Pyramiden steil emporragen. Das Bild wirkt irgendwie megalomanisch und ist charakteristisch für die visionären Maler der Zeit. Es wurde derart enthusiastisch aufgenommen, daß Roberts schon im Jahr seiner ersten Ausstellung die Auftragsarbeiten für die Kulissen der Weihnachtspantomime im Covent Garden aufgeben und sich höheren Zielen widmen konnte.

1838 pilgerte Roberts ins Land seiner Sehnsucht. Er stellte sich Colonel Campbell vor und reiste nilaufwärts, in Gesellschaft von Captain Nelley vom 99. Regiment, einem pensionierten Zuckerfarmer aus Britisch-Westindien, dem kurzsichtigen und gichtigen Mr. Vanderhorst und einem geheimnisvollen Mr. A., den sie in Kairo aufgegabelt hatten. Sie charterten ein Boot bis zum Zweiten Katarakt für drei Monate, die Miete betrug 15 Pfund pro Monat mit einer achtköpfigen Mannschaft. Zuerst setzten sie das Schiff unter Wasser, um die Ratten zu ersäufen, dann kauften sie einen Union Jack, der lustig am Mast flatterte. Es war keine Forschungsexpedition, Gefahren waren kaum zu befürchten, viele Touristen waren schon dieselbe Route gesegelt. So kam die Reise einem Maler, der lange nur auf seine Imagination angewiesen war, gerade recht, sich einmal die Realität Ägyptens anzuschauen:

Nichts entzückt das Auge des Malers so wie diese Schiffe, die mit windgeblähten weißen Segeln über den Strom gleiten. Die kleinen Kabinen an Deck erinnern mich an die hohen Achterdecks und Hecks der holländischen Schiffe, die mich seit frühester Jugend auf den Seestücken Vanderveldes und Backhuysens so begeistert haben. Sicher, die Boote sind nicht besonders groß, aber mit ihren malerischen Mastkörben ... und den noch malerischeren Gewändern der Männer an Deck gefallen sie mir noch besser als die holländischen Segler.

Es machte Roberts, der niemals seine dürftige Kinderstube über der Schusterwerkstatt vergaß, Freude und erfüllte ihn mit einem gewissen Stolz, den im Ausland reisenden britischen Gentleman spielen zu können:

... das erstemal in meinem Leben habe ich das Kommando auf einem Schiff und befehlige eine acht- oder neunköpfige Besatzung. Das hebt natürlich mein Selbstbewußtsein. Dann und wann werfe ich mit nicht geringem Stolz einen Blick auf unsere britische Flagge, wenn wir an einem anderen Schiff vorbeifahren, an dessen Mast ein zerrissener Fetzen mit arabischer Schrift oder mit dem Halbmond und Stern des Paschas hängt.

Eines Tages indessen wurde Roberts' Nationalstolz doch sehr angekratzt, als oberhalb Edfu des Paschas Flagge an einem Dampfer sichtbar wurde. Roberts und seine Gefährten vermuteten, des Paschas Dampfer sei überhaupt der erste, der auf dem Nil fahre, und brachten drei laute Hochs auf ihn aus: »Wieder wehte der Klang englischer Stimmen bis zu den alten Felsen von Hagar Silsila hinüber.« Sie hatten Empfehlungsbriefe an den Pascha dabei und entwickelten hektische Betriebsamkeit bei dem Gedanken, das sei *die* Gelegenheit, sie zu überreichen. Der Dampfer des Paschas stoppte im Fluß, auf gleicher Höhe mit der Stelle, wo Roberts' Boot ankerte. Sie deuteten das als Willkommensgeste und fuhren los in der Hoffnung, sofort beim Pascha vorgelassen zu werden. Doch wurden sie nur von einem schottischen Ingenieur empfangen, der sagte, der Pascha habe den Stopp befohlen, weil er den Grund für das Geschrei zu erfahren wünsche. Als er Roberts' Erklärung vernahm, begab er sich wortlos nach unten, um Dampf zu geben. Pascha Mohammed Ali blieb weiterhin unter Deck, und Roberts' Gesellschaft sah sich zu einem hastigen, unwürdigen Ausweichmanöver gezwungen, als der Dampfer plötzlich Fahrt aufnahm.

Roberts vertraute seinem Tagebuch an, der Pascha habe nicht in Erscheinung treten wollen, weil er sie für »eine Gruppe eingebildeter Engländer« gehalten habe. Offenbar kamen die jungen Ägypter, die zum Studium nach England geschickt wurden, voller »Einbildung und Unabhängigkeitsdünkel« zurück, wie es der Pascha einmal ausdrückte. Und das mißbilligte er.

Roberts segelte mit seiner Mannschaft nach Karnak weiter, wo er zunächst meinte, die Begeisterung der französischen Soldaten, von der Denon berichtet hatte, könne nur gekünstelt gewesen sein. Denn aus der Ferne war wirklich nichts Aufregendes zu bemerken. »Aber wenn man näher kommt, ist man überwältigt und staunt über die Maßen. Man muß mitten drin stehen und darin herumwandern, dann bekommt man den richtigen Eindruck!«

Der Tempel zu Dendera, dargestellt in einem wunderbaren Gemälde von David Roberts aus dem Jahre 1838.

Er fertigte eine Skizze der Großen Halle an, lange, perspektivisch auf einen Punkt zulaufende Säulenreihen, wobei der priapische Gott Min linker Hand stolz vor einer Säule stand, nur ohne erigiertes Glied: Dieses Zugeständnis mußte dem zartbesaiteten Zeitalter gemacht werden. Roberts beklagte das Fehlen des Obelisken, den man nach 33 Jahrhunderten von seinem rechtmäßigen Platz an der Sonne entfernt hatte, nur um »einen Ort in Paris damit zu schmücken, der vom Blut tausender Verbrechen rot gefärbt ist«.

Die Gruppe begab sich hierauf zur Insel Philä, deren Anblick Roberts wie allen Reisenden vor ihm die Sprache verschlug, ein »Paradies inmitten der Einöde«. Er schuf eine dramatische Studie der Insel bei Sonnenuntergang – das Licht strömte nur so durch die Ruinen – und schrieb, der Anblick mache ihn krank vor Heimweh: »Die Ruinen sind sogar aus der Entfernung romantischer, als ich je welche gesehen habe. Vielleicht liegt das an den hohen, kahlen Felsen, von denen die Insel umgeben ist. Sie erinnern mich an ›mein Vaterland‹, an meinen ersten Blick auf Roslin Castle.«

Der südlichste Punkt, den Roberts erreichte, war Abu Simbel. Er hielt sich dort drei Tage auf und zeichnete den großen Tempel. Die vier großen Standbilder, obwohl beschädigt, erfüllten ihn mit »Ehrfurcht«. Er fürchtete, sie würden bald nicht nur von Andenkenjägern zerstört, sondern auch mit Namen wie Tomkins, Smith und Hopkins übersät sein. Diese Leute »besitzen die Frechheit, ihre blöden Namen noch auf die Stirnen der Götter zu schmieren«.

Zurück in Kairo ergatterte sich Roberts mit Hilfe Colonel Campbells einen Ferman vom Gouverneur. Er durfte jetzt Zeichnungen vom Innern der Moscheen der Stadt anfertigen. Die einzige Bedingung war, daß er in entsprechender Kleidung auftrat. Also rasierte er sich die Bartkoteletten ab und ließ sich einen Schnurrbart wachsen, trug einen großen Turban und türkische Pluderhosen, einen Abba – einen ärmellosen Mantel – und eine breite Schärpe über der unteren Brusthälfte. Er hatte das Gefühl, einen recht »erträglichen Türken« abzugeben. Aber das große Abenteuer war natürlich, daß er der erste europäische Künstler mit dem Vorrecht war, im Innern der Moscheen zu zeichnen. Das stimmte zwar nicht ganz, denn die größeren Moscheen waren schon seit Beginn des Jahrhunderts Besuchern zugänglich gewesen. Doch konnte Roberts immerhin behaupten, der erste Berufskünstler zu sein, der mit offizieller Erlaubnis im Innern der Kairoer Moscheen Skizzen machte.

Stets war er sich seiner Ausnahmesituation bewußt und arbeitete hart, dieses Privileg zu rechtfertigen. »Ich bin der erste Künstler zumindest aus England, der hier arbeitet«, schrieb er. »Die französischen Werke vermitteln, wie ich jetzt feststellen kann, keine wirkliche Vorstellung von diesen prachtvollen Monumenten.« Seine Begeisterung für Ägypten schlug sich in der mit Zeichnungen prall gefüllten Mappe nieder, die er in Kairo anlegte und über die er einem Freund schrieb:

Ich stehe nicht an, Dir zu sagen, daß ich sie für die interessantesten Werke halte – ich meine, als künstlerische Zeichnungen –, die in diesem Land jemals von Fremden angefertigt worden sind (Du wirst sagen, natürlich!). Und da ich fast alle Arbeiten über das alte Ägypten kenne, die vor meiner Zeit entstanden sind, würde ich sagen, daß sie noch weit davon entfernt sind, diesen gewaltigen Denkmälern in ihrer Erhabenheit und Eleganz gerecht zu werden ... bin ich selbstbewußt genug zu behaupten – nicht daß ich ihnen Gerechtigkeit habe widerfahren lassen, das kann kein Maler –, aber ich glaube, ich bin der Sache nähergekommen als jeder andere bisher – noch näher ranzukommen, würde Jahre dauern ...

David Roberts steht hoch über allen Künstlern, die damals in Ägypten oder an ägyptischen Themen arbeiteten, sowohl in der Qualität seiner Werke als auch was Talent und Komposition betrifft.

Sein Buch *Ägypten und Nubien*, das eine Sammlung der besten Lithographien seines Schaffens enthält, wurde zwischen 1846 und 1849 veröffentlicht. Es wurde sehr populär und auch dadurch ausgezeichnet, daß sich unter den ersten Bestellern die Königin Victoria und die Erzbischöfe von Canterbury und York befanden. Die Illustrationen, alle sehr schön gezeichnet und mit großer Naturtreue wiedergegeben, weisen nur dann gewisse Mängel auf, wenn Roberts' Vorliebe fürs Theatralische wieder durchschlägt. Ein Gemälde trägt den Titel »Darstellung der Wüste bei Annäherung des Samum« und ist eine sehr dramatische Komposition. Es zeigt die Sphinx vor einer Pyramide, sich badend im glühenden Rot der untergehenden Sonne. Die Sphinx weist dem Betrachter das linke Profil zu, und die Sonne steht im Zentrum des Bildes. Das ist aber ein unmöglicher Winkel, denn das Gesicht der Spinx, die den Re-Harachte, die aufgehende Sonne, verkörpert, müßte nach Osten blicken. Auch die Anordnung der Pyramide direkt dahinter stimmt nicht. Holman Hunt war entsetzt über die Freiheiten, die sich Roberts da herausnahm. Charles Dickens dagegen, dem Roberts das Original schenkte, fand es hinreißend und nannte es eine »poetische Konzeption«.

Wie Lane und Wilkinson war auch Roberts Individualist und arbeitete allein. Was diese Männer von Ägypten mitbekamen und übermittelten, lag in den Grenzen, die ihnen Vorurteile, beschränkte Zeit und Geldmittel zogen. Doch trotz dieser Einschränkungen brachte es jeder von ihnen zu erstaunlichen Leistungen. Anfang der 40er Jahre des 19. Jahrhunderts dagegen wurden Pläne für eine Expedition geschmiedet, die über unbegrenzte Mittel verfügen sollte. Denn es ging um die Reputation einer aufstrebenden europäischen Macht.

Baron von Bunsen, der Lepsius für die preußische Ägypten-Expedition vorschlug.

1840 bestieg Friedrich Wilhelm IV. den preußischen Thron. Er stand im Ruf eines Liberalen mit Sinn für Antike und Romantik. Eine lebenslange Freundschaft verband ihn mit Baron Christian von Bunsen, einem Gelehrten und Diplomaten, der zwischen 1840 und 1850 am Hof von St. James in London weilte und die fünf Bände *Ägypten und die Weltgeschichte* verfaßte. König Friedrich Wilhelm, der regelmäßig mit Bunsen korrespondierte, war sich bewußt, welches Ansehen sich England und Frankreich auf dem so aktuellen Gebiet der Erforschung Ägyptens erworben hatten, und hatte auch von den allseits bewunderten Sammlungen im Louvre und Britischen Museum gehört. Höchste Zeit auch für Preußen, so meinte Friedrich Wilhelm, sich an der Hebung der Bildung der Menschheit zu beteiligen und das Ansehen des Staates zu mehren. Daher befahl er, eine Expedition nach Ägypten auszurüsten, die die größte und bestorganisierte in der bisherigen Erforschung des Landes sein sollte.

Auf den Rat von Bunsen und des alten Gelehrten Alexander von Humboldt ernannte der König Karl Richard Lepsius, Dozent für Philologie und vergleichende Sprachwissenschaften an der Universität Berlin, zum Leiter der Expedition. Lepsius hatte im Lauf von vier Jahren die ägyptischen Sammlungen in England, Frankreich, Holland und Italien besucht, gelernt, wie man Abdrücke von Inschriften macht und sie zeichnet, und sich die Kunst des Kupferstechens und der Lithographie angeeignet. Das alles sollte ihm in Ägypten sehr zugute kommen.

Richard Lepsius, Leiter der preußischen Expedition von 1842–48.

Die Expedition brach in England auf, von wo Lepsius auch noch Joseph Bonomi und den englischen Architekten James Wild mitnahm. Sie trafen im September 1842 in Alexandria ein.

Durch die Vermittlung des schwedischen Generalkonsuls – er war Geschäftsträger auch für die Preußen in Ägypten –, gewährte ihnen Mohammed Ali eine Audienz. Der Pascha erklärte, von den Vasen, die ihm Lepsius als Geschenke Friedrich Wilhelms überreichte, entzückt zu sein. Noch mehr fühle er sich durch das persönliche Schreiben des Königs geehrt. Der Pascha »zeigte sich munter und jugendlich in seinen Bewegungen und in seinem Gespräch. Keine Entkräftung war in den Zügen und dem blitzenden Auge des dreiundsiebzigjährigen Geises zu sehen.« Lepsius fragte ihn, wie sich das per Gesetz von 1835 gegründete Kairoer Museum entwickle, und erhielt die Antwort, es sei »noch nicht weit gediehen, man mache in solchen Beziehungen in Europa oft ungerechte Ansprüche an ihn, wenn man einen raschen Fortgang ... verlange«. Der Pascha erklärte sich dann zur Ausstellung eines Fermans bereit, der Lepsius unbegrenzte Rechte für Grabungen und zum Anlegen von Sammlungen einräumte.

Am 15. Oktober feierte die ganze Expedition den Geburtstag König Friedrich Wilhelms anläßlich ihrer ersten Besichtigung der Großen Pyramide. Nach langem Ritt nahmen sie ein frugales Frühstück in einem der nahe gelegenen Gräber ein, während die Arbeiter ein aus Kairo mitgenommenes Zelt errichteten:

Ich ließ es an der Nordseite der Pyramide aufschlagen und die große preußische Königsflagge, den schwarzen Adler mit goldenem Szep-

Der preußische Adler weht auf den Pyramiden von Gizeh.

ter, Krone und blauem Schwert auf weißem Grund, die unsere Künstler in den letzten Tagen selbst gezeichnet, genäht und an einer hohen Stange befestigt hatten, vor der Tür des Zeltes aufpflanzen.

Etwa 30 Beduinen hatten am Fuß der Pyramide Aufstellung genommen. Auf ein Signal wurde jedes Mitglied der Expedition von einigen Männern ergriffen und die »drei bis vier Fuß hohen Stufen« hinaufgehoben, bis die Spitze erreicht war:

Wenige Minuten später entfaltete unsere Fahne auf dem Gipfel des ältesten und höchsten aller Menschenwerke, die wir kennen, den preußischen Adler, den wir mit einem dreimaligen jubelnden Lebehoch auf unseren König begrüßten. Nach Süden fliegend, wandte der Adler sein gekröntes Haupt der Heimat zu gen Norden...«

Drei Jahre blieb die Expedition in Ägypten und machte sorgfältige, methodische Aufzeichnungen über ihre Funde. Sie verbrachte sechs Monate in Memphis und sieben in Theben, wo Lepsius dankbar der Ägyptenforscher Wilkinson und Hay gedachte. Sie hatten ein paar der alten Häuser wiederhergerichtet, die jetzt der Expedition als Quartiere dienten.

Am Ende des Hofes steht noch ein einzelner Wartturm, an dem die preußische Fahne weht, und daneben ein Häuschen mit zwei Räumen übereinander, deren unteren ich selbst bewohne. Auch für die Küche, die Diener und die Esel fehlen die Räumlichkeiten nicht.«

Zur Winterszeit, die Lepsius »Zeit der Geselligkeit« nannte, kamen jede Woche Besucher aus Europa. »Unter den Reisenden ist England wie zu erwarten bei weitem am zahlreichsten vertreten; seltener sind die Franzosen«, schrieb Lepsius.

Anfang der 40er Jahre des 19. Jahrhunderts war das Niltal nicht mehr so abgelegen und gefährlich wie noch 50 Jahre zuvor. Es war auf dem besten Wege, zu der gut ausgebauten Touristenstraße zu werden, als die es sich bis heute präsentiert. Besonders wohl fühlte sich die Expedition bei ihrer zweiten Geburtstagsfeier in Theben:

In dem Juwel aller ägyptischen Prachtgebäude, in dem Palast des Ramses-Sesostris, den dieser größte der Pharaonen in einer seiner und des Gottes würdigen Art errichtete, feierten wir auf einer sanft erhöhten Terrasse, geeignet die weite Ebene diesseits und jenseits des majestätischen Flusses zu beherrschen, unseres teuren Königs Geburtstag mit Freudenschüssen und Fahnenwehen, mit Chorgesang und herzlichen Toasten, die wir bei einem Glase echten deutschen Rheinweins ausbrachten.

Was sich die Ägypter bei all diesem Rummel um die alten Tempel dachten, ist nicht überliefert. Zweifellos waren sie an das seltsame Benehmen der Besucher aus Europa inzwischen gewöhnt. Lepsius hatte auch diesmal keine solchen Schwierigkeiten mit seinen Arbeitern wie andere Forscher. Vielleicht legte er auch keinen Wert darauf, darüber zu berichten, oder sein individuelles Statussymbol zeitigte tatsächlich die Wirkung, die er ihm zuschrieb: »Dazu trage ich einen breitkrempigen, grauen Filzhut als europäisches Symbol, das den Araber in gebührlichem Respekt erhält.«

Die Forschungen der Preußen wurden penibel durchgeführt, die Aufzeichnungen waren lückenlos. Die Lepsius-Expedition ist in die Geschichte als Unternehmen eingegangen, durch das sich die Forschungsmethoden in Ägypten grundlegend wandelten und Ordnung ins Chaos kam. Doch war die wissenschaftliche Forschung nicht ihre einzige Aufgabe. Lepsius berichtet, ihr vom

König höchstpersönlich sanktioniertes Ziel sei gewesen, »die alten ägyptischen Monumente im Niltal und auf der Halbinsel Sinai unter historischem und altertumswissenschaftlichem Aspekt zu erforschen sowie eine entsprechende Sammlung anzulegen«. Diese Pflicht zum Erwerb von Altertümern vernachlässigte die Expedition ebensowenig wie ihre anderen Aufgaben und sandte insgesamt 15 000 Altertümer und Gipsabgüsse in die Heimat, die den Grundstock der Berliner Sammlung bildeten. Darunter befanden sich drei komplette Gräber aus der Gegend der Großen Pyramide, die von vier eigens zu diesem Zweck aus Berlin gekommenen Facharbeitern sorgfältig zerlegt und auf Schiffe verladen wurden.

Beim Transport seiner Altertümer aus den Südprovinzen nach Norden wurde Lepsius auf der Strecke von Dschebel Barkal bis Alexandria von Schiffen der Regierung unterstützt. Das führte zu Reibungen mit Archäologen anderer Nationen, denen die Ausfuhr ihrer Funde, ja sogar deren Besitz gesetzlich verboten war. Die Rechtfertigung, die Lepsius für seine ungewöhnlich intensive Plünderung der alten Denkmäler fand, lag ganz auf der Linie der neuen Moral. Es handle sich nur um selbstlose Beiträge zu höheren Zielen:

> Denn, da wir alle Monumente, welche größtenteils vorher ganz unsichtbar waren, nicht wie manche Rivalen in Eile, bei Nacht und mit bestochener Hilfe, sondern mit Muße und offener Unterstützung der Behörden ... ausgraben und wegschaffen ließen ... und waren endlich auch nicht in Gefahr, uns (unser Urteil) durch persönlichen Eigennutz trüben zu lassen, da wir nicht für uns selbst, sondern im Auftrag unserer Regierung für das Königliche Museum in Berlin, also zum Besten der Wissenschaft und für ein wißbegieriges Publikum unsere Auswahl der Monumente trafen.

Lepsius wurde 1846, bald nach seiner Rückkehr, zum Professor an der Universität Berlin ernannt und schließlich zum Konservator der ägyptischen Sammlung. Er veröffentlichte die von der Expedition untersuchten Inschriften und Bildwerke im Jahre 1859 in zwölf dicken Bänden unter dem Titel *Denkmäler aus Ägypten und Äthiopien*, wohl das umfangreichste Werk über Ägypten, das je erschienen ist.

Mit Lepsius' Riesenopus und den Arbeiten Lanes und Wilkinsons stieg das internationale ägyptologische Renommée Preußens und Englands beträchtlich. Doch zu dem Zeitpunkt des Erscheinens der *Denkmäler* ... war die ägyptische Archäologie schon weitgehend in die Hände der Franzosen übergegangen. Es bildete sich außerdem ein nationales, dann ein weltweites Bewußtsein dafür heraus, daß es mit der Zerstörung der alten Monumente so nicht weitergehen konnte. Schließlich wurde eine Organisation zu ihrer Konservierung und ihrem Schutz ins Leben gerufen. Ihr Gründer und Direktor ist einmal als »die größte Gestalt in der Geschichte der Ägyptologie« bezeichnet worden.

6

Mit eifersüchtigem Auge

Bis zur Mitte des 19. Jahrhunderts war Ägypten freies Jagdgebiet für europäische Sammler und Museen. Unternehmungslustige einzelne machten Ausgrabungen und Geschäfte mit den Fellachen und Händlern und standen untereinander in offenem Wettbewerb. Howard Carter, Entdecker des Grabes von Tutenchamun, schrieb: »Es war die große Zeit der Ausgrabungen. Alles wonach dem Forscher der Sinn stand, eignete er sich bedenkenlos an, vom Skarabäus bis zum Obelisken, und wenn es eine Meinungsverschiedenheit mit dem Ausgräber nebenan gab, griff er zum Gewehr.« Schließlich aber brachte ein einziger energischer Mann die Wende. Er verschaffte dem Gesetz, das den Export von Altertümern verbot und 20 Jahre lang nur auf dem Papier existierte, endlich Geltung. Fundstätten wurden überwacht, nicht genehmigte Grabungen verboten. Dieser eine Mann verschaffte sich Respekt im ganzen Niltal vom Delta bis zum Zweiten Katarakt. Die ägyptische Archäologie wurde zu seiner persönlichen Domäne, in der sich sogar der Pascha selbst – bei einem berühmten Anlaß – mit dem zweiten Platz begnügte.

Die Kindheit Auguste Mariettes scheint, anders als bei seinem berühmten Landsmann Champollion, ohne wunderbare Vorbedeutungen verlaufen zu sein. Sohn eines Marinerichters in Boulogne-sur-Mer, zeigte Mariette frühzeitig eine zeichnerische Begabung und war ein recht guter Schüler, doch offenbar ohne besonderen Ehrgeiz. Während er noch überlegte, was er mit seinem Leben anfangen sollte, ging er nach England und unterrichtete ein Jahr lang Französisch an einer Privatschule in Stratford-on-Avon. Dann verwertete er seine künstlerischen Talente in der Industrie und entwarf Bortenmuster in Coventry, kehrte aber bald darauf wieder nach Frankreich zurück, um Ende 1840 an der Hochschule in Boulogne, wo er selbst seine Ausbildung genossen hatte, eine Lehrtätigkeit zu übernehmen.

Mariette trat noch auf der Stelle. Er entwarf und malte Kulissen für Theateraufführungen an der Hochschule, wofür ihn die Stadt-

Auguste Mariette. Zeichnung nach einer Fotografie von 1874 – sechs Jahre, bevor er zum erstenmal ägyptischen Boden betrat.

zeitung mit Lobeshymnen bedachte. Er begann lokalhistorische Artikel zu schreiben und machte Ausflüge aufs Gebiet der Kunst mit Essays über den Tod Giottos, einer Geschichte des französischen Chansons, einer Elegie in Prosa über den Tod des Herzogs von Orleans und verfaßte sogar ein Lobgedicht anläßlich der Aufstellung eines Napoleon-Denkmals, mit dem Titel »Apotheose Napoleons«. 1842 veröffentlichte Mariette einen romantischen Roman *Hassan le Noire*, der jedoch kein besonderes literarisches Talent erkennen ließ. Im gleichen Jahr wurde er von der »ägyptischen Ente gebissen«. Mit diesen Worten pflegte er die Geschichte seiner ersten Berührung mit Ägypten einzuleiten. »Die ägyptische Ente ist ein gefährlicher Vogel. Er grüßt dich freundlich, doch wenn du dich von seinem unschuldigen Äußeren verführen läßt und ihn nett behandelst, bist du verloren: ein Hieb mit seinem Schnabel, und du bist infiziert und lebenslang Ägyptologe.«

Zufällig war der Maler Nestor L'Hôte, der Champollion auf dessen ägyptischer Expedition begleitet hatte, Mariettes Cousin. L'Hôte war am Nil an Dysenterie gestorben, seine hinterlassenen Papiere wurden der Familie zugeschickt. Darunter befanden sich viele Zeichnungen von Denkmälern mit Hieroglypheninschriften. Mariette kannte sich auf diesem Gebiet zwar nicht aus, stand aber im Ruf einer angehenden Intelligenzbestie und wurde gebeten, die Papiere zu sortieren.

Sofort fing er Feuer und strebte danach, sich selbst die Anfangsgründe der Ägyptologie beizubringen. Sieben Jahre verwendete er jede freie Minute auf den Versuch, die Inschriften zu entziffern und zog dabei auch die wenigen ihm verfügbaren Bücher zu Rate. Ernstlich behindert wurde er durch die große *Déscription de l'Égypte*, die das Museum in Boulogne erworben hatte, weil er annahm, die schönen Bilder darin seien genaue Wiedergaben der Hieroglyphen. Dauernd stieß er auf Widersprüche und Lücken und wollte seinen Versuch der Entzifferung schon aufgeben. Erst nach vielen Jahren erfuhr er, daß die Künstler in Napoleons Expedition darauf vertraut hatten, daß niemand je diese Sprache würde übersetzen können. Sie hatten mitunter einfach improvisiert und ganze Abschnitte der Hieroglypheninschriften willkürlich so zusammengestellt, wie es zu ihren Abbildungen paßte.

1847 beschrieb und registrierte Mariette die ägyptischen Bestände des Museums von Boulogne in seinem *Catalogue analytique des Monuments composant la Galerie égyptienne du Musée de Boulogne*. Dadurch wurde sein Name in weiteren Kreisen als nur bei den Lesern der Stadtzeitung bekannt. Der einflußreichste seiner neuen Gönner war Charles Lenormant, der ebenfalls mit Champollion in Ägypten gewesen und Professor für ägyptische Archäologie am Collège de France geworden war. Lenormant hatte einen so guten Eindruck von Mariette, daß er ihm einen kleineren Job am Louvre verschaffte. 1849 zog Mariette nach Paris. Er war damals 28 Jahre alt.

Obwohl der untergeordnete Posten dort im Vergleich zum Hochschullehrer und der Tatsache, daß er zu Hause eine kleine Berühmtheit war, einen Abstieg bedeutete, war Mariette sehr froh, der Provinz entronnen und ins Zentrum der ägyptischen Wissenschaft gelangt zu sein. Sein Job war die Katalogisierung ägyptischer Neuerwerbungen. Außerdem mußte er die Papyri so auf Unterlagen befestigen, daß sie, ohne beschädigt zu werden, benutzt werden konnten. Man machte ihm von vornherein klar, daß es sich nur um eine befristete Stellung handelte und bezahlte ihn herzlich schlecht. Doch war Mariette trotz dieser Nachteile überglücklich, jetzt inmitten seiner geliebten ägyptischen Altertümer arbeiten zu können und außerdem bei einer so berühmten Institution angestellt zu sein. Er versuchte, sein Gehalt etwas aufzubessern – war er doch verheiratet und hatte drei kleine Töchter –, indem er sich erbot, in seiner Freizeit die gesamte Papyrussammlung zu katalogisieren und zu ordnen. Man lehnte mit der Begründung ab, es sei für das Museum nicht tunlich, ihm zusätzlich etwas zu bezahlen, da er ja schon ein Monatsgehalt beziehe. Beamte haben eben keine Freizeit zu haben.

Mariette hatte seine Familie nach Paris nachkommen lassen. Ein ihn besuchender Freund traf ihn an, wie er in einer halbleeren Wohnung an einem mit Büchern bedeckten großen Tisch saß, ein Töchterchen auf den Knien, die anderen beiden zu seinen Füßen spielend. Mariette erklärte ihm, »so kann ich am besten arbeiten. Ich habe es gerne, wenn meine kleine Welt ganz in der Nähe ist.« In seiner ganzen späteren Berufslaufbahn umgab er sich tatsächlich bei allen Gefahren und Widrigkeiten immer mit seiner »kleinen Welt«.

Mariette gab sich alle Mühe, die Papyri, die er katalogisieren mußte, auch zu verstehen. Dadurch erwarb er sich Kenntnisse, die ihm seinen ersten Auftrag in Ägypten einbrachten. Anlaß waren die Abenteuer zweier berüchtigter englischer Sammler.

Robert Curzon, 14. Baron Zouche, Gelehrter und Reisender, hatte in den Jahren 1833/34 Ägypten, Syrien und Palästina besucht, um Manuskripte in Klosterbibliotheken aufzustöbern. In Alexandria war er gastfreundlich von einem koptischen Kloster aufgenommen worden und hatte sich revanchiert, indem er die Mönche mit großen Mengen Raki traktierte und sie betrunken machte, worauf er sich mit einer schönen Ausbeute an Manuskripten aus dem Staube machte. Fünf Jahre später konnte sich der Reverend Henry Tattam, ein bekannter Sprachwissenschaftler für Koptisch und Pfarrer an St. Cuthbert, Bedford, sowie Great Woolstone, Berkshire, von seinen seelsorgerlichen Pflichten soweit freimachen, daß er demselben Kloster einen Besuch abstattete. Mit derselben Anästhesietechnik schläferte er die Wachsamkeit der Mönche ein und verschwand mit dem Rest der Bibliothek. In akademischen Kreisen löste das einen gewissen Wirbel aus, doch blieb der gute Ruf des Reverend Tattam soweit intakt, daß er zum amtierenden Kaplan der Königin Victoria ernannt wurde und Ehrendoktorhüte von den Universitäten Dublin, Göttingen und Leiden bekam.

Mariette erhielt nun Anweisung, in denselben Klöstern nach Manuskripten zu forschen, ohne unbedingt dieselben Aquisitionsmethoden anzuwenden. Doch ist Geld nicht weniger überzeugend als Raki, und so wurden der Expedition 6000 Francs für die zu erwerbenden Manuskripte mitgegeben. Mariette meinte, er könnte sich dort unten nebenbei auch ein bißchen als Ausgräber versuchen, um »unsere Museen aufzustocken«. Das gestand man ihm zu.

Im Endeffekt wurde das Nebenbei zur Hauptsache. Gleich als er im September 1850 in Ägypten landete, stellte Mariette fest, daß auf Anordnung des Patriarchen alle Manuskripte aus den koptischen Klöstern nach Kairo geschickt und in einem großen Saal außer Reichweite fremder Abenteurer untergebracht worden waren. Es hieß, als weitere Vorsichtsmaßnahme seien sogar die Türen des Saals zugemauert worden. Der Patriarch empfing Mariette mit großer Herzlichkeit – war dieser doch ein offizieller Vertreter der französischen Regierung – und sprach in vagen Andeutungen von seiner Bereitschaft, den Gast zu unterstützen. Mariette erkannte sofort, daß es sich nur um Ausflüchte handelte, und ließ alle Hoffnung auf die koptischen Manuskripte fahren.

Er wurde nun von der französischen Kolonie in Kairo eingeladen. Es waren Arnaud Le Moyne, der Generalkonsul, Linant de Bellefonds, Forschungsreisender und Künstler, der in Diensten Mohammed Alis nach Gold gesucht hatte und mit dem Titel eines Beys belohnt worden war, sowie Antoine Clot, auch er ein Bey, den Mohammed Ali zum ägyptischen Generalarzt ernannt hatte. Mariette bemerkte, daß in den Gärten seiner Gastgeber Sphingen eines Typus aufgestellt waren, wie er ihn schon in Alexandria gesehen hatte. Ein ähnliches Exemplar entdeckte er auch in dem Haus des Antiquitätenhändlers Solomon Fernandez und erhielt auf seine Frage die Auskunft, all diese Sphingen stammten vom selben Ort: Sakkara.

Mariette entschloß sich, dort mit Ausgrabungen zu beginnen. Er schildert, wie er eines Tages auf den halb aus dem Boden ragenden Kopf einer Sphinx stieß, die genauso aussah wie die in Kairo und Alexandria:

In diesem Augenblick kam mir ein Abschnitt aus Strabo in den Sinn: »Man stößt in Memphis in einer sehr sandigen Gegend auch auf einen Serapistempel. Der Wind bläst den Sand zu Haufen zusammen und begräbt die Sphingen unter ihnen. Manche steckten nur halb, manche bis zu den Köpfen im Sand, woraus wir schlossen, daß es nicht ungefährlich war, die Straße zum Tempel zu benützen. Wir konnten immer von Sandstürmen überrascht werden.« Sieht es nicht ganz so aus, als ob Strabo diese Sätze schrieb, um uns, nach 18 Jahrhunderten, zu helfen, den berühmten dem Serapis geweihten Tempel wiederzufinden?

Mariette vermutete, die Sphingen im Garten seiner Freunde und die hier in Sakkara unter dem Sand begrabenen könnten zu der Sphinxallee gehört haben, die zum Serapeum in Memphis führte. Er brauchte nur der Anordnung der Sphingen zu folgen, um den Tempel zu entdecken:

In diesem Augenblick vergaß ich alle meine Aufträge. Ich vergaß den Patriarchen, die Klöster, die koptischen und syrischen Manuskripte, sogar Linant-Bey. So kam es, daß am 1. November 1850 bei einem der herrlichsten Sonnenaufgänge, die ich jemals in Ägypten erlebt habe, 30 Arbeiter unter meinem Kommando in der Nähe der Sphinx, die mit einem Schlag meinem Aufenthalt in Ägypten eine ganz neue Wendung gab, Aufstellung nahmen.

Mariette spielte va banque und verließ sich weitgehend auf sein Gefühl. Das Geld, das er mitbekommen hatte, war zweckgebunden und nur für die Anschaffung der Papyri bestimmt. Die Ausgrabungen aber, in die er es jetzt zu investieren gedachte, waren nicht nur ganz vom Zufall abhängig, sondern auch teuer und noch dazu illegal. Überdies galt ja auch das Edikt von 1835 in Ägypten, nach dem ohne Ferman jegliche Grabungstätigkeit verboten und alle auf ägyptischem Boden gefundenen Antiquitäten Eigentum des Staates waren. Allerdings wurde das Edikt allgemein als wertloses Stück Papier angesehen. Allein auf der Ebene von Sakkara wurden zu diesem Zeitpunkt vom österreichischen Generalkonsul, von Fernandez, dem Antiquitätenhändler, von dem deutschen Missionar Pfarrer Rudolph Leider und einem halben Dutzend kleinerer Unternehmer finanzierte Ausgrabungen durchgeführt. Keiner von ihnen besaß eine formelle Erlaubnis. Und sie alle würden über einen plötzlich auftauchenden Rivalen bestimmt nicht erfreut sein und Mariette nur dulden, falls er keinen Erfolg hatte. Andererseits war Erfolg gerade das, was Mariette brauchte, und zwar ein schneller, ins Auge springender

Erfolg, der die Auftraggeber in Frankreich davon überzeugte, daß ihr Geld nicht verschleudert wurde, obwohl es in andere Kanäle floß.

Wie Mariette gehofft hatte, förderten die Grabungen eine Reihe im Abstand von sechs Metern vergrabener Sphingen zutage. Zwei Monate kämpfte die Mannschaft mit dem lockeren Sand, bis sie die Skulpturen freigelegt hatte. Mitte Dezember hatten sie 134 davon in einer genau nach Westen führenden Allee ausgebuddelt, die direkt auf den verborgenen Tempel zuzulaufen schien. Plötzlich aber gab es eine Lücke. Die Arbeiter gruben bis zu einer Tiefe von 15 Metern. Nichts. Anscheinend hörte die Allee irgendwo im Niemandsland auf. Mariette hatte das Spiel verloren.

Doch genau am Heiligen Abend entdeckte er, daß die Reihe der Sphingen nur abrupt im rechten Winkel nach Süden abknickte. Eine weitere Überraschung war, daß statt einer in der regulären Entfernung von sechs Metern stehenden Sphinx die Sitzfigur des griechischen Dichters Pindar auftauchte, ganz nahe bei einer Gruppe ziemlich lädierter griechischer Philosophen, die in Denkerpose auf einer halbkreisförmigen Bank saßen. Es war eine gewisse Enttäuschung, am vermeintlichen Ende einer Allee ägyptischer Sphingen auf griechische Skulpturen zu stoßen. Doch Mariette machte weiter Druck. Er entdeckte bald zwei Tempel, einen griechischen und einen ägyptischen, letzterer mit dem Namen Nectanebo versehen, einem der letzten autochthonen ägyptischen Herrscher des Altertums. Der große Tempel des Serapis jedoch war immer noch nicht entdeckt, und das Geld ging zur Neige.

Mariette wiegte sich in der Hoffnung, ein Bericht über seine Funde werde die Beamten des Innenministeriums mit der Tatsache aussöhnen, daß das für die Anschaffung von Manuskripten bestimmte Geld in den Sandfeldern Sakkaras versickert war, und sie zu einer weiteren Geldsendung veranlassen. Also fertigte er sorgfältige Zeichnungen von seinen Ausgrabungen an und schickte sie mit detaillierten Angaben nach Paris. Der französische Konsul in Alexandria, der gerade auf Urlaub ging, nahm sie mit. Um die Arbeit aber nicht zu unterbrechen, verkaufte Mariette ein paar Schmuckstücke, die er in den Tempeln gefunden hatte, und nahm Kredite bei den alexandrinischen Kaufleuten und seinem Konsul Arnaud Le Moyne auf. Wie ein Lauffeuer verbreitete sich die Nachricht von seinen Funden bei den Konkurrenten, und das Intrigenspiel begann.

Pfarrer Leider reichte eine offizielle Beschwerde gegen den Rechtsbruch beim Pascha ein. Leider stand in dem Ruf, selbst illegal Ankäufe von Altertümern zu Niedrigstpreisen zu tätigen. Er widmete sich dieser Beschäftigung in den Pausen zwischen seinen vergeblichen Versuchen, die Kopten zum Protestantismus zu bekehren.

Das Gerücht kam auf, der Pascha wolle tatsächlich intervenieren, und Mariette, der sich ein kleines Haus mit zwei Zimmern in Sakkara gebaut hatte, hißte die französische Flagge, um die Unverletzlichkeit seines Territoriums zu dokumentieren. Einmal tauchten unversehens vier Reiter in Diensten eines lokalen Potentaten auf und erhoben im Namen der ägyptischen Regierung Anspruch auf all seine Entdeckungen. Aber Mariette vertrieb sie »mit Schlägen seiner Kurbaschpeitsche«.

In Paris trat die innenministerielle Kommission für die staatlichen Museen zusammen und nahm den Bericht Mariettes über seine Tätigkeit und die damit verbundene Bitte um mehr Geld zur Kenntnis. Trotz seines irregulären Verhaltens ließen sie sich durch seine Argumente schnell überzeugen:

Zwar ist der französische Forscher mit großer Umsicht und Klugheit vorgegangen, doch sind die ausländischen Ausgräber inzwischen alarmiert. Es wäre problematisch, sie von dem auszugrabenden Tempel fernzuhalten. Jetzt die Forschungen, die mit so großem Erfolg eingeleitet worden sind, zu stoppen oder gar zu suspendieren, hieße der Museumskonkurrenz wertvollste Stücke zu überlassen. Es ist unsere Pflicht, sie für die staatlichen Sammlungen zu retten. Diese Überlegungen veranlaßten die Finanzkommission, einen Kredit von 30 000 Francs in Vorschlag zu bringen ...

Die Summe wurde bewilligt, und der französische Konsul in Kairo darüber und über ihren Zweck ins Bild gesetzt: »für die Ausgrabung eines dem Serapis geweihten Tempels, der in den Ruinen von Memphis entdeckt wurde, und für den Transport der dabei aufgefundenen Objekte nach Frankreich«.

Mariette war überglücklich, wieder liquide zu sein, fühlte sich andererseits jedoch auch beunruhigt, weil die Kunstgegenstände, für deren Verschickung nach Frankreich man ihn bezahlte, nach ägyptischem Gesetz dem ägyptischen Staat gehörten. Und Abbas Pascha, Neffe Mohammed Alis, der die Regierung des Paschalik übernommen hatte, zeigte sich in Sachen Ferman weniger nachgiebig als sein Onkel. Der französische Konsul hielt es angesichts der amtlichen Mitteilung und der vor aller Augen von Mariette in Sakkara durchgeführten Grabungen für ratsam, wenigstens im nachhinein um eine offizielle Erlaubnis nachzusuchen. Beschwichtigend schrieb er dem Pascha: »M. Mariette tastet in keiner Weise die Eigentumsrechte des Vizekönigs an allen Monumenten auf ägyptischem Boden an und verpflichtet sich ausdrücklich, keine Fundstücke, weder jetzt noch in Zukunft, ins Ausland zu schaffen.« Der Ferman wurde von Abbas Pascha ausgestellt, aber an zwei Bedingungen geknüpft, die in dem Gesetz von 1835 standen, jedoch bisher niemals wirksam geworden waren: Alle beweglichen, von Mariette gefundenen Gegenstände mußten den Behörden ausgehändigt werden, und fünf Wachen wurden an der Ausgrabungsstätte postiert.

Mariette sah sich einem unerträglichen Interessenkonflikt zwischen den Direktiven seiner Heimat einerseits, seines Gastlandes andererseits ausgesetzt. Der Ferman erlaubte ihm die legale Fortsetzung seiner Grabungen, doch das französische Innenministerium würde es bestimmt nicht gerne sehen, daß er die 30 000 Francs zur Beschaffung von Schätzen nur für den Pascha verbrauchte. Mariette stellte die Arbeiten vorläufig ein, um den Anschein zu erwecken, er füge sich willig. Abbas Pascha seinerseits bekundete Kompromißbereitschaft und bestimmte, die Franzosen dürften alles, was sie bis zur Ausstellung des Ferman gefunden hatten, behalten, vorausgesetzt, alle künftigen Funde würden ordnungsgemäß den Behörden übergeben.

Bei diesem Stand der Dinge und während noch verhandelt wurde, trat eine weitere Komplikation ein. Mariette entdeckte in Sakkara das unterirdische Apis-Mausoleum des Serapeums. Es übertraf alle Erwartungen. Hinter einem prachtvollen Sandsteinportal lag ein Gemeinschaftsgrab, das die Stiere, die Inkarnationen des Apis, enthielt. 24 riesige Granitsärge standen in einer langen Galerie, von der Korridore und Räume nach allen Seiten abzweigten. Überall auf dem Boden waren Stelen, Fragmente von Skulpturen und Kostbarkeiten aller Art verstreut. Durch einen glücklichen Zufall waren die Inspekteure des Paschas gerade nicht zugegen, als der Eingang entdeckt wurde, und Mariette ordnete an, ihn sofort wieder zuzuschütten und geheimzuhalten. Wie immer die offizielle Vereinbarung zwischen den Unterhändlern und dem Pascha ausfallen mochte, Mariette war entschlossen, seine eigenen Wege zu gehen.

Er richtete einen Arbeitsraum im Tempel des Nectanebo ein und packte tagsüber unter den Augen der offiziellen Inspekteure und nach den von ihnen kontrollierten Listen alle Objekte ein, die er nach Frankreich ausführen durfte. Ein geheimer, mit Brettern ausgekleideter Schacht führte von diesem Raum in eine darüberliegende Kammer. Nachts ließ man die Schätze aus dem Serapeum durch den Schacht hinunter, verpackte sie dort und ließ sie von Eseln nach Alexandria transportieren. Als jedes Grab ausgeräumt war, gab Mariette die Entdeckung offiziell bekannt und führte Beamte mit langen Gesichtern durch die leeren Kammern.

Monatelang blieb der Betrug unentdeckt. Mariette gelang es, dem Louvre eine großartige Sammlung zu schicken, unter anderem den Gold- und Edelsteinschmuck des Khaemwese, Sohnes und Mitregenten Ramses' II. Der Schmuck stammte aus einem Grab, wo, wie Mariette berichtet, im Sand noch die Fußspuren der Arbeiter zu sehen waren, die das Grab angelegt hatten.

Da es sich allmählich als unmöglich erwies, die Version aufrechtzuerhalten, alle Gräber seien total leer gewesen, beauftragte Mariette einen Kollegen mit dem ganz unpassenden Namen Bonnefoy, Kopien von den im Serapeum gefundenen Stelen und Figuren für die Sammlung des Paschas anzufertigen. Er selbst zeichnete eigenhändig ein paar Hieroglyphen darauf. Mariette unterstützte auch die blühende Industrie von Falsifikaten, indem er heimliche Käufe fürs Nationalmuseum in Kairo tätigte. Solange auf diese Weise der Schein gewahrt blieb, war man an höchster Stelle beruhigt, und die Inspekteure machten keine Schwierigkeiten. Der Pascha gab seiner Zufriedenheit mit dem Gang der Dinge Ausdruck, indem er anordnete, die Seeleute an Bord der »Labrador« und »Albatros« bei ihrer Verladung von mit

Schmuggelgut gefüllten Kisten, die für den Louvre bestimmt waren, offiziell zu unterstützen.

Die europäische Kolonie in Kairo war geteilter Meinung über Mariettes Vorgehen. Unter seinen Freunden befanden sich Clot-Bey, Linant-Bey, der Konsul, der italienische Maler Vassali, der versuchte, sich durch Pascha-Porträts über Wasser zu halten, und Pruner, Arzt, Anthropologe und Assistent Clot-Beys. Gegen Mariette standen die Händler, z. B. Pastor Leider und Fernandez, sowie die Generalkonsuln von England, Charles Augustus Murray, und Österreich, Baron von Huber, der jedem, der es wissen wollte, erklärte, der »Franzose in Sakkara ist nichts weiter als ein Dieb«.

Auch an der Fundstätte selbst gab es Schwierigkeiten. Bei einer Gelegenheit mischte ein Diener Mariette Gift ins Essen, so daß dieser fast umkam, und immer wieder wurden ihm Fallen gestellt. Doch waren dies die normalen Risiken eines erfolgreichen Schatzgräbers, und Mariette konnte sich inzwischen rühmen, Ritter der Ehrenlegion geworden zu sein: Am 16. August 1852 hatte man ihn wegen seiner Entdeckung ausgezeichnet.

Heinrich Brugsch, ein von der preußischen Regierung nach Ägypten entsandter deutscher Gelehrter, schloß sich Mariette in Sakkara an und half ihm bei der Entzifferung der Inschriften am Serapeum. Die beiden wurden enge Freunde. Brugsch hatte Familienanschluß bei Mariettes und beschrieb die Verhältnisse dort:

> Etwa 30 Affen trieben um das Haus ihr Unwesen oder kampierten auf dem Dach ... Schlangen krochen durch den Korridor, Taranteln und Skorpione nisteten in den Mauerritzen, riesige Spinngewebe hingen wie Fahnen von der Decke. Bei Einbruch der Dunkelheit drangen, vom Licht angezogen, Fledermäuse durch die Fensterläden in meine Kammer und störten mir die Nachtruhe durch ihr gespenstisches Flattern. Vor dem Einschlafen befestigte ich mein Moskitonetz unter der Matratze und empfahl mich der Gnade Gottes und all seiner Heiligen, während die Schakale, Hyänen und Wölfe rings um das Haus heulten.

Mariette lachte nur über diese Unbequemlichkeiten, wie Brugsch berichtete. Das einzige, was ihm Kummer machte, war der Gedanke, er werde eines Tages diese Insel der Seligen wieder verlassen müssen. Und es kam wirklich der Tag, an dem Mariette, nachdem er etwas über 7000 Altertümer nach Paris hatte verschiffen lassen, den Entschluß faßte, ihnen zu folgen und die Popularität zu genießen, die ihm seine Entdeckungen und Schmuggeleien eingebracht hatten. Doch zuvor mußte noch eine andere Aufgabe erledigt werden. Der Herzog von Luynes wurde durch eine Passage bei Plinius gequält, wo dieser schreibt, die Ägypter hielten die Große Sphinx für das Grab eines alten Königs namens Harmais, das aus von weither herangeschafftem Material erbaut worden sei. Plinius glaubte nicht an diese Geschichte. Er wußte, die Sphinx war aus einem Felsen an Ort und Stelle herausgehauen worden. Doch fragte sich der Herzog, ob nicht vielleicht das Grab des Königs im Innern der Sphinx oder in der Nähe liegen könnte. Das unentdeckte Grab eines ägyptischen Königs war schon eine kleine Auslage wert, weshalb der Herzog Mariette 6000 Francs mit der Bitte schickte, es aufzuspüren.

Mariette stieß auf Spuren eines gepflasterten, in der Verlängerung des Sphinxleibes nach Süden führenden Weges und entschloß sich, ihnen zu folgen. Er kam zu einer Graniteinfriedung, innerhalb deren sich die Mauern eines Tempels befanden. Dieser konnte nur von den königlichen Erbauern der Pyramiden errichtet worden sein. Mariette legte die Fundamente in der Hoffnung frei, eine Inschrift zu finden. Doch der Fliesenboden des Tempels lag acht Meter tief, der Sand war locker und gab schnell nach, und eine gewaltige Menge Schutt war wegzuräumen.

Wieder ging das Geld aus, und Mariette schrieb an die Académie des Inscriptions, sie möge die Regierung um Hilfe bitten. Der Sekretär wandte sich an den Premierminister, und dieser kitzelte die Bürokraten an einer Stelle, wo sie am empfindlichsten waren: am Nationalstolz. Er erinnerte sie daran, daß die Entdeckung des Serapeums »dem Ruhm Frankreichs in Ägypten neuen Glanz verliehen hat, gerade zu dem Zeitpunkt, wo ein Mitglied der Berliner Akademie den Namen Preußens stark ins Gespräch gebracht hatte«. Und Mariette sei einer weiteren großen Entdekkung auf der Spur:

... die Académie ist sehr besorgt bei dem Gedanken ... daß Frankreich in Gefahr ist, einen herrlichen Schatz zu verlieren, nur weil ein paar Francs fehlen. Es wäre höchst bedauerlich, wenn diese Goldmine, die Frankreich nach dem Recht der Erstentdeckung zugefallen ist, in den Besitz anderer Nationen überginge, die gewiß nicht zögern werden, sie auszubeuten.

Aber zu seinem Leidwesen gelang es dem Minister doch nicht, weitere Staatsgelder für wissenschaftliche Expeditionen lockerzumachen, da die Expeditionsleiter offensichtlich unfähig waren, die Abrechnungen vorschriftsgemäß durchzuführen. Mariette bildete da keine Ausnahme. Das Ersuchen wurde nun an den Generaldirektor der staatlichen Museen weitergeleitet, der sich zu einem »endgültig letzten Zuschuß« von 10000 Francs bereiterklärte. Als das Geld in Ägypten ankam, hatte es Mariette schon verbraucht. Er hatte sich Vorschüsse vom Konsul geben lassen. Die Arbeiten mußten eingestellt werden, und der Tempel war erst halb ausgegraben! Wie Mariette später feststellte, lag dicht unter der Sanddecke, nur zehn Arbeitstage von der Stelle entfernt, wo man zu graben aufhören mußte, die herrliche Dioritstatue des Königs, der die Zweite Pyramide erbaut hatte. »Ein paar hundert Francs mehr«, schrieb er, »und die Statue König Chephrens wäre heute im Besitz Frankreichs.«

Der Louvre hieß den zurückkehrenden Mariette herzlich willkommen und ernannte ihn 1855 zum assistierenden Konservator der Abteilung für ägyptische Altertümer. Er erhielt die Genehmigung, andere europäische Museen zu besuchen, um seine eigenen Funde besser verstehen und einordnen zu können, und begann damit in Deutschland, wo ihm Brugsch die bescheidene Gastfreundschaft, die er selbst in Sakkara genossen hatte, herzlich vergalt. König Friedrich Wilhelm IV., der sein Interesse an Ägypten durch die Finanzierung der Lepsius-Expedition bekundet und, unbekannt mit Mariette, mit Brugsch einen anonymen Beitrag zur Ausgrabung des Serapeums geleistet hatte, lud Mariette zum Essen ein und ehrte ihn mit dem Roten-Adler-Orden dritter Klasse.

Zurück in Paris schrieb Mariette, gestützt auf die Inschriften, die er im Serapeum gefunden hatte, eine Abhandlung über ägyptische Religion. Er versuchte zu zeigen, daß die Ägypter an *einen* höchsten Gott glaubten, dessen Inkarnation Apis sei. Apis sei von einer Jungfrau geboren, die Empfängnis auf wunderbare Weise ohne irdischen Vater erfolgt. Er sei als »Wort« eine Zeitlang in Gestalt eines Stieres über die Erde gewandelt. Daß jemand theologische Konzepte wie die Jungfrauengeburt auf die ägyptische Religion anwandte, paßte eher zur mystischen Literatur Mitte des 19. Jahrhunderts als zu einem wissenschaftlich vorgehenden Ägyptologen. Das Buch gefiel Mariettes Vorgesetzten im Louvre, de Rougé, einem frommen Katholiken, überhaupt nicht. Mariette wurde empfohlen, in Zukunft weniger heikle Themen zu bearbeiten.

Im Mai 1857 besuchte er Turin und nahm die dortigen Sammlungen in Augenschein. Das Museum und der Hof feierten ihn. Der König verlieh ihm den Sankt-Moritz-und-Lazarus-Orden, und die Akademie der Wissenschaften in Turin ernannte ihn zum korrespondierenden Mitglied. Mariette war bereits korrespondierendes Mitglied der Akademie der Schönen Künste in Rio de Janeiro und zum Mitglied der »Society of Antiquaries« in London gewählt worden. Er war zum im Ausland bekanntesten und geachtetsten französischen Ägyptologen geworden. In Paris jedoch war ihm der weitere berufliche Aufstieg versperrt. Die höchst erreichbare Position war die eines Konservators im Louvre, und das Museum stellte klar, daß dieser Posten für Mariette nur durch den Tod oder die Versetzung des gegenwärtigen Stelleninhabers, de Rougé, freiwerden könnte. De Rougé aber, nur zehn Jahre älter als Mariette und bei bester Gesundheit, machte keine Anstalten zu gehen. Mariettes Gehalt von 4000 Francs als Assistent des Konservators reichte gerade aus, um eine Familie zu ernähren, die außerdem jedes Jahr Zuwachs bekam.

Eine Lösung wäre gewesen, das teure Paris zu verlassen und wieder nach Ägypten zu gehen. Während die Monate verstrichen, mußte Mariette oft an das arabische Sprichwort denken: »Wer einmal aus dem Nil getrunken hat, wird immer Durst nach seinem Wasser haben.« Er erzählte seinen Freunden, wie schwer es ihm falle, sich auf seine Arbeit im Louvre zu konzentrieren. Sobald er sich am Schreibtisch daranmachte, eine Inschrift an einem mitgebrachten Objekt zu übersetzen und es in die Hand nahm, fühlte er sich an die Stelle der Entdeckung zurückversetzt, atmete wieder die würzige Wüstenluft und hörte die lauten Rufe der Arbeiter. Dann haßte er die ganze Übersetzungsarbeit einschließlich de Rougé, Louvre und Umgebung, und sehnte sich nach Ägypten zurück. In dieser quälenden Unzufriedenheit fragte sich Mariette, ob er nicht statt für den Louvre, besser für Ägypten arbeiten sollte. Er träumte sogar von der Einrichtung einer Verwaltung zum Schutz der Monumente im Interesse der Wissenschaft, natürlich mit ihm selbst als Chef.

Anfang 1857 bot sich Gelegenheit. Prinz Napoleon, Vetter des Kaisers, umtriebig, zynisch und neidisch auf den Aufstieg Napoleons III., bildete einen ständigen Unruheherd im Zweiten Kaiserreich. Glücklicherweise war der Prinz auch reiselustig. Der Kaiser ermunterte ihn bei jeder Gelegenheit unter irgendeinem Vorwand zu Reisen ins Ausland, und als der Prinz plötzlich Interesse an Ägypten bekundete, leitete man alles in die Wege, um ihn für fünf oder sechs Monate außerhalb Frankreichs zu wissen.

Mariettes alter Feind Abbas Pascha war von seinen eigenen Truppen ermordet worden. Sein Nachfolger Said Pascha war bestrebt, die Beziehungen zu den europäischen Mächten zu verbessern. Er stand zudem unter dem Einfluß des französischen Diplomaten Ferdinand de Lesseps, der ihn schon als Kind gekannt hatte. Frankreich spielte wieder einmal die Favoritenrolle, und ein Besuch des Kaiservetters war hochwillkommen.

De Lesseps erzählte dem Pascha, der Prinz sei ein Liebhaber alles Schönen und der alten Geschichte. Er erwarte deshalb, durch die Fundstätten im Niltal geführt zu werden, und zwar von einem Experten. Auch wolle er bei der Ausreise eine seiner Bedeutung würdige Sammlung mitnehmen. Vor zwei Jahren hatte Erzherzog Ferdinand Maximilian von Österreich das Land besucht und darauf Wert gelegt, mit den kostbarsten Stücken der Kairoer Sammlung ausgezeichnet zu werden. Es gab also einen Präzedenzfall – dessen war sich der Prinz sehr wohl bewußt –, königliche Hoheiten mit den herrlichsten Kunstwerken des alten Ägypten zu beschenken. Der einzige, der Prinz Napoleon auf einer Sightseeing-Tour als Fachmann begleiten konnte und auch genug Energie und Organisationstalent besaß, eine geeignete Kollektion für ihn zusammenzustellen, war Mariette. Said Pascha bat de Lesseps, Mariette zu einer Rückkehr nach Ägypten zu bewegen.

Dieses Projekt hatte nur einen Schönheitsfehler. Mariette wurde nicht als Direktor eines Schutzdienstes für alte Monumente nach Ägypten eingeladen, wie er sich vorgestellt hatte, sondern als Quartiermeister für einen reisenden Prinzen. Statt dem Gesetz, das die Ausfuhr von Altertümern verbot, Geltung zu verschaffen, wurde er engagiert, es noch mehr zu durchlöchern.

De Lesseps, der Mariettes Träume kannte, schrieb ihm, wie schwer Said Pascha beizubringen sei, daß er die Pflicht habe, sich um die Denkmäler zu kümmern. Doch wenn Mariette den Besuch des Prinzen zu einem Erfolg mache, stünden ihm beim Vizekönig alle Türen offen.

Mariette erhielt vom Museum vier Monate Urlaub und traf im Oktober 1857 in Ägypten ein. Said Pascha begrüßte ihn herzlich und stellte ihm ein Dampfboot, die »Samannoud«, mit bewaffneter Mannschaft zur Verfügung. Mariette sollte den Strom aufwärts fahren und den Provinzstatthaltern einschärfen, der Pascha verbiete ihnen, einen alten Stein auch nur zu berühren. Er verlange von ihnen, jeden Fellachen einzusperren, der seinen Fuß ins Innere eines Tempels setze. Mariettes Aufgabe war zweifach. Er sollte einerseits jedermann daran hindern, Antiquitäten beiseitezuschaffen, andererseits die besten Stücke für den hohen Gast sicherstellen. Mit Feuereifer machte er sich ans Werk, hatte er doch jetzt eine Position inne, die sich die ehrgeizigsten seiner Vorgänger nicht hätten träumen lassen. Er hatte das Recht, an sich zu nehmen, was er wollte, aber auch die Befugnis, jedermann am Abtransport von Objekten zu hindern.

Mariettes Höhenflug wurde durch die im Januar 1858 eintreffende Nachricht jäh unterbrochen, der Prinz habe es sich anders überlegt und die Reise abgesagt. Diese Mitteilung erreichte Kairo zusammen mit einem Brief vom Louvre an Mariette, er solle, da er zur Vorbereitung des königlichen Besuchs nicht länger benötigt werde, den Urlaub beenden und schleunigst an seinen Schreibtisch im Museum zurückkehren.

Die Lage schien hoffnungslos. Said Paschas Interesse für die Altertümer seines Landes war allein dem Wunsch zu verdanken, sich beim Kaiser beliebt zu machen. Nachdem diese Chance verloren war, hatte er keinen Grund mehr, Mariette in seine Dienste zu nehmen. Die Aussicht auf eine Rückkehr in den tristen, sonnenlosen Berufsalltag in Paris, der keine Aufstiegsmöglichkeiten bot, veranlaßte nun Mariette, brieflich einen Vorschlag zu machen, bei dessen Annahme er in Ägypten bleiben konnte. Der Wunsch des Prinzen, Ägypten zu besuchen, war doch seiner Freude an schönen Dingen und einer Vorliebe für die Geschichte des Altertums entsprungen. Sollte es daher nicht in seinem Interesse liegen, eine Sammlung der schönsten alten Kunstwerke des Landes zu empfangen, als eine Art Erinnerung an eine Expedition, die zwar nicht stattgefunden, auf die man aber so glänzende Hoffnungen gesetzt hatte?

Der Privatsekretär des Prinzen schrieb zurück. Seiner Königlichen Hoheit habe Mariettes Vorschlag sehr gut gefallen. Er bat um eine Liste der »Juwelen, Statuen und Gegenstände ägyptischer Kunst«, die ohne Anstände die schon bedeutende Sammlung Prinz Napoleons ergänzen könnten. Die Liste wurde abgeschickt, zusammen mit der Frage, ob der Prinz geneigt wäre, als Gegenleistung zum Schutz der ägyptischen Schätze beizutragen. Die Antwort des Privatsekretärs fiel so aus, wie es sich Mariette nicht besser hätte wünschen können. »Prinz Napoleon wird den Vizekönig unverzüglich wissen lassen, daß, wenn Seine Königliche Hoheit Frankreich um fachkundige Hilfe bei der Einrichtung eines ägyptischen Museums bitten wolle, die französische Regierung selbstverständlich niemand anderes vorschlagen wird als Sie.«

Am 1. Juni 1858 wurde Mariette zum Direktor der Denkmäler des alten Ägypten ernannt. Man sagte ihm ein persönliches Einkommen von 18 000 Francs im Jahr zu, die Kompetenz, Mitarbeiter einzustellen, und die Benutzung des Dampfbootes. Von ihm organisierte Grabungen wurden als staatliche Unternehmungen betrachtet, für die Arbeitskräfte konskribiert werden konnten. Er war direkt dem Vizekönig verantwortlich und nicht von einem Budget abhängig, sondern hatte das Recht, jederzeit die benötigten Summen anzufordern.

Mariettes erste Aufgabe bestand in der Wiederauffüllung des Kairoer Museums, das Erzherzog Maximilian geplündert hatte. Als erstes suchte er nach Gebäuden, in denen man die jetzigen und künftigen Kunstschätze unterbringen konnte. Man wies ihm die Magazine am Bulaqer Hafen an, die der zwischen Alexandria und

Kairo operierenden Dampfschiffahrtsgesellschaft gehört hatten. Sie war nach Eröffnung der Eisenbahnlinie aufgelöst worden. Hier quartierte Mariette seinen Freund Bonnefoy als Konservator für die zu erwartenden Altertümer ein. Es befand sich dort auch ein niedriges, feuchtes Häuschen, wo er mit seiner Familie einzog. Es war dunkel, ungezieferverseucht und die Decke fiel ihnen fast auf den Kopf, aber Mariette war glücklich, seine »kleine Welt ganz in der Nähe« zu haben.

Während die französische Kolonie frohlockte, grollten viele dem »Emporkömmling«, der es sich jetzt leisten konnte, alle Grabungen außer den eigenen zu verbieten, und die Existenz von Händlern und Fälschern bedrohte. Mariette dehnte seine Unternehmungen aufs ganze Niltal aus. Es gab eine Zeit, wo er 37 Projekte vom Delta bis zum Ersten Katarakt laufen hatte. In Gizeh und Sakkara wurden mehr als 300 Gräber geleert. In Edfu verlegte Mariette ein ganzes Dorf, das auf dem Dach des unter Sandmassen begrabenen Tempels stand, und gab den herrlichen Bau zum erstenmal in der neueren Geschichte den Blicken der Nachwelt preis. In Theben legte er einen Teil des prächtigen Tempels der Königin Hatschepsut in Deir el-Bahri frei und entdeckte die Mauer mit der berühmten »Hottentotten-Venus«.

Der Marquis von Dufferin und Ava, der damals gerade in der Gegend reiste, war so begeistert von diesem Bild, daß er nachts mit einer kleinen Mannschaft anrückte und die Mauer auseinandernahm. Er hoffte, die Blöcke zusammen mit anderen Skulpturen, die er erworben hatte, auf seinen Familiensitz in Clandeboye, Irland, schaffen zu können. Doch er wurde entdeckt, der Schatz wurde konfisziert und ins Museum nach Kairo gebracht. Jenseits das Flusses, in Karnak, ließ Mariette den großen Amuntempel ausgraben und transportierte mehr als 15 000 kleinere Artefakte ab. In Abydos setzte er die Arbeiter nach einer kurzen Musterung der Bodenstruktur sehr in Erstaunen, als er ihnen sagte, in welcher Richtung sie graben müßten, um auf eine Außenmauer zu stoßen. Als die Mauer genau dort auftauchte, wo er es vorausgesagt hatte, liefen die Bauern im Glauben zusammen, ein Wunder sei geschehen:

Ein alter Araber trat auf ihn zu und sagte: »Nie habe ich dieses Dorf verlassen und doch niemals von einer dort befindlichen Mauer gehört. Wie alt bist du, daß du dich daran erinnerst?« »Dreitausend Jahre«, antwortete Mariette trocken. »Wenn du ein so hohes Alter hast und doch noch so jung aussiehst«, sagte der Alte, »mußt du ein großer Heiliger sein. Erlaube mir, daß ich dich genauer betrachte.« Und drei Tage lang kam er, um den großen, dreitausend Jahre alten Wundertäter anzustarren, der in unüberbietbarer Heiligkeit Arbeiter, die nicht zu seiner Zufriedenheit arbeiteten, mit Stockschlägen traktierte.

In diesen Jahren war Mariette der Papst der Archäologie. Er betrachtete das alte Ägypten, so schrieb er später, als sein persönliches Eigentum, ein erbliches Lehen, das er seinen Nachkommen hinterlassen würde. Überallhin reiste er mit seiner Frau und dem ältesten Sohn Auguste, der mit den Statuen und Amuletten aus alten Gräbern spielte und die großen Steinfiguren Thebens »les grandes poupées de papa« nannte.

Dennoch war Mariettes Stellung dauernd bedroht. Said Pascha hatte kein Interesse an Antiquitäten oder alten Statuen aus Stein. De Lesseps und Prinz Napoleon hatten ihn zur Einrichtung einer »Verwaltung der ägyptischen Altertümer« überredet, aber er konnte es sich jederzeit anders überlegen. Die Gelder, mit denen Mariette arbeitete, mußten vom Pascha immer aufs neue bewilligt und konnten leicht verweigert werden. Es bestand stets Gefahr, daß die langsam wachsende Sammlung dem erstbesten hochgestellten Besucher geschenkt wurde, wenn ihn eine Laune danach anwandelte. Doch mochte den Vizekönig der Fortschritt der Wissenschaft auch kaltlassen: Entdeckungen, bei denen Gold und Edelsteine mit im Spiel waren, interessierten ihn gewaltig. Mariette stand ständig unter Druck, solche Entdeckungen zu produzieren, und er zögerte auch nicht, Dynamit einzusetzen, um die Arbeit, falls nötig, zu beschleunigen.

Im Februar 1859 hörte Mariette von seinem Agenten in Luxor, es sei ein ungewöhnlich wertvoller Sarkophag gefunden worden, mit Gold geschmückt und durch eine Inschrift als Sarg der Königin Ahhotep ausgewiesen. Leider hatte der Provinzgouverneur den Sarg schon geplündert und einen Teil des Goldes und der Juwelen an sich genommen. Er wollte sie dem Vizekönig schikken, um seine eigene Stellung zu festigen. Bei dieser Nachricht begab sich Mariette stehenden Fußes an Bord der »Samannoud« und fuhr auf den Nil hinaus, um des Gouverneurs Boot abzufangen. Die Begegnung der beiden Schiffe schilderte ein Augenzeuge:

Wir sahen, wie sich das Schiff mit dem Schatz näherte. In einer halben Stunde befanden sich die beiden Dampfer längsseits. Es folgte eine hitzige Auseinandersetzung. Als M. Mariette sah, daß er so nicht weiterkam, riß ihm die Geduld und er griff zum einzigen Mittel, das bei den hiesigen Verhältnissen Erfolg versprach. Er teilte ein paar derbe Faustschläge aus, drohte, einen Mann in den Fluß zu werfen, einem andern das Hirn zu Brei zu schlagen, einen dritten auf die Galeeren zu schicken, den vierten hängen zu lassen und den Rest zur Hölle zu schicken. Dank dieser Maßnahmen zeigten sie sich bereit, gegen eine Quittung ihre Schätze auf unser Schiff umzuladen.«

Mariette schenkte dem Vizekönig ein Kästchen mit kostbaren Edelsteinen, um sich und seine Frauen damit zu schmücken, wodurch er sich die Gunst des Vizekönigs sicherte. Und die Gunst nahm greifbare Formen an. Der Vizekönig gab Ordre zur Errichtung eines neuen Nationalmuseums.

Denn die Sammlungen in Bulaq hatten längst eine bessere Bleibe verdient. George Hoskins, ein englischer Reisender, der 1833 Kairo einen Besuch abgestattet hatte, kam 1860 dorthin zurück und berichtete: »Das Museum ägyptischer Altertümer, das von Signor Marietti eingerichtet und jetzt sehr schön in Boolak untergebracht ist, ist durchaus einen Besuch wert.« Doch gab es sowohl in England als auch in Frankreich nur sehr wenige Ägyptologen, die darüber erfreut waren. Es schien geradezu pervers zu sein, daß ein ägyptischer Potentat sein Herz ehrgeizig an von Europäern ausgegrabene Schätze hängte. Weder das Britische Museum noch der Louvre hielten es für sinnvoll, Schätze, die der ganzen Welt gehören sollten, in einer so abgelegenen Stadt wie Kairo, wie angemessen auch immer, unterzubringen.

Zu diesem Zeitpunkt hofierten Franzosen und Briten Said Pascha wieder einmal, und dieser verteilte seine Gunst sorgfältig zwischen beiden Parteien. Seinem alten Freund de Lesseps hatte er für den Bau des Suezkanals grünes Licht gegeben, während es Lord Palmerstone gelungen war, die Ratifikation des Vertrags durch die Hohe Pforte um zwei Jahre hinauszuschieben. Auf der anderen Seite hatte Said Pascha der Gründung der Eastern Telegraph Company und der Bank of Egypt durch die Engländer zugestimmt. Beide Länder boten Said Kredite an und hatten Einladungen für einen Staatsbesuch des Paschas ausgesprochen. Frankreich hatte im Duell der Diplomaten anscheinend einen leichten Vorteil errungen, als der Kaiser dem Pascha durch Mariette eine persönliche, handgeschriebene Einladung überreichen ließ. Said war von dieser Ehrung dermaßen überwältigt, daß er den Boten überschwenglich abküßte und ausrief, er werde ihm jeden Wunsch erfüllen. Mariette antwortete, alles, was er ersehne, sei die Vollendung seines neuen Museums. Sofort wurden entsprechende Befehle gegeben.

Mariette befand sich in Begleitung des Paschas, als dieser 1862 Paris besuchte, und genoß es, bei den höchsten Stellen herumgereicht zu werden. Ein bißchen wurde dieser Genuß jedoch beeinträchtigt, als Mariette Said, der die diplomatische Balance aufrechterhalten wollte, auch noch auf einen Staatsbesuch nach London folgen mußte.

Die Gruppe kehrte über Boulogne, Mariettes Vaterstadt, zurück, wo die zu Ehren Mariettes veranstalteten Feierlichkeiten den Pascha so beeindruckten, daß er ihm den Titel eines Beys verlieh und eine Pension aussetzte. Er proklamierte auch öffentlich, er werde sich persönlich um die Ausbildung von Mariettes Kindern kümmern. Die Zukunft war gesichert.

Doch sechs Monate späte starb Said Pascha unerwartet, und Mariettes Karriere in Ägypten war wieder einmal gefährdet. Ismail Pascha, der Nachfolger Saids, hatte kein Interesse an der Arbeit der Altertümerverwaltung und stand im Ruf, alles Geld, dessen er habhaft werden konnte, für seine Extravaganzen auszugeben. Trotzdem war auch Ismail auf die Modernisierung seines Landes und gute Beziehungen zu den europäischen Mächten bedacht, weshalb er Mariette mitteilte, es werde sich an den bisherigen Gepflogenheiten nichts ändern. Die Altertümerverwaltung werde weiterhin finanziert werden, und der Bau des neuen Museums würde fortgesetzt.

Die Überwachung der Bauarbeiten nahm Mariette für den Rest des Jahres fast völlig in Anspruch. Das bißchen Zeit, das ihm blieb, mußte er drangeben, hohe Besucher in den Fundstätten herumzuführen. Darunter befand sich auch Prinz Napoleon, der sich schließlich doch entschlossen hatte, die großen Entdeckungen seiner Landsleute im Niltal zu besichtigen. Es war allerdings unerträglich heiß, und der Prinz sah nicht viel, weil er sich weitgehend in seine Luxuskabine an Bord der »Menchieh« zurückzog und nur in Philä an Land ging. Dort geriet er in höchsten Zorn bei der Nachricht, ein Tourist habe die von General Desaix dort hinterlassene französische Inschrift zerstört. Er ordnete an, daß die Worte erneut eingemeißelt würden, und fügte seine persönliche Stellungnahme hinzu: »On ne salit pas une page d' histoire« (man beschmutzt keine Seiten des Buches der Geschichte).

Das Museum, das im Oktober 1863 endlich fertig wurde, war eines der schönsten Gebäude Kairos. Frédéric de Saulcy, Mitglied der Akademie, schrieb für die »Revue Archéologique« einen Bericht über seinen Besuch dort:

Zwei durch ein schmiedeeisernes Tor miteinander verbundene Höfe liegen direkt am Nil. Der erste ist mit herrlichen Bäumen bepflanzt. Ihn umgeben die Wohntrakte, einschließlich des von Mariette-Bey persönlich bewohnten. Eine grazile Gazelle namens Finette spaziert frei darin herum und sucht eifrig nach Zigarrenstummeln, die ein besonderer Leckerbissen für sie sind. Ein paar hübsche kleine Affen leisten ihr munter umhertollend Gesellschaft. Der zweite Hof gehört schon zum Museum selbst. Es stehen dort nämlich zwei große Sphingen aus Karnak und drei wunderbare Basaltsarkophage.

Es war nicht leicht, Ismail zur Eröffnung der Gebäude zu überreden. Mariette vermutete zunächst Intrigen seiner Feinde in Kairo, aber in Wirklichkeit hatte sich der Pascha niemals so recht für den Bau erwärmen können, weil Mumien zwar historisch wichtig sein mochten, aber eben doch tot sind. Und die Nähe des Todes bereitete dem Pascha Unbehagen. Schließlich weihte er am 16. Oktober 1863 das Museum doch ein, vermied es aber sorgfältig, den Fuß über die Schwelle zu setzen. Später nahm er die Gewohnheit an, hohe Besucher bis ans Tor zu begleiten und im Hof zu warten, während ihnen Mariette die Einrichtungen zeigte.

1867 fand die Internationale Weltausstellung in Paris statt, und der ägyptische Pavillon war Mariette anvertraut. Es war ein Triumph. In den ägyptischen Tempel ergossen sich Scharen von Besuchern, von denen so mancher, wie ein Kritiker schrieb, aus bloßer Neugier kam, doch nachdenklich wieder ging. Man war beeindruckt von einer Kultur, die diese prachtvollen, in der Ausstellung gezeigten Monumente hervorgebracht hatte. Mariette erhielt den preußischen Roten-Adler-Orden zweiter Klasse und wurde zum Kommandanten der Ehrenlegion befördert.

Doch so glänzend diese Ausstellung war, sie brachte wieder eine Wende in Mariettes Leben. Kaiserin Eugénie war dermaßen von dem ägyptischen Schmuck fasziniert, daß sie Ismail wissen ließ, sie wäre entzückt, wenn man ihn ihr als Geschenk überließe. Ohne seinen guten Geist zur Seite konnte der Pascha nur antworten, es werde ihm ein Vergnügen sein, ihr diesen Wunsch zu erfüllen. Doch setzte er hinzu: »Es gibt jemanden in Boulaq, der mächtiger ist als ich. An ihn müssen Sie sich wenden.« Mme. Cornu, die Ziehschwester des Kaisers, wurde ausersehen, Mariettes Zustimmung einzuholen. Sie formulierte ihr Ansinnen in so deutlichen Worten, daß ihm die Ausflucht, er habe nicht verstanden, abgeschnitten war. Als Gegenleistung offerierte sie ihm außerdem den Direktorsposten am kaiserlichen Druckereiinstitut oder an der kaiserlichen Bibliothek, einen Sitz im Senat oder die Mitarbeit in dem Gelehrtenteam, das Material für des Kaisers Buch *Das Leben Cäsars* zusammentrug. Mariette lehnte ab. Er erklärte Mme. Cornu, so gern er die kostbarsten Altertümer Ägyptens in Frankreich und in Sicherheit wüßte, so sei es doch seine Aufgabe, ihren Verbleib auf ägyptischem Boden zu garantieren und sie gegen alle Ansprüche aus dem Ausland, sogar seiner eigenen Heimat, zu verteidigen. Wenn er heute den französischen Wünschen nachgäbe, wie würde er sich morgen denen der Engländer, und dann der Deutschen und Österreicher, entziehen können?

Das war eine mutige Entscheidung, nicht zuletzt weil Mariette wußte, daß er sich damit Feinde in Frankreich machte, ohne daß es ihm andererseits die Achtung Ismails eintrug. Dieser hielt es wie seine Vorgänger für die wichtigste Funktion der Schätze Ägyptens, daß sie ihm die Freundschaft der Ausländer erkauften.

Die Altertümerverwaltung, die nur unter ganz bestimmten Voraussetzungen funktionierte, fiel allmählich in Ungnade. Mariette mußte feststellen, daß die von ihm verpflichteten Arbeiter von seinen Fundstätten abgezogen und zum Suezkanal beordert wurden. Er verlor sogar das Recht zur Benutzung des Dampfers, der für andere Aufgaben eingesetzt und ihm erst wieder zur Verfügung gestellt wurde, als er mit Rücktritt drohte.

Auch streuten Mariettes Feinde in Kairo das Gerücht aus, er arbeite im Auftrag des Kaisers darauf hin, Ägypten unter französische Herrschaft zu bringen, und seine »Liebedienerei« bei Ismail Pascha habe bedenkliche politische Hintergründe. All jene, die neidisch auf Mariettes Einfluß waren oder durch das von ihm unterstützte Verbot des Antiquitätenhandels finanzielle Einbußen erlitten hatten, nahmen jede Gelegenheit wahr, ihm zu schaden. Schon immer war es ihm nicht leichtgefallen, mit Geld umzugehen. Jetzt konnte man ihm mühelos unterstellen, er habe staatliche Gelder veruntreut. Gegen Buchhalter war er machtlos. Er schrieb damals an einen Freund:

> Je älter ich werde und je weißer mein Bart wird, desto mehr entwickle ich mich zu einem Philosophen. Früher hatte ich immer Perioden der finstersten Verzweiflung, gefolgt von heftigem Zorn. Jetzt fasse ich das Leben eher als von Perioden der Seekrankheit unterbrochene Schiffsreise auf. Bei schönem Wetter gehe ich an Deck und atme die würzige Seeluft. Bei schlechtem kapituliere ich, verkrieche mich im Bett und speie…

Doch gerade der Bau des Suezkanals, der Mariette zeitweise seine Arbeitskräfte gekostet hatte, rehabilitierte ihn bei Ismail Pascha. Die Eröffnung des Kanals sollte ein internationales Ereignis werden, zu dem alle Souveräne und Gelehrten der zivilisierten Welt eingeladen wurden. Ismail war von der Hohen Pforte in den Rang eines Khediven erhoben worden. Er war entschlossen, sein Ansehen beim Sultan weiter zu mehren und die ganze Prominenz Europas mit dem Glanz des alten Ägypten nach Kairo zu locken. Dafür aber brauchte er Mariette. Plötzlich standen wieder Beträge für Grabungen und Veröffentlichungen zur Verfügung. Mariette wurde die alleinige Verantwortung für das Gästeprogramm übertragen. Auch Oberägypten sollte den Besuchern gezeigt werden. Er erhielt sogar Geld zum Druck eines Reiseführers für die hochgestellten Persönlichkeiten. Es war ein glänzender Festakt: Am 16. November 1869 eröffnete Kaiserin Eugénie an Bord der königlichen Jacht »Aigle« den Kanal und segelte dann in vier Tagen von Port Said nach Suez, 68 Schiffe verschiedener Nationalitäten im Gefolge. Zwei Monate lang bewirtete der Khedive seine hohen Gäste aufs üppigste, die sich hierauf mit Mariette auf Tempelbesichtungstour begaben. Mariette schrieb an seinen Sohn: »Ich bin gerade von einer Reise nach Oberägypten, Suez und Sakkara zurück, und zwar in Begleitung so vieler Kaiserinnen und Kaiser und Fürsten und Minister, daß ich nicht mehr weiß, wo mir der Kopf steht. Ich fühle mich wie ausgehöhlt und meine Beine versagen mir den Dienst...«

Doch die Belohnung folgte auf dem Fuße. Kaiserin Eugénie wandte ihm ihre Huld, ja ihr Herz zu. Sie hatte ihm verziehen, daß er ihr die Juwelen verweigert hatte. Der Khedive ernannte ihn zum Kommandanten des Ordens von Medjidieh und verlautbarte öffentlich, Mariette werde 4500 Francs jährlich für die Ausbildung seiner drei Söhne und eine einmalige Summe von 100 000 Francs für seine beiden ältesten Töchter erhalten. Es war eine Zeit schönen, um nicht zu sagen herrlichen Wetters in Mariettes Leben.

Des weiteren wurde Mariette vom Khediven beauftragt, die Story für eine Oper zu liefern, die im Kairoer Theater Premiere haben sollte. Es war eigens zur Eröffnung des Suezkanals erbaut worden. Man wandte sich an die besten und teuersten Komponisten: zuerst Verdi, dann, als daraus nichts wurde, an Gounod, schließlich Wagner. Mariette fühlte sich an seine ersten bühnenbildnerischen Versuche und seinen romantischen Roman erinnert. Von ihm stammte der Einfall zum Plot der »Aida«. Der Entwurf wurde schließlich von Verdi akzeptiert.

Fast ein Jahr lang war Mariette nur mit der Oper beschäftigt. Er fuhr nach Philä, zeichnete die Gebäude als Vorbild für die Kulissen, und kopierte Einzelheiten alter Kostüme und Waffen, die in Tempelkammern, auf Gräbern und Statuen abgebildet waren. Er reiste sogar nach Paris, um sicherzustellen, daß die Bühnenbilder und Kostüme auch wirklich authentisch ausgeführt wurden, mußte aber entdecken, daß die Spezialisten das Heft an sich gerissen hatten. Seine Geschichte war von Camille du Locle überarbeitet und auf Verlangen Verdis ins Italienische übersetzt worden. In jedem Akt hatte es Änderungen gegeben. Die Kulissen und Kostüme waren in Händen professioneller Bühnenbildner, die sich von Mariette nicht dreinreden lassen wollten, und Verdi hatte seine eigenen Vorstellungen von der Musik und ließ sich durch Rücksichten auf Authentizität in nichts davon abbringen. Mariette nahm Abschied von den Kulissen und Kostümen in Paris, das jetzt im Französisch-Preußischen Krieg – er begann im Juli 1870 – belagert wurde.

Die »Aida«-Premiere in Kairo, die am Heiligen Abend 1871 über die Bühne ging, war ein illustres Ereignis, dessen Glanz auch auf Mariette fiel. Es war der Beginn seines letzten Lebensjahrzehnts, das sich von diesem Gipfel aus allmählich in die Niederungen der Krankheit, des Todes der Kinder und der vergeblichen Kämpfe hinabsenkte, die verhindern sollten, daß die Altertümerverwaltung den Launen des Khediven zum Opfer fiel. Zunächst aber wurde Mariette auch im Ausland als große Berühmtheit gefeiert. Ununterbrochen gaben sich bei ihm im Museum in Bulaq hochgestellte Reisende und an der Ägyptologie Interessierte die Klinke in die Hand. 1872 besuchte ihn der Vicomte de Vogue, Diplomat und Schriftsteller:

Er ist ein hochgewachsener Mann, breit gebaut, schon in vorgerückten Jahren, ein athletischer Typ, wie aus Stein gehauen nach dem Muster der Kolosse, über die er Aufsicht führt. Sein stark gerötetes Gesicht wirkte träumerisch und etwas düster ... man hätte ihn leicht für einen türkischen Pascha halten können. Wenn ein Besucher sich durch den Garten näherte, runzelte er als Eigentümer hochmütig und gereizt die Stirn. Er folgte dem Eindringling mit eifersüchtigem Auge wie ein Liebhaber, der einen Fremden das Haus seiner Geliebten, oder ein Priester, der einen Ungläubigen den Tempel betreten sieht.

So eifersüchtig wachte Mariette über die Altertümerverwaltung und das von ihm gegründete Museum, daß er, als de Rougé im Dezember 1872 plötzlich starb und ihm endlich doch die Stellung eines Konservators am Louvre angeboten wurde, ablehnte. Zugleich mit dem Angebot kam die Mitteilung, an der Académie des Inscriptions und am Collège de France sei ein Sitz freigeworden. Man wolle ihm unbefristeten Urlaub gewähren, bis er vor einem eventuellen Antritt der neuen Posten in Bulaq alles Notwendige geregelt hätte. Doch Mariette war der Meinung, um das »Notwendige« in Bulaq zu regeln, sei seine ständige Anwesenheit erforderlich. Nicht nur mußte die von ihm ins Leben gerufene Altertümerverwaltung weiter betreut werden, sondern, was ebenso wichtig war, sie durfte auch nicht unter den Einfluß einer anderen Nation geraten. Deshalb erwiderte er auf das Angebot aus Paris:

Wären Sie damit einverstanden, daß die Ägyptologie, die in Ägypten bis jetzt von einem Franzosen vertreten wurde, plötzlich einen Deutschen als Aushängeschild hätte? Wir kämpfen derzeit hart gegen den deutschen Einfluß in Ägypten, der sich in mancher Hinsicht bemerkbar macht. Glauben Sie wirklich, ich sollte den Deutschen die Wege ebnen und ihnen noch helfen, sich eine der so heißersehnten Positionen in Ägypten zu erobern?

Mariette blieb auf seinem Posten und achtete darauf, daß die Kunstschätze Ägyptens im Lande und unter französischer Kontrolle blieben. Er überredete den Khediven auch, die Schätze des Bulaqer Museums nicht zur Weltausstellung 1873 nach Wien zu schicken. Er wußte nur zu gut: Wenn eines der Kunstwerke dem österreichischen Kaiser besonders ins Auge stach, würde es Ismail schwerfallen, dem Kaiser einen entsprechenden Wunsch abzuschlagen.

Als der amerikanische Generalkonsul offiziell um die Genehmigung bat, einen Obelisken exportieren zu dürfen, und die Anfrage an Mariette zur Stellungnahme weitergeleitet wurde, ließ dessen Antwort erkennen, daß er, seit er das Ansinnen der Kaiserin abgelehnt hatte, in seiner Haltung nicht wankend geworden war:

Es gibt zwei Museen in Ägypten. Das eine ist das in Bulaq, das andre ist Ägypten in seiner Gesamtheit. Es stellt mit seinen Ruinen, die sich auf beiden Ufern des Nils vom Delta bis zum Zweiten Katarakt hinziehen, das schönste Museum der Welt dar... Warum sollte man den Wert dieses Zweiten Museums vermindern, da doch jeden Winter die ganze Welt hierherkommt, um es zu bestaunen? Allen Museen liegt ein universell gültiges Prinzip zugrunde. Es besagt, daß ein Museum nehmen, aber niemals geben darf. Würde Ägypten die Venus von Milo aus dem Louvre verlangen oder den Stein von Rosette aus London oder irgendein Stück aus der Abbott Collection in New York: Niemand würde etwas herausrücken. Warum sollte sich Ägypten anders verhalten?

Es kamen die Jahre, in denen Ägypten in ein finanzielles Chaos schlitterte. Mariette kämpfte wie ein Löwe für das Bulaqer Museum und die Altertümerverwaltung. 1875 tagte die erste von Großbritannien und Frankreich gemeinsam bestellte Kommission, die die finanzielle Situation des Landes durchleuchten sollte. Zwei Jahre später trat das System der »dualen Kontrolle« in Kraft, bei dem ein englischer Beamter die Einkünfte des Landes und ein französischer seine Ausgaben kontrollierte. Ismail ertrug diese Bevormundung nicht lange und organisierte einen Militärputsch in Kairo. Die europäischen Mächte wandten sich an seinen türkischen Oberherrn um Unterstützung. Am 26. Juni 1879 erhielt Ismail ein Telegramm vom Sultan, in dem er als Ex-Khedive tituliert wurde. Sein Sohn Taufik wurde zum Nachfolger bestimmt.

Jetzt hieß es für Mariette und das Museum plötzlich, Budgets einzuhalten und Bilanzen zu erstellen. Doch das Mariette zur Verfügung stehende Geld wurde zwar reduziert, aber es wurde wenigstens regelmäßig überwiesen, noch dazu in Form von soliden Guineen und nicht staatlichen Schuldverschreibungen. Mariette konnte weiter mit seinem Schiff, der »Manchieh«, unterwegs sein. Doch die Intensität der Grabungen nahm ab, und Mariettes sich verschlechternder Gesundheitszustand erschwerte ihm seine Aufsichtspflichten. In seinen letzten Monaten reorganisierte er das Museum und versuchte Vorkehrungen zu treffen, daß nach seinem Tod der französische Einfluß auf die Ägyptologie nicht zurückging. Sehr wahrscheinlich würde Heinrich Brugsch, sein enger Freund und Kollege, sein Nachfolger werden. Daher stimmte Mariette widerstrebend einem Plan zu, eine französische archäologische Mission in Kairo zu errichten, in der Ägyptologen und Arabisten gemeinsam die französische Stellung halten sollten für den Fall, daß der entscheidende Posten des Museumsdirektors Frankreich verlorenging. Anfang Januar 1881 trafen die Mitglieder der Mission in Kairo ein.

Mariette starb am 18. Januar 1881. Er erhielt ein Staatsbegräbnis und wurde im Garten des Bulaqer Museums bestattet, gleich beim Eingangsportal. Daß das Museum zur weltgrößten und umfassendsten Sammlung ägyptischer Kunst wurde, ist allein das Verdienst Mariettes. Die Regierung stellte sicher, daß bei einem späteren Umzug des Museums Mariettes sterbliche Überreste folgten. Heute liegen sie in einer Gruft aus Granit und weißem Marmor. Daneben steht eine Bronzefigur mit der Inschrift:
A MARIETTE-PASHA L'EGYPTE RECONNAISSANTE.

7

Sentimentale Archäologie

Es waren die Jahre der französischen Archäologie-Suprematie im Niltal. Während Auguste Mariette, Direktor der Ägyptischen Altertümerverwaltung, wohlgefällig zusah, wie sein Schatz sich mehrte, oder königliche Hoheiten durch seine Fundstätten führte, verbrachte der Begründer der britischen Archäologie seine Tage in einem Zimmerchen in der Südwestecke der Ninive-Galerie des Britischen Museums.

Dr. Samuel Birch war nicht besonders empfindsam, doch von einem Gefühl dauernder Unsicherheit gequält, wie es die ersten Archäologen, die gegen das bedrückende Klima und den zähen Boden Ägyptens ankämpfen mußten, empfunden haben mochten. Trotz dieses Unbehagens war Birch Herr über eine ansehnliche Sammlung Artefakte, deren jedes er mit eigener Hand registrierte. Er veröffentlichte über 300 Arbeiten, hielt überall Vorträge über Ägyptologie und unterhielt eine lebhafte, weltweite Korrespondenz mit Fachkollegen.

Außer fünf Jahren an der Merchant Taylors' School, die er 1831 mit 18 Jahren verließ, hatte Samuel Birch keine geregelte Ausbildung genossen. Das ist einigermaßen überraschend, war doch sein Vater Mathematiker und Altphilologe und wurde ans St. John's College, Oxford, berufen, bevor er in den Kirchendienst trat. Möglicherweise wurde Samuel von einem Universitätsstudium durch ein frühzeitiges Interesse am Chinesischen und die Hoffnung auf einen Posten in China abgehalten.

Samuel demonstrierte seine Fähigkeiten in seiner ersten Stellung am Britischen Museum, wo er die chinesischen Münzbestände katalogisieren mußte. Er war, wie man es damals nannte, Assistent in der Abteilung für Altertümer, die unter der Leitung von Edward Hawkins stand. Sie enthielt fast alle Kollektionen, die heute das Britische Museum ausmachen: ein gewaltiges Magazin der unterschiedlichsten Objekte, wobei die griechische und römische Sammlung als die wertvollste galt. Die Altertümer aus Ägypten zählte man noch nicht zu den eigentlichen Kunstwerken, aber auch nicht mehr zur Völkerkunde. Dazu waren sie nicht primitiv genug. Das Problem war, daß niemand die Qualifikation besaß, sie richtig zu bestimmen und zu klassifizieren. Hawkins beschloß, den energischen jungen Birch auf diese Fährte anzusetzen.

Er fand einen willigen Schüler. Schon 1838 verstand Birch so viel von Hieroglyphen, daß er einen Aufsatz über ein Sargfragment, das Vyse und Perring dem Museum geschenkt hatten, ja sogar einen Artikel für ein Hieroglyphen-Wörterbuch verfassen konnte. Eine Zeitlang hatte er Zweifel, ob Champollions System das richtige war. Doch bald erkannte er, daß Champollion im Recht und seine Gegner im Unrecht waren.

Die nützlichste Arbeit, der sich Birch zu dieser Zeit widmete, war die Publikation von Papyri. Ursprünglich hatten die Kuratoren des Museums darauf bestanden, daß alle Papyri als handgeschriebene Dokumente zur Handschriftenabteilung gehörten, auch wenn sie dort niemand lesen konnte. Da aber Birch sie unbedingt für seine Altertümerabteilung beanspruchte, wurden die »Hieroglyphen-, hieratischen und demotischen Papyri« im Mai 1840 seinem Ressort zugeschlagen. 1841 erschien der erste Teil des Buches *Ausgewählte Papyri in hieratischer Schrift.* Es war ein Werk, das Birch zusammenstellte und für das er auch als Herausgeber zeichnete. Mit ihm begann sein lebenslanger Kampf, die im Besitz des Museums befindlichen Texte der Gelehrtenwelt zugänglich zu machen.

Birch gelangte in dieser Welt zu internationalem, unangefochtenem Ruf. Zwar hatte er niemals einen Fuß auf ägyptischen Boden gesetzt, doch wurde er ständig von Verlegern der Fachzeitschriften um Gutachten für Aufsätze über ägyptische Archäologie gebeten, und mußte bei Übersetzungen, Vorbereitungen von Reden und Manuskriptkorrekturen helfen. Vor allem belagerten ihn Antiquitätenhändler, die eine Expertise für ihre Waren wünschten.

Ursprünglich war die beste Garantie für die Echtheit eines ägyptischen Kunstwerks die Tatsache, daß es ausgegraben worden war. Museen und Monarchen, staatliche Stellen und Privatpersonen hatten Expeditionen einzig mit der Absicht ausgerüstet, Schätze zu erwerben, deren Ursprung über jeden Zweifel erhaben war, hatte man sie doch direkt aus der Erde geholt. Doch Mitte des 19. Jahrhunderts hatten die Grabungen einen solchen Umfang angenommen und so viele Fundstücke den Markt überschwemmt, daß der leichtere Weg der Kauf beim Händler war. Dafür waren nun andere Qualifikationen als die des Archäologen vor Ort erforderlich. Es galt jetzt nicht mehr zu entdecken, sondern zu prüfen, und das zu einer Zeit, als die Talente der Fälscher schon hochentwickelt waren. »Skarabäen« z. B. wurden zu Hunderten in den Hinterzimmern der Geschäfte in Luxor produziert. Sie wurden sehr geschickt mit einer Glasur überzogen, die man aus in Mumienbinden gefundenen, zerstoßenen Perlen herstellte. Ein Trick verschaffte ihnen außerdem die Patina hohen Alters. Man gab sie Truthähnen zu fressen, deren Verdauung sie fast genauso färbte wie ein paar tausend Jahre unter der Erde.

Birch hatte anscheinend einen besonderen Instinkt für Fälschungen, vielleicht weil er so viele Jahre mit den Originalen umgegangen war. Gegen sein fachmännisches Urteil war kaum eine Berufung möglich, und er wurde von Käufern und Händlern als Autorität akzeptiert. Das Zimmerchen in der Ninive-Galerie wurde unentbehrlich, wenn es um die Feststellung der Authentizität von Waren für einen aufstrebenden Markt ging, und Birch konnte sich oft vor Kunden gar nicht mehr retten.

Sein Urteil war auch in einer Angelegenheit gefragt, die die Gemüter zunehmend erhitzte. Alle an Beweisen und Demonstrationen für die Unfehlbarkeit der Bibel Interessierten beobachteten die Veröffentlichungen über die ägyptischen Entdeckungen mit Argusaugen. In der ersten Hälfte des 19. Jahrhunderts sprang die Kritik deutscher Gelehrter, die die Historizität des Alten Testaments anzweifelten, nach England über. Vorläufig war das noch nicht so tragisch, teils weil das kirchentreue Publikum sich um pedantische ausländische Gelehrte wenig kümmerte, teils weil an den Aussagen der Bibel selbstverständlich nicht zu rütteln war. 1830 predigte Dr. Thomas Arnold, der christliche Glaube, »Führer und Trost unseres Lebens«, dürfe nicht mit »Fragen der Wissenschaft, der Geschichte und der Sprachkritik« verquickt werden. Er fügte hinzu, man verstehe die Bibel falsch, wenn man sie als Buch betrachte, »dessen Teile alle die gleiche Geltung beanspruchen können ... und wie der Koran in ein und derselben Zeit verfaßt und an Personen mit gleichem sozialen Hintergrund adressiert worden sind«.

Dem Earl of Bridgewater schien aber die Unruhe in der Bevölkerung besorgniserregend genug, um 1839 der Royal Society eine große Summe Geldes zu spenden. Dafür sollten Theologen und sonstige Wissenschaftler Abhandlungen schreiben und beweisen, die christliche Religion vertrage sich durchaus mit den neuen Entdeckungen der Wissenschaft. Einer der Gelehrten, der eine »Bridgewater-Abhandlung« verfaßte, war der Geologe William Buckland. Er erklärte, die Bibel mache »keine historischen Angaben über das gesamte Schöpfungswerk Gottes«. Das von der Geologie ermittelte Alter der Erde und die Entwicklungen, die auf dieser stattgefunden hatten, zeigten, daß die Zeitrechnung der in der Genesis dargestellten Schöpfung mit den Ergebnissen der Wissenschaft nicht vereinbar sei.

Religiöse Verlage stürzten sich ins Getümmel und publizierten Bücher, die archäologische Beweise zur Stützung der wankenden Autorität des Alten Testaments anführten. In den 50er Jahren des Jahrhunderts veröffentlichte William Osburn, Mitglied des Archäologischen Instituts, drei Bücher und verwertete die Wandmalereien ägyptischer Gräber, um zu belegen, daß die Israeliten wirklich dort gelebt hatten. Kanonikus George Rawlinson, der demnächst Camden-Professor für ältere Geschichte in Oxford werden sollte und eine zweibändige *Geschichte des alten Ägypten* schrieb, wies darauf hin, die moderne Geschichtswissenschaft habe bewiesen, daß man die Feldzüge Cäsars unmöglich auf gleiche Stufe mit den Taten des Romulus stellen könne. Aber, so meinte er, das könne man nicht so einfach auf das Buch Genesis übertragen, denn es ergebe sich zwingend aus der Chronologie der Bibel, daß zwischen Abraham und Mose nur fünf Geschlechter gelebt hätten. Also »dürfte Mose die Geschichte Abrahams und sogar der Sintflut durch mündliche Überlieferung erfahren haben, demnach aus dritter Hand, und die der Versuchung und des Sündenfalls im Paradies aus fünfter Hand«. Er schloß: »Wir besitzen im Pentateuch nicht nur den authentischsten Bericht über das Altertum, der uns überkommen ist, sondern eine absolut und in jeder Hinsicht zuverlässige Darstellung.«

Im selben Jahr erschien in England der letzte Teil eines fünfbändigen Werkes, das Rawlinsons selbstgewisses Urteil in Frage stellte. In seiner großen Arbeit *Ägypten und die Weltgeschichte* unternahm es Baron Christian von Bunsen, auf dessen Rat König Friedrich Wilhelm IV. von Preußen Lepsius nach Ägypten geschickt hatte, eine »authentische Chronologie Ägyptens« aufzustellen und »der Geschichte der Alten Welt, die so lange krank darniederlag, neues Leben einzuhauchen«. Die Bücher sind in schwerfälligem, wirrem Stil geschrieben. Sie wären wohl spurlos aus dem Gedächtnis des Publikums verschwunden, hätten sie nicht die Authentizität der Bibel und ihre Chronologie angetastet. Kirchenmänner zogen Bunsens Gedanken ebenso eifrig ins Lächerliche wie Atheisten auf sie schworen. Die Bücher bekamen in England zusätzliches Gewicht durch die Unterstützung Birchs, der mit Ratschlägen an den Autor nicht gespart und sogar das Kapitel »Grammatik und Wörterbuch der ägyptischen Sprache« geschrieben hatte, das in Band V erschien.

Bald sah sich die etablierte Kirche Erschütterungen durch Angriffe auf ihre Dogmen von außen und innen ausgesetzt: von außen im Namen des Darwinismus, von innen im Namen des Fortschritts. 1860 spaltete ein Buch mit sieben Abhandlungen, *Essays and Reviews*, in dem die Freiheit der Forschung, auch in bezug auf das religiöse Dogma, gefordert wurde, die Christen in zwei sich heftig befehdende Lager. Die Verfasser sprachen davon, daß sich die Church of England die in Deutschland längst Allgemeingut gewordenen Standards der Bibelkritik zu eigen machen sollte, die literarkritische Analyse und die sich aus den archäologischen Funden ergebenden Perspektiven auf den Text der Bibel anwandte.

Da es um so schwerwiegende Fragen ging, ist nicht verwunderlich, daß die Gemeinschaft der Gläubigen nach Verbündeten Ausschau hielt. Massive Zeugen der alten Geschichte standen ja stumm in den Ägyptischen Sälen des Britischen Museums, und die Besucher strömten und verlangten von Birch, er solle ihnen ihre Zweifel beheben und ihnen die zwanzig Silberstücke zeigen, für die Joseph in die Sklaverei verkauft wurde, oder die Bibliothek, die, wie das Gerücht ging, mit der Arche Noah gerettet worden war. Je mehr die Daten der ägyptischen Funde die Daten der »autorisierten Ausgabe« in Frage stellten, desto hartnäckiger klammerte man sich an die Chronologie der Bibel, und Birch wurde von Fanatikern um Auskünfte über jedes in der Bibel berichtete Ereignis bestürmt.

1860 wurde er zum Konservator der orientalischen Altertümer ernannt. Es war auch das Jahr der *Essays and Reviews* und der Oxford-Diskussion über Darwins Theorien. Es leitete ein Jahrzehnt ein, in dem die Schlacht zwischen Wissenschaft und Religion in England mit besonderer Erbitterung ausgefochten wurde. Kein Wunder, daß Birch von beiden Seiten bestürmt wurde, sein Gewicht in die Waagschale zu werfen. Die Bibel machte spezielle Angaben über Ägypten und die ägyptische Geschichte, und jene, die für die Sache der Unfehlbarkeit der Bibel stritten, erwarteten von den ägyptischen Ausgrabungen eine Bestätigung der Schrift, während die Gegner nach Widerlegungen Ausschau hielten. Es bestand bei den Ägyptologen (der Begriff ist erstmals für das Jahr 1859 verbürgt) die Tendenz, die Kultur des alten Ägypten als Höhepunkt in der Entwicklung der Menschheit aufzufassen, von dem an es ständig abwärts gegangen sei.

Ein Aspekt des Lebens im alten Ägypten, der mehr nach dem Geschmack der Bibelgelehrten war, wurde von Birchs jüngerem Kollegen Reginald Stuart Poole aufgegriffen, und zwar in seinem 1863 veröffentlichten Beitrag zu Smith' berühmtem *Wörterbuch der Bibel*:

Die alten Ägypter waren ihrem Wesen nach fromm und kontemplativ veranlagt, doch auch sehr zum Aberglauben geneigt; vaterlandsliebend, die Frau achtend, gastfreundlich, bescheiden, doch mitunter verschwenderisch, unehrlich, diebisch, verräterisch, kriecherisch und aufgrund ihres Rassenstolzes voreingenommen, jedoch nicht unfreundlich gegenüber Fremden.

Ihre Religion sei eine Art Fetischismus gewesen, die niedrigste Form der Naturreligion, so fährt Poole fort, und auch von ihrem politischen und gesellschaftlichen System hätten sich die Israeliten wirklich nichts abschauen können: »Die Vorstellung, das Recht sei eine Erfindung der Ägypter, ist eins der schlimmsten Beispiele für die Gedankenlosigkeit moderner Wissenschaftler.«

Birch scheint mit seinen Argumenten in dieser Diskussion sehr vorsichtig gewesen zu sein. Obgleich der Sohn eines Pastors, sprach er niemals von seinem Glauben. Er hatte einfach zuviel zu verlieren, um öffentlich gegen die Kirche Stellung zu nehmen, mochten ihm auch die Ansichten ihrer reaktionäreren Mitglieder schwer auf die Nerven gehen. Im November 1870 vollzog er jedoch einen Schritt, der jeden Zweifel, welcher Partei er zuneigte, ausräumen mußte. Er setzte sich mit Bonomi, damals Konservator am Soane-Museum, zusammen und gründete mit ihm die »Gesellschaft für biblische Archäologie«. Deren Ziele waren:

> ... Untersuchungen der Archäologie, Chronologie, Geographie und Geschichte des alten und neuen Assyrien, Arabien, Ägypten, Palästina und anderer Länder der Bibel, Förderung des Studiums der Altertümer dieser Länder und kontinuierliche Berichterstattung über Entdeckungen, die heute oder in den nächsten Jahren gemacht werden.

Birch wurde erster Präsident der Gesellschaft. Im Vorstand saßen auch sechs Kleriker. Später zählten zu ihren Vizepräsidenten unter anderen Gladstone, Lord Halsbury und Dekan Stanley.

Versuchte man ihn auf seine eigene religiöse Überzeugung festzunageln, pflegte Birch nur zu sagen: »Ich glaube an die Wissenschaft und die Religion an sich.« In seiner Ansprache als Präsident, die er am 21. März 1871 vor der Gesellschaft hielt, gab er einen Überblick über die Fortschritte auf den genannten Gebieten und sprach von der Aufgabe, die Ergebnisse der Wissenschaft im Bereich der semitischen Archäologie weiter zu verbreiten, »nicht nur in Beziehung auf biblische Themen, sondern auch auf die Geschichte der großen Völker Zentralasiens, die in den Anfängen der Zivilisation eine so große Rolle gespielt haben und so eng mit den Traditionen und Geschicken Westeuropas verknüpft sind«. Früher habe man von diesen Völkern nur durch ihre heiligen Schriften oder über die antiken griechischen Schriftsteller gewußt, doch die Entdeckungen der Archäologie und besonders auch der Sprachwissenschaften machten es möglich, »Einblicke in die ältesten Epochen dieser großen Völker zu nehmen und ihre Monumente zu untersuchen«. Birch schlug sich offenbar vorsichtig, aber für einen Konservator der orientalischen Altertümer doch ziemlich überraschend, auf die Seite der heiligen Schriften.

Hat man einmal die alten Denkmäler analysiert, so meinte er, kann man »die gewonnenen Informationen anhand der aus den heiligen Schriften und der griechischen und römischen Geschichte bekannten Daten überprüfen«.

Also kein Grund für die konservativen Bischöfe, Alarm zu schlagen. Auch als Birch erklärte, die Fortschritte der ägyptischen Archäologie seien so groß, daß es von jetzt an unmöglich sein dürfte, die Geschichte des Alten Testaments richtig ohne Berücksichtigung der damaligen Monumente Ägyptens darzustellen, zuckten sie wahrscheinlich nur wegen der ungewöhnlichen Wortstellung in diesem Satz zusammen. Und die kritischen Bibel-Exegeten, die zunehmend an Einfluß gewannen, schöpften gewiß Hoffnung angesichts der Zielsetzungen der »Gesellschaft für biblische Archäologie«: »Ziel ist die Archäologie, nicht die Theologie. Aber sie wird der Theologie bedeutsame Hilfestellung geben.« Der Gesellschaft kam es nicht darauf an, die Bibel zu bestätigen oder zu widerlegen. Ihre Arbeit und ihre Veröffentlichungen bezogen sich auf geographische, sprachwissenschaftliche und archäologische Themen und gingen so sehr ins einzelne, daß sie Munition für keine Seite bereitstellten.

Während in England selbst auf dem Gebiet der Ägyptologie eifrig weitergeforscht wurde, waren die Engländer am Nil vor allem durch Reisende und Originale, die sich dort vorübergehend niederließen, vertreten, weniger durch professionelle Archäologen. 1861 reiste Lady Lucie Duff Gordon stromaufwärts nach Theben und notierte, »es sei zu einem englischen Hafen geworden. Neun Boote liegen dort, und der große Sport ist, den Nil so schnell wie möglich auf- und abzufahren.« Ladie Lucie machte es sich zur Gewohnheit, die Winter in Luxor zu verbringen, wo sie das Maison de France mietete. Es war 1815 von Henry Salt erbaut, von Belzoni bei seinen Ausgrabungen in Theben benutzt (es stand zum Teil auf dem Dach des Tempels) und 1820 an die Franzosen verkauft worden. Auch Champollion und Rosselini logierten später auf ihrer gemeinsamen Expedition darin. Es hatte also illustre Bewohner gehabt, konnte jedoch kaum als luxuriös bezeichnet werden. In einem Brief von 1867 erwähnte Lucie, die eine Hälfte sei in den Tempel darunter weggesackt. Trotzdem wurde es zu einem Zentrum für britische Touristen, besonders nachdem Lucies Briefe in die Heimat 1865 veröffentlicht worden waren.

Vornehme Gäste waren zu begrüßen: Edward Lear meldete sich an, um eine Zeichnung des »Französischen Hauses« für Lucies Gatten anzufertigen, und 1869 erhielt sie Besuch vom Prinzen und der Prinzessin von Wales. Lucies Stärken lagen eher in der Beobachtung und Beschreibung des modernen ägyptischen Alltags als in der Erforschung des alten, doch spielte sie auch eine bescheidene Rolle bei der Weiterverbreitung von Kunstschätzen. Sie kaufte sie und schickte sie ihrer Familie als Geschenk.

1870 wurde ein regulärer Schiffsdienst zwischen Italien und Alexandria eingerichtet. Der Trip dauerte nur dreieinhalb Tage – die römischen Galeeren hatten sechs gebraucht. Im gleichen Jahr wurden im Kairoer Konsulat 300 amerikanische Touristen registriert, die zweifellos durch Mark Twains soeben erschienenes Buch *Die Arglosen im Ausland* zu ihrer Reise animiert worden waren. Shepheard's Hotel in Kairo florierte und organisierte regelmäßige Ausflüge zu den Pyramiden.

Eine zufällige Touristin der 70er Jahre des Jahrhunderts sollte zur Mutter der britischen Ägyptologie werden. Amelia Ann Blandford Edwards war die Tochter eines Offiziers, der unter Wellington im Peninsular War (1808 – 1812) gedient hatte. Sie besaß ein frühreifes literarisches Talent und schrieb ihr erstes gedrucktes Gedicht im Alter von acht Jahren. Für die »Saturday Review«, »Chamber's Journal«, »Household Words«, »The Morning Post« und »The Academy« verfaßte sie eine unübersehbare Menge von Artikeln, schrieb populäre Bücher über Geschichte und Kunst und reüssierte schon früh auch mit einigen Romanen. Von dieser Schriftstellerei konnte sie bequem leben und reisen. 1873 begab sich Amelia auf Europatour, doch regnete es unaufhörlich, und sie wich südwärts aus, der Sonne entgegen. Eigentlich ganz zufällig gelangte sie so nach Ägypten, wie sie in ihrem Buch *Tausend Meilen nilaufwärts* berichtet: »... die Wahrheit ist, wir waren mehr oder weniger zufällig hierhergeraten,

Amelia Edwards, deren Buch 1000 Meilen nilaufwärts *zum Klassiker wurde.*

ohne geschäftliche, gesundheitliche oder sonstige wichtige Gründe, und hatten in Ägypten Zuflucht gesucht, so wie man sich bei Regen in der Burlington Arcade oder der Passage des Panoramas unterstellt.«

Aus der »Zuflucht« wurde Besessenheit. Zuerst ergriff die Leidenschaft der Jagd nach Altertümern von Amelia Besitz. In Sakkara fiel ihr auf, daß der Boden über und über mit Tonscherben, Marmor- und Alabasterfragmenten bedeckt war. Sie wühlte im Sand nach Schätzen, fand aber nur den obligatorischen Kopf mit abgeschlagener Nase im Schutt und in den gebleichten Knochen: »Und dann wird uns plötzlich mit einem Schock, den die Schreiberin jedenfalls nicht so bald vergessen wird, klar, daß diese überall herumliegenden Knochen Menschenknochen, daß diese Leinenfetzen Reste von Leichenhemden sind und daß die seltsamen braunen Klumpen dort drüben einmal lebendiges Fleisch waren!«

Sie staunte, wie schnell sie ihren Ekel überwand und bald ebenso abgebrüht wie ein berufsmäßiger Leichenräuber in den alten Überresten herumstocherte. Die Jagdleidenschaft in bezug auf Reliquien war ebenso ansteckend wie die Gefühllosigkeit dabei. Amelia berichtet, das vorherrschende Motiv damaliger Ägyptenreisender sei die skrupellose Gier nach Altertümern gewesen:

Die meisten Ägyptenreisenden würden bei Befragung ähnliche Erfahrungen zugeben müssen. Zuerst sind sie geschockt und verwahren sich entsetzt gegen die Praxis des Gräberausräumens, sei sie legal oder räuberisch. Dann aber entwickeln sie eine Vorliebe für Statuen in Tempeln und Gräbern und kaufen eifrig den Nachlaß der Toten. Schließlich vergessen sie alle früheren Skrupel und wünschen sich nichts sehnlicher als selbst ein Grab zu finden und auszuschlachten.

Grabungsarbeiten bei Theben in einer Zeichnung von Amelia Edwards.

In Theben brauchte man nicht selbst im Boden zu wühlen. Händler brachten die Schätze zu Amelia aufs Schiff, ernste Männer in langen schwarzen Gewändern, die aus versteckten Taschen Beutel mit Skarabäen und Dutzende von Grabfiguren hervorzauberten. Die meisten Angebote waren Fälschungen, doch arbeiteten Ausgräber, Händler und Fälscher zusammen. Nur die Ausgräber und Händler arbeiteten illegal, da sich das gesetzliche Ausgrabungs- und Handelsverbot lediglich auf authentische Altertümer bezog. Die Fälscher hatten, falls sie entdeckt wurden, nur die Ungnade der Touristen zu fürchten. Und solche Entdeckungen waren zur Zeit von Amelias Besuch noch eine Sache der Experten.

Das Leben in Theben war voller Widersprüche. Am Vormittag besichtigte man kunstbeflissen die Tempel, am Nachmittag jagte man nach verbotenen Schätzen: »Ich möchte sagen, daß unser Leben hier ein einziges großes Jagdvergnügen war. Sicher, das

Spiel war nicht erlaubt. Aber wir genossen es trotzdem und um so mehr, gerade weil es illegal war.«

Mariettes Ausgrabungen gingen auch während Amelias Aufenthalt in Ägypten weiter. Es gab eine Anordnung, daß alle gefundenen Mumiensärge ungeöffnet ins Museum nach Bulaq geschickt werden mußten. Eines Morgens hörte Amelia, jenseits des Stroms treffe man gerade Anstalten, ein neues Grab zu öffnen. Unverzüglich sprang sie in ein Boot, um Zeugin der Entdeckung zu werden. Das Grab lag in der Nähe des Ramesseums, und als sie ankam, war schon der Gouverneur da und schaute den Ausgräbern zu, die drunten in der Grube einen noch halb versunkenen Mumiensarg vom Sand säuberten. Amelia beobachtete gespannt, wie der mit Hieroglypheninschriften bedeckte Sarkophag in Gestalt eines Menschen mit über der Brust gekreuzten Händen langsam sichtbar wurde. Der Deckel wurde abgehoben. Drinnen lag die Mumie, zu ihren Füßen ein kleines Holzkästchen. Es wurde dem Gouverneur überreicht, der es, ungeöffnet, auf die Seite legte. Jetzt wurde der Mumiensarg hinaufgehoben:

Man empfand eine Art Schock. Die Mumie lag noch genauso da, wie die Trauernden sie zurückgelassen hatten. Dann wurde sie von rohen Händen herausgenommen, untersucht, und vielleicht mutwillig zerstört, weil sie nicht wert war, eine Nische in der Bulaqer Sammlung zu füllen. Sind diese Mumien einmal in einem Museum aufgestellt und katalogisiert, besichtigt man sie als Exponate und vergißt, wie erschütternd menschlich sie wirkten, als sie tief unten im Grab vom Licht der Morgensonne getroffen wurden.

Während Amelia selbst nicht den Wunsch empfand, eine Mumie zu besitzen, beschrieb sie, wie die Reisenden am Nil mit wachsender Leidenschaft zu Mumienjägern wurden. Fünfzehn Mumien waren in diesem Winter in Alexandria schon am Zoll vorbeigeschmuggelt worden. Und obwohl auch Amelia kurz nach ihrer Ankunft vom Antiquitätenfieber befallen worden war, beendete sie ihre Ägyptenreise mit der sich selbst gegebenen Verpflichtung, die Kunstwerke dem Land zu bewahren. Sie bewunderte das Museum in Bulaq und seine Gründer, vor allem Mariette, und bedauerte, daß die Paschas in ihrer Gleichgültigkeit den

Export so vieler Schätze in die Museen Europas und Amerikas zugelassen hatten. Die in Bulaq verbliebenen Bestände waren meist Privatleute darstellende Figuren, Grabplatten, Amulette und persönliche Habseligkeiten:

Das Museum verfügt leider über weit weniger Kolossalstatuen der Art, wie sie die großen Säle des Britischen Museums, des Turiner Museums und des Louvre füllen. Denn solche Statuen befanden sich über dem Erdboden und waren relativ selten, so daß sie zum größten Teil längst abgeholt und nach Europa gelangt sind. Die Statuen in Bulaq dagegen stammen nur aus Gräbern.

Mariette hatte in seinem Reiseführer für die zur Eröffnung des Suezkanals angereisten Besucher darauf hingewiesen, das Grab des Ti bei Sakkara habe in den zehn Jahren seit seiner Entdeckung durch den Tourismus mehr gelitten als in den vorangegangenen 6000 Jahren. Er hatte seine Leser gebeten, »auf die kindische Angewohnheit, die Namen auf die Denkmäler zu kritzeln, zu verzichten«. Amelia gestand, ihren Namen auf die Innenwand des Eingangsportals von Abu Simbel gemalt zu haben. Doch schämte sie sich dieser Entgleisung jetzt und bereute den angerichteten Schaden:

Das ist das Schicksal aller ägyptischen Denkmäler, ob groß oder klein. Die Touristen verunzieren sie mit Namen und Daten, manchmal auch mit Karikaturen. Der Student der Ägyptologie, der Abdrücke mit feuchtem Papier macht, wischt jede Spur der ursprünglichen Farbe ab. Der »Sammler« kauft und schleppt alles weg, dessen er habhaft werden kann. Und der Araber stiehlt für ihn. Das Werk der Zerstörung schreitet unaufhaltsam fort. Niemand hindert es, niemand schiebt einen Riegel vor. Tagtäglich werden neue Inschriften verstümmelt, neue Gräber geplündert, neue Gemälde und Skulpturen verunstaltet.

Es war höchste Zeit, Ägypten mit missionarischem Eifer zu Hilfe zu kommen, und Amelia Edwards verfügte über die für diese Rolle erforderliche Energie, Ausdauer und Zielstrebigkeit. Gleich nach ihrer Rückkehr nach England im Jahre 1875 nahm sie Briefkontakte zu den führenden Ägyptologen auf, teils um die Sache, der ihre Hilfe galt, besser kennenzulernen, teils um schon Einfluß auf sie zu gewinnen.

Die Archive des Britischen Museums aus dieser Zeit enthalten die regelmäßigen Briefe Amelias an Samuel Birch. Birchs Antworten sind nicht erhalten, doch müssen sie schnell erfolgt und hilfreich gewesen sein, sonst wäre keine ausgedehnte Korrespondenz entstanden. Nicht alle Fragen Amelias bezogen sich auf wissenschaftliche Probleme. Sie lag Birch auch in den Ohren, ihr beim Erwerb weiterer Papyri behilflich zu sein. Damit wollte sie die kleine Sammlung tragbarer Artefakte ergänzen, die sie aus Ägypten herausgeschmuggelt hatte.

Bald stellte sich heraus, daß Amelia die ägyptischen Schätze nicht nur vor dem Zugriff des Thronerben Mustafa Ali, sondern auch des Britischen Museums retten wollte. Kein Wunder, daß sie damit bei Samuel Birch auf keine große Begeisterung stieß. Er soll geäußert haben, seine Zeit sei ihm für »sentimentale Archäologie« zu schade. So nannte er jede archäologische Tätigkeit, die nicht in erster Linie dem Britischen Museum nützte. Als ihn Amelia brieflich um seine Unterstützung bei der Gründung des »Vereins zur Erforschung Ägyptens« bat, der sich die Aufgabe stellte, den Verbleib der Monumente Ägyptens im Land zu sichern, lehnte er ab:

Meine Antwort hat so lange auf sich warten lassen, weil es mir schon immer schwergefallen ist, dem Staat Subventionen für Ausgrabungen zu empfehlen, deren Funde Eigentum des ägyptischen Staates werden und die Bestände des Boulaqer Museums vergrößern. Ich kann daher das Papier, das Sie mir geschickt haben, leider nicht unterzeichnen.

Doch Amelia ließ sich nicht abschrecken. Als engen Verbündeten, manche sagen auch als den eigentlichen Urheber ihrer Pläne, gewann sie Reginald Stuart Poole, der einen Beitrag zu Smith' *Wörterbuch der Bibel* verfaßt hatte. Er war Neffe Edward Lanes, des Autors von *Sitten und Gebräuche der modernen Ägypter.* Lane hatte sich teilweise der Ausbildung Pooles angenommen und schon früh in ihm das Interesse an ägyptischen Altertümern und orientalischen Münzen geweckt. Nach der Veröffentlichung eines Buches über die Zeitrechnung des alten Ägypten erhielt Poole 1852 im Alter von 20 Jahren eine Anstellung bei der Abteilung für Altertümer im Britischen Museum. 1866, als die Abteilung geteilt und Birch Leiter der Abteilung für orientalische Altertümer wurde, wechselte Poole zur neugegründeten Abteilung für Münzen und Medaillen über. Dennoch schrieb und dozierte er weiter über größere Zusammenhänge der ägyptischen Geschichte, u.a. auch über ihre Bedeutung für die Erforschung der Bibel. Poole erkannte klar, daß die Anziehungskraft der ägyptischen Archäologie damals fast ausschließlich auf ihrer Eignung beruhte, Licht auf die strittigen Fragen der Bibelkritik zu werfen. Sie vermochte die Phantasie des Publikums noch nicht von sich aus zu beschäftigen, galt auch in akademischen Kreisen noch nicht als eigenständige Wissenschaft.

Poole und Amelia wandten sich an die verschiedensten einflußreichen Persönlichkeiten, Laien und Geistliche. Ihr wichtigster Gefolgsmann wurde Sir Erasmus Wilson, berühmter und schwerreicher Arzt. Sir Erasmus hatte vor kurzem über 10000 Pfund für den Transport eines Obelisken von Alexandria nach London gespendet, der an den Ufern der Themse aufgestellt werden sollte. Zufällig hatte er *Tausend Meilen nilaufwärts* gelesen, war begeistert und stellte Amelia bereitwillig Kräfte und Geld zur Verfügung, wenn nur England dadurch an europäische Rivalen verlorengegangenes Terrain wiedergewann. Er schrieb an Amelia:

> Frankreich und Deutschland haben stets über fleißige Aktivisten auf diesem Gebiet verfügt. Die Ehre der englischen Wissenschaft verlangt, daß diese ebenfalls würdig repräsentiert ist. Aber es wäre wohl eine vergebliche Hoffnung, daß eine Regierung dieses Landes jemals eine archäologische Kommission wie die Ägyptenkommissionen Frankreichs, Deutschlands und Italiens entsendet, die die Schätze im Niltal erkundet und darüber berichtet. Doch ist ernstlich zu wünschen, daß private Initiativen unser durchaus realistisches Ziel fördern, uns einen Platz unter den Gelehrten und Archäologen Europas zu sichern.

Am 1. April 1882 erschien in den großen Zeitungen die Ankündigung, England habe einen großen Sprung vorwärts getan, um einst die führende Nation auf dem Gebiet der Ägyptologie zu werden: »Mit großer Freude geben wir hiermit bekannt, daß der seit langem erwartete ›Verein zur Förderung der Ausgrabungen im Nildelta‹ jetzt unter sehr verheißungsvollen Vorzeichen endlich ins Leben gerufen worden ist.« Ziel des Vereins war die Durchführung von Ausgrabungen im Nildelta, wo »zweifellos die Zeugnisse einer vergessene Epoche der biblischen Geschichte verborgen liegen – Zeugnisse, von denen wir zuversichtlich annehmen, daß sie den Schlüssel zu einer Reihe uns auf den Nägeln brennender Probleme liefern werden«. Die Förderer des Vereins bildeten eine illustre Mannschaft: der Erzbischof von Canterbury mit einigen Bischöfen, der Oberrabbiner, Lord Carnarvon, Präsident der »Society of Antiquaries«, Robert Browning, Sir Henry Layard, der Ninive ausgegraben hatte, und Professor Thomas Huxley. Englands Begeisterung war geweckt, die Gelder standen bereit. Jetzt mußte sich herausstellen, wie Ägypten darauf reagierte.

8

Altertümerstrategie

1882 war ein Krisenjahr für Ägypten, was besonders auch die Position der Europäer dort in Mitleidenschaft zog. In den ersten Jahrzehnten hatten sie als Fremde in der Fremde gelebt, wohnten in besonderen Bezirken Kairos und Alexandrias und mußten immer damit rechnen, zu speziellen Abgaben gezwungen und mitunter auch einfach beraubt zu werden. Doch seit den Reformen Mohammed Alis und den Bestrebungen Said Paschas und Ismail Paschas, Ägypten nach Europa zu öffnen, war aus den Europäern in Ägypten eine privilegierte Klasse geworden.

Sie betrachteten sich zunehmend als über den Gesetzen des Landes stehend und nahmen z. B. das Recht in Anspruch, nur vor Konsulargerichte gestellt zu werden. Sie wurden in hohe Posten in der Zivilverwaltung berufen und demonstrierten offen ihre Überlegenheit in bezug auf Kleidung und Lebensgewohnheiten. Während sich europäische Reisende einen Spaß daraus machten, wie Ägypter zu leben, trugen umgekehrt Ägypter, die in hohe politische Stellungen gelangt waren, stolz europäische Kleidung zur Schau. Schon 1846 hatte Edward Lane beobachtet, daß sich ägyptische Beamte »Frack, Weste und lange Hosen zulegten, ebenso eng wie die unsrigen«. Es war der übliche Zusammenstoß der Kulturen, der Ende des 19. Jahrhunderts überall erfolgte, wo europäische Waren und Technik in weniger entwickelte Länder importiert wurden. Wie auch sonst in der Welt führte dieser Zusammenstoß in Ägypten zu Ressentiments und schließlich zu offener Gegnerschaft.

Unter Führung Ahmed Arabis, eines Offiziers, der sich selbst »der Ägypter« nannte, entwickelte sich eine Bewegung, die sich ursprünglich nur als Protest gegen die Bevorzugung türkischer Offiziere verstand, 1882 aber zur Revolte gegen die Privilegien aller Ausländer in Ägypten, einschließlich der Europäer, auswuchs. Die Regierung des Khediven erwies sich als zu schwach, um den Aufstand niederzuschlagen und versuchte statt dessen, sich bei Arabi lieb Kind zu machen. Zuerst ernannte sie ihn zum

Staatssekretär im Kriegsministerium, dann zum Kabinettsmitglied.

Großbritannien, Frankreich und die Türkei traten zu Beratungen zusammen. Doch jedes Land sah die Situation durch seine Brille, und das gegenseitige Mißtrauen war zu groß, um eine konzertierte Aktion zuzulassen. Zwar behielt Taufik nominell die Regierungsgewalt in Ägypten, doch wurde die Armee zunehmend rebellisch und Arabi wurde als Nationalheld gefeiert. Er hatte damals noch keine klar umrissenen Ziele, nur eine generell antieuropäische Einstellung, die von der Presse bald in den Ruf nach einer Erneuerung des Islams und in die Forderung »Ägypten den Ägyptern« umgemünzt wurde.

Gladstone zögerte. Ägypten war dem englischen Publikum doch relativ fremd. Es hätte die Kosten und das Risiko einer militärischen Intervention, die außerdem unweigerlich zur Abkühlung des Verhältnisses zu den Franzosen führen mußte, kaum verstanden. »Meiner Meinung nach«, sagte Gladstone, »würde eine Besetzung Ägyptens den derzeit herzlichen politischen Beziehungen zwischen Frankreich und England für lange Zeit jeglichen Boden entziehen.« Er hatte recht. Indessen stand britisches Kapital auf dem Spiel, die Investoren wollten ihr Geld nicht verlieren. Disraeli hatte England durch seinen Ankauf von Suezkanal-Aktien direkt in die ägyptischen Probleme verwickelt, und als Nachrichten von Bedrohungen britischer Staatsbürger in Kairo und Alexandria nach London gelangten, geriet Gladstone in Zugzwang. Am 22. Mai ließ er die Mittelmeerflotte unter Sir Beauchamp Seymour vor Alexandria Anker werfen. Eine Abteilung der französischen Flotte schloß sich an.

Die Situation war den Ägyptern nicht neu. Jedesmal seit Bonapartes Invasion schickten die europäischen Mächte, wenn es in Ägypten zu größeren Unruhen kam, Kriegsschiffe, die vor Alexandria vor Anker gingen. Stets hatten diese Schiffe tatsächlich zur Abkühlung der erhitzten Gemüter beigetragen. Dieses Mal jedoch wurden sie als offene Drohung aufgefaßt, was schließlich das Zusammenwachsen zahlreicher Bewegungen zu einer nationalen Volkserhebung begünstigte.

Auf den Straßen Kairos und Alexandrias wurden Europäer angepöbelt und bespuckt. Am 11. Juni 1882 brachen Aufstände an drei verschiedenen Stellen zugleich aus, fünfzig Europäer kamen ums Leben. Viele weitere, unter ihnen auch der britische Konsul, Sir Charles Cookson, wurden verwundet.

Es kam zu panischer Flucht. Bis zum 17. Juni hatten 14 000 Christen dem Land den Rücken gekehrt, und weitere 6000 warteten auf Schiffsplätze. Die britische und französische Regierung appellierten an den Sultan, einzuschreiten, und in Konstantinopel wurde eine Blitzkonferenz einberufen. Der Sultan schickte jedoch keinen Vertreter und war anscheinend nicht bereit, eine bewaffnete Intervention zu unterstützen. Plötzlich zogen die Franzosen ihr Kontingent zurück, und die Italiener lehnten überhaupt jede Beteiligung ab. Schließlich wurde der englischen Flotte Befehl erteilt, Alexandria zu beschießen und ohne Verbündete einzumarschieren.

Arabi zog sich nach Kafr-Dawar, einige Kilometer von Alexandria entfernt, zurück. Eine Streitmacht von 20 000 Mann ging an Land, und die Rebellen wurden in der Schlacht von Tell-el-Kebir am 13. September 1882 geschlagen. Eine kleine Abteilung Kavallerie jagte nach Kairo und nahm die Stadt ohne Widerstand. Die Briten sahen sich plötzlich als Herren Ägyptens, ohne eigentliche imperialistische Interessen in dieser Weltgegend zu haben.

Es war klar, daß der Brückenkopf Ägypten nur gehalten werden konnte, wenn er der Verwaltung eines fähigen Beauftragten unterstellt wurde. Daher übernahm unter dem Protest der Franzosen, die den sofortigen oder wenigstens befristeten Rückzug der Engländer verlangten, 1877 Sir Evelyn Baring, ein ungewöhnlich kaltblütiger Verwaltungsbeamter, eine Art informeller Aufsichtsfunktion in Ägypten.

Baring entstammte einer Familie bedeutender Bankiers mit weitverzweigten Beziehungen und erhielt die Ausbildung eines für die militärische Laufbahn bestimmten Jungen. Als junger Subalternoffizier der Artillerie wurde er zunächst in Korfu stationiert. 1872 übernahm er eine Stelle als Privatsekretär bei seinem Cousin Lord Northbrook, der Vizekönig von Indien geworden war. Dort brachten ihm sein unermüdlicher Fleiß und die Raschheit, mit der er Befehle erteilte, den Spitznamen der »Vize-Vizekönig« ein. 1877 wurde er als Beauftragter für das öffentliche

Sir Evely Baring, britischer Beauftragter in Ägypten, ein Mann von ungewöhnlicher Kaltblütigkeit.

Schuldenwesen im Rahmen der »Dualverwaltung« nach Ägypten entsandt. Durch die in dieser Funktion erbrachten Leistungen erwarb er sich den Ruf eines tüchtigen Verwaltungsfachmanns. Er erhielt den Posten des Finanzexperten in der indischen Regierung. Als sich die Briten nach Tell-el-Kebir plötzlich als Herren Ägyptens sahen, schien Baring genau der richtige Mann zu sein. Im August 1883 wurde er geadelt und reiste nach Ägypten ab.

Barings offizieller Titel war Britischer Beauftragter und Generalkonsul. Seine Aufgabe bestand im wesentlichen darin, die Autorität des Khediven wiederherzustellen, ihn eine Zeitlang in die richtige Richtung zu bugsieren und die zerrütteten Finanzen des Landes zu sanieren. Dann sollte er den Rückzug der britischen Truppen aus Ägypten einleiten. Außerdem war der Suezkanal zu schützen und die Route in den Fernen Osten offenzuhalten.

Die größte Leistung Barings in Ägypten war, daß er die Finanzen in den Griff bekam. Die Steuern wurden ermäßigt und unsinnige Abgaben aufgehoben – und doch verwandelte sich das jährliche Defizit in einen Überschuß, und der öffentliche Schuldenberg wurde abgebaut. Das Corvée-System der zwangsweisen Arbeit wurde abgeschafft. Gleichzeitig führte man umfangreiche Bewässerungsprojekte durch, was große Regionen des Niltals der Landwirtschaft erschloß. Bei all seinen Unternehmungen hatte Baring weniger die Interessen der englischen Anleger in Ägypten als die der Ägypter selbst im Auge. Es quälte ihn jedoch, daß diese Einstellung von den Ägyptern offenbar auch nicht im entferntesten honoriert wurde. Besonders ärgerte ihn, daß die Franzosen, die seiner Meinung nach in Ägypten allein ihre nationalen Interessen vertraten, doch stets beliebter waren als die Engländer. Für ihn war die nationale »Überlegenheit« der Engländer von den Ägyptern, die sich eben lieber von den Franzosen bezaubern ließen, einfach noch nicht entdeckt worden. In seinen Erinnerungen analysiert er ausführlich die einander entgegengesetzte Psychologie und Kultur der Engländer und Franzosen und betont die nüchterne Solidität der Engländer gegenüber der glänzenden Oberflächlichkeit der Franzosen. Es spricht sehr für die Redlichkeit des Britischen Beauftragten und Konsuls, daß er trotz dieser Ansichten fähig war, dem Britischen Museum die kalte Schulter zu zeigen und den Direktor der Altertümerverwaltung in Kairo, einen Franzosen, zu unterstützen.

Als nämlich Wallis Budge, der aggressivste Agent, der jemals im Aquisitionsauftrag des Britischen Museums nach Ägypten gekommen war, sich bei Baring mit Empfehlungsschreiben vorstellte, wurde er mit eiskalter, ja feindseliger Höflichkeit empfangen. Das erzählt er in seinen Erinnerungen. Sir Evelyn ließ ihn wissen, er werde kein wie immer geartetes Grabungsprojekt, das ein Beauftragter des Kuratoriums des Britischen Museums vorschlage, unterstützen und sich weder für das Museum noch für sonst jemanden einsetzen: »Die Besetzung Ägyptens durch Großbritannien kann es niemals rechtfertigen, daß man dem Land seine Altertümer stiehlt, gleichgültig ob für England oder sonst jemanden.« Dann wies er Budge höflich, aber bestimmt die Tür.

Gaston Maspero, der französische Generaldirektor der ägyptischen Altertümerverwaltung, hatte seine Ausbildung in Paris erhalten, wo er sich schon als Schulbub, wie so viele andere künftige Ägyptologen auch, von den Hieroglyphen in Bann schlagen ließ. Er machte solche Fortschritte, daß er 1874 beim Tod von de Rougé im Alter von 28 die Stelle eines Professors für ägyptische Philologie und Archäologie am Collège de France, die Mariette abgelehnt hatte, antrat. Er betrachtete Archäologie eher als romantische denn als nüchtern wissenschaftliche Betätigung. Er wollte die Völker der Vergangenheit wieder »zum Leben erwecken« und schrieb einmal, der bekannte deutsche Romancier und Ägyptologe Georg Ebers, dessen originelle Romanze *Eine ägyptische Prinzessin* in ganz Europa unglaublichen Erfolg hatte, habe mehr für die Ägyptologie getan als Lepsius mit seinem monumentalen wissenschaftlichen Werk.

Mit seinem Plan, die endgültige Geschichte Ägyptens zu schreiben, kam Maspero vorerst nicht zum Zuge, weil die französische Regierung beschloß, 1880 in Kairo die Französische Archäologische Mission zu eröffnen und ihn zu ihrem Chef zu ernennen. Nachdem er die Zustimmung Ägyptens zu diesem Projekt erlangt hatte, traf er mit seinem Stab in Kairo ein, bereit, das neue Institut zu gründen. Doch nach Mariettes Tod mußte er diesen Posten schon wieder aufgeben, weil er zu seiner Überraschung Direktor an Mariettes Stelle wurde.

Es waren wenig Geld und Personal vorhanden. Maspero ging das Ganze gelassen an und übernahm die flachkielige Brigantine »Menchieh« mit ihrem so archaischen Motor, daß sie, wie er sagte, längst einen Platz im Verkehrsmuseum verdient hätte. Nach seiner Gewohnheit ließ er jeden Dezember das Schiff stromaufwärts bis Assuan schleppen, um sich dann gemächlich stromabwärts treiben zu lassen. Dadurch konnte er auch weniger bedeutende Fundstätten besuchen und inspizieren, bei denen er sonst, außer bei besonders günstigen Winden und Strömungen, nicht angehalten hätte. Er nahm dann immer »Fundsachen« mit, die unter anderen Umständen nicht beachtet worden wären. Jedes Frühjahr kam er mit einer Ladung Altertümer fürs Museum zurück. Die Sommermonate verbrachte er auf Urlaub in Paris, um im Herbst wieder an die Arbeit zu gehen.

Im Sommer 1881 wurde die aufregendste Entdeckung während der Laufbahn Masperos als Direktor gemacht. Es war ihm zu Ohren gekommen, in Luxor werde eine Anzahl königlicher Insignien zum Verkauf angeboten. Sie tauchten unregelmäßig und in langen Abständen auf, was den Schluß nahelegte, daß jemand sie versteckt hielt und einzelne Stücke nach und nach auf den Markt schleuste, um keinen Verdacht zu erregen und die Preise nicht zu verderben. Maspero schickte seinen Assistenten Emile Brugsch, als reichen Touristen verkleidet, um zu spionieren. Nicht lange, und Brugsch wurde eine Statue angeboten, die er als echt und aus einem Königsgrab der 21. Dynastie stammend erkannte. Brugsch bezahlte und verlangte mehr, woraufhin man ihn zum Haus Abd-el-Rasuls führte und ihm eine Kollektion von

Grabbeigaben aus Gräbern der 19. und 20. Dynastie zeigte. Brugsch ließ Abd-el-Rasul verhaften, vor den örtlichen Mudir bringen und verhören. Aber eine Flut von Zeugenaussagen der übrigen Dorfbewohner, seiner Familie und auch kleinerer Beamter bestätigte, daß er ein rechtschaffener Mann von untadeligem Charakter sei. Nun wurden Abd-el-Rasul und sein Bruder gefoltert, blieben jedoch bei ihrer Geschichte. Der Fall wurde zu den Akten gelegt. Kurz danach enthüllte ein anderer Bruder, die Familie Abd-el-Rasul stecke mit dem Konsularbeauftragten für Großbritannien, Belgien und Rußland, einem gewissen Mustafa Aga Ayat, unter einer Decke. Unter dessen Schutz hätten sie ihre Funde vermarktet. Als Gegenleistung für das Versprechen der Straflosigkeit und 500 Pfund erbot sich Mustafa, Brugsch das Grab zu zeigen.

Sie fuhren nach Deir el-Bahri und erstiegen einen steilen Felsen, bis sie 54 Meter über der Ebene an eine Öffnung in der Felswand gelangten, die zu einem zehn Meter tiefen Schacht führte. Brugsch wurde an einem Seil hinuntergelassen und kam in einen Gang, der 45 Meter tief in den Berg hineingetrieben war. An dessen Ende befand sich eine weiträumige Grabkammer und siehe da, Wunder über Wunder! Der offizielle Bericht Masperos lautete:

> Ich hatte erwartet, ein oder zwei obskure kleine Könige zu finden. Aber die Araber hatten das ganze Gewölbe mit Pharaonen vollgestopft. Und was für Pharaonen! Vielleicht die berühmtesten der ägyptischen Geschichte, Thutmosis III. und Sethos I., Ahmose, den Befreier und Ramses II., den Eroberer. Monsieur Emile Brugsch, der sich so überraschend in dieser illustren Gesellschaft wiederfand, glaubte, er träume, und wie er frage auch ich mich heute noch, ob ich träume, wenn ich die Leichname so vieler berühmter Persönlichkeiten betrachte und betaste, von denen wir glaubten, ihre Namen seien das einzige, was wir jemals erfahren würden.

Maspero konnte es genießen, die Pharaonen zu betrachten und zu betasten, weil Brugsch und seine Assistenten sofort 300 Araber engagiert hatten, die die vierzig Könige und Adligen auf das bejahrte Dampfboot luden und mit ihnen stromabwärts fuhren, gefolgt von einer Menge wehklagender Frauen und Männer, die von Zeit zu Zeit in die Luft schossen. Es hieß, das geschehe zu Ehren dieser Großen der Vergangenheit – vielleicht aber klagten sie eher darüber, daß sie solche Reichtümer verloren hatten.

Maspero war Amelia Edwards bei der Errichtung des »Vereins zur Erforschung Ägyptens« an die Hand gegangen. Stets war er Organisationen behilflich, die Ausgrabungen förderten, ohne die Funde dann außer Landes zu bringen. Im April 1882 kannte er die Gefahren seines Metiers schon so gut, daß er eine Zusammenarbeit mit Schliemann ablehnte, dem der Ruf vorausging, ungeheuer rechthaberisch zu sein. Mit der Hohen Pforte hatte er wegen seiner Ausgrabungen in Troja schwere Auseinandersetzungen gehabt. Maspero war klar, daß die delikate Situation in Ägypten eine weniger aggressive Persönlichkeit, die die Empfindungen der Ägypter nicht verletzte, erforderte. Er schrieb an Poole im Britischen Museum und bat um einen jungen Engländer, den er unter Verhältnissen, »wo nationalistischer Eigendünkel durch die jüngsten Ereignisse aufs höchste gesteigert ist«, einarbeiten könne.

Es gilt hier als ausgemacht, daß Ägypten das bedeutendste Land der Welt ist, die Mutter der antiken und modernen Kultur, und daß Ausländer, die ihr Geld für den ägyptischen Staat ausgeben, nur tun, was bei dieser Überlegenheit Ägyptens recht und billig ist. Das Geld wird huldvoll entgegengenommen, weiter nichts. Sie werden begreifen, daß bei einer solchen Einstellung der amtierende Minister und seine eventuellen Nachfolger höchst sensibel reagieren.

Maspero aber machte deutlich, daß er kein englisches Geld wünsche, um mit seiner Hilfe die Säle des Bulaqer Museums zu füllen. Er legte vielmehr Wert darauf, möglichst viele Denkmäler an Ort und Stelle zu belassen. Er handhabte die gesetzlichen Vorschriften mit großer Flexibilität, und man wußte von ihm, daß er Ausgräbern und Händlern erlaubte, einen Teil der gemachten Funde zu behalten, solange sie nur die Rechte des Museums anerkannten. War ein Ausgräber ein Pechvogel und förderte gar nichts Wertvolles zutage, durfte er sich sogar als »don gracieux« ein paar Stücke aus den ägyptischen Beständen aussuchen.

Der lässige Pragmatismus, mit dem Maspero an seine Aufgabe heranging, sowie seine weitgespannten Interessen und seine Bewunderung für die englische Literatur mochten ihn Sir Evelyn Baring durchaus empfehlen. Die beiden entwickelten nicht gerade kameradschaftliche, aber doch freundschaftliche Beziehungen. Mit Hilfe des britischen Beauftragten gelang es Maspero, die Altertümerverwaltung so auszubauen, daß schließlich das Niltal in fünf Verwaltungsdistrikte eingeteilt war. Eine kleine Gruppe von Inspekteuren ließ niemanden darüber im unklaren, daß die Epoche des rücksichtslosen Manchestertums vorbei war.

Doch Masperos Aufsicht über die Ausgrabungen in Ägypten fand im Sommer 1886 ein plötzliches Ende. Seine Frau war eine Zeitlang krank gewesen und durfte aus medizinischen Gründen nicht nach Ägypten zurückkehren. Maspero gab seinen Posten als Direktor der Altertümerverwaltung auf und ging wieder nach Paris, wodurch er den Auftritt der originellsten, extravagantesten und temperamentvollsten Persönlichkeit der Geschichte der britischen Ägyptologie versäumte: Ernest Alfred Thompson Wallis Budge.

Ernest Wallis Budge war der Freibeuter unter den damaligen Ägyptologen. Aber er wurde vom Britischen Museum selbst dafür bezahlt und noch dazu ermuntert. Äußerlich ein Muster an Rechtschaffenheit, gelang es ihm, die Beamten der Altertümerverwaltung an der Nase herumzuführen. Wie Drake die spanischen Galeonen, so plünderte er die Ausgrabungsstätten Ägyptens und schickte reiche Beute in die Heimat.

Als Assistent Birchs im Britischen Museum beobachtete er den Strom von Händlern und Klienten, die Echtheitsnachweise haben wollten. Dabei lernte er, daß Altertümer sowohl einen Handels-, als auch einen archäologischen Wert hatten. Als Angestellter des Museums mußte er den Marktpreis eines Stückes ebenso kennen wie seinen Platz in der ägyptischen Geschichte. Mit diesen Erfahrungen war es für Budge weit einfacher und billiger, die Bestände des Museums durch geschickte Ankäufe als durch Ausgrabungen zu vermehren. Diesem Ziel widmete er seine beachtlichen Talente und Energien.

Seinen ersten Ägyptenbesuch hatte Budge der Freizeitbeschäftigung eines tüchtigen britischen Generals zu verdanken. Sir Francis Grenfell, Kommandeur der britischen Truppen in Assuan, hatte, um der Monotonie des Kasernenlebens zu entgehen, seine Zuflucht zu Ausgrabungen in der Umgegend genommen. Er hatte ein paar kleinere Funde gemacht, war neugierig, was sie wert waren, und bot sie dem Britischen Museum als Geschenk an, wenn es ihm einen Taxator schickte. Das Angebot reizte die Museumskuratoren, doch wollten sie kein Geld dafür ausgeben und wandten sich wegen eines Zuschusses ans Finanzministerium. Ein staatlicher Beauftragter sollte offiziell nach Assuan reisen. Das Finanzministerium konsultierte das Außenministerium, und das Außenministerium konsultierte seinen Mann an Ort und Stelle, Sir Evelyn Baring. Bei Barings strikter Einstellung gegen jeden Antiquitätenexport wäre die Sache fast im Sande verlaufen, hätte er nicht als guter Bürokrat den Plan, einen offiziellen Beauftragten nach Assuan zu schicken, seinem Stellvertreter dort, Sir Francis Grenfell, weitergegeben. In seiner Antwort machte Grenfell darauf aufmerksam, daß alle großen Museen Rußlands, Frankreichs und Deutschlands ihre Leute in Ägypten hatten, die nach allem, was man hörte, ihre Länder recht gut bedienten. Es war einfach undenkbar, daß das Britische Museum allein zurückstehen sollte, und außerdem hatten seine Ausgrabungen die ägyptische Regierung nichts gekostet. Er hatte sie selbst finanziert und wollte es auch weiter so handhaben.

Baring war mit dem Projekt einverstanden, und Budge erhielt Reiseerlaubnis für vier Monate und 150 Pfund. Er sollte auch einheimische Händler aufsuchen und Käufe fürs Britische Museum tätigen. Als der Vizekanzler der Universität Cambridge von diesen Plänen hörte, wies er Budge weitere 100 Pfund an, um Altertümer für das Fitzwilliam Museum zu erwerben.

Budges erste offizielle Begegnung in Kairo gestaltete sich nicht sehr verheißungsvoll. Er traf Sir Evelyn Baring, der von Anfang an keinen Zweifel daran ließ, daß, was ihn anbelangte, Budges Mission zum Scheitern verurteilt war – es sei denn, Budge stelle sich außerhalb des Gesetzes. Glücklicherweise hatte Budge England in Begleitung eines wohlhabenden Pastors verlassen, eines Sammlers und Amateurarchäologen, der bereit war, ihm zu zeigen, wo es langging. Der Reverend William John Loftie mußte wegen angegriffener Gesundheit die kalte Jahreszeit immer in Ägypten verbringen, wo er Geschmack an Skarabäen und ein scharfes Auge für Fälschungen entwickelt hatte. Er stand im Ruf eines spleenigen Ausländers und ließ sich kaum je übers Ohr hauen. Noch am Abend des Tages, an dem Budge von einem empörten britischen Konsul die Tür gewiesen worden war, nahm ihn der Reverend Loftie zu einem Anbau des »Hôtel du Nil« mit, »das die einheimischen Reisenden der gehobenen Schichten bevorzugten«, stellte ihn den führenden Antiquitätenhändlern vor und gab ihm ersten Unterricht in »Altertümerstrategie«.

Wenn Budge noch irgendwelche Skrupel wegen der Tricks der Unterwelt, mit der er an diesem Abend bekanntgemacht wurde, gehabt haben sollte, so wurden sie am nächsten Morgen bei seinem Besuch des Bulaqer Museums endgültig zerstreut. Er mußte feststellen, daß die königlichen Mumien in den armseligsten Fichtensärgen unter billigem Braunglas lagen. Ein weißer, vom Nilwasser aufsteigender Nebel schlug sich auf dem Glas nieder und rann am Innenrand der Särge hinab. Im Korridor des Museums »roch es feucht«, und niemand wußte anscheinend überhaupt, welche Schätze es enthielt, oder kümmerte sich groß darum. Als Budge die Räume sehen wollte, in denen die nicht mehr in die Ausstellungshallen passenden Gegenstände aufbewahrt wurden, zeigte man ihm einige Schuppen, das sogenannte Magazin, in denen Särge und Mumien, Kästen und Inventar aus Gräbern und eine Unzahl kleinerer Stücke aus ganz Ägypten gestapelt waren. Sie waren nicht registriert, und da niemand genau wußte, was sich eigentlich hier befand, konnte jeder, ohne Gefahr entdeckt zu werden, stehlen, was ihm beliebte. Das Magazin befand sich außerdem in der Industriezone und war von Fabrikhallen umgeben. Es bestand akute Brandgefahr, doch in keinem Gebäude gab es Hydranten. Budge sah sofort, daß die ägyptischen Altertümer im Britischen Museum weit besser aufgehoben waren als hier.

Er klapperte nun auch alle Privathäuser in Kairo ab, in denen Antiquitäten aufbewahrt wurden. Sein Führer war ebenfalls ein Pastor, wieder einer, der wegen angegriffener Gesundheit den Winter im Niltal verbringen mußte. Nach seiner ersten Ägyptenreise hatte der Reverend Greville Chester herausgefunden, daß der Konservator der Antikensammlungen im Britischen Museum die meisten der von ihm, Reverend Chester, nach London mitgebrachten Souvenirs mit gutem Gewinn für letzteren gerne ankaufte. Beim nächsten Ägyptenbesuch nahm der Reverend Chester schon einen größeren Koffer mit und wurde im Lauf der Jahre zu einem regelmäßigen Lieferanten Birchs und der ägyptischen Sammlung des Britischen Museums. Das Britische Museum hatte seine kaufmännischen Talente gefördert, und er revanchierte sich, indem er Budge in die ihm bekannten Händlerkreise einführte und ihm ihre Bestände zeigte. Bevor Budge seine Reise nilaufwärts antrat, wußte er also genau, welche Schätze ihn in Kairo erwarteten.

In Assuan forderte Budge den Anteil Sir Francis Grenfells an den Ausgrabungen fürs Britische Museum. Er erfuhr, es sei nur noch wenig Interessantes übrig, der Rest sei, ohne daß man wußte wie, verschwunden. Und auch das Übriggebliebene, das der in Assuan stationierte Vertreter des Bulaqer Museums an den Direktor der Altertümerverwaltung in Kairo geschickt hatte, war niemals dort angekommen. Budge sah sich in dieser Lage auf seinen eigenen, nicht geringen Einfallsreichtum angewiesen und beschloß, da die versprochene Sammlung sich in Nichts aufgelöst hatte, einfach eine neue auszugraben.

In den nächsten Wochen räumten Budges Arbeiter 18 Gräber im Umkreis von Assuan aus. Da er über kein Geld zur Bezahlung der Leute verfügte, überzeugte er General de Montmorency, der ebenfalls britische Truppen in Assuan befehligte, es gehöre durchaus zu den Pflichten der Britischen Armee im Ausland, dem Britischen Museum die helfende Hand zu reichen. General de Montmorency sorgte für Arbeitsgerät, Eisenbahnanschluß und das gelegentliche Erscheinen des Korporals der Pioniere, der die einheimischen Arbeiter bei der Stange hielt. Man mußte allerdings leider ebenfalls die Erfahrung machen, die damals keinem Ausgräber in der Region erspart blieb: Jedes entdeckte Grab war schon geplündert worden. Man fand nichts von Wert außer die untere Hälfte einer Statue, die einst ein wirkliches Kunstwerk gewesen sein mußte.

Zum Glück für Budge öffneten sich ihm auch weniger mühevolle Wege zur Beschaffung von Altertümern. Auf seiner Reise stromaufwärts folgte ihm ein Vertreter des Bulaqer Museums mit dem Auftrag, jede seiner Bewegungen zu überwachen und ihn an Kontakten mit Händlern und Einkäufen zu hindern. Der

Beamte streute das Gerücht aus, Budge sei der skrupellose Agent eines ausländischen Instituts und schrecke vor nichts zurück. Er verfüge über unbegrenzte Mittel, Ägypten seiner Schätze zu berauben. Als aber einmal bekannt war, Budge sei ein Betrüger und Schwindler, der sich um die Gesetze nicht kümmere und Geld wie Heu habe, war er der Mühe enthoben, nach Altertümern zu suchen. Das war einmal ein Mann, mit dem die Händler nur zu gerne Geschäfte machten, und sie kamen nachts in Booten auf dem Strom und bestürmten ihn geradezu, zu kaufen.

Seit vielen Jahren war Luxor das Zentrum des Antiquitätenhandels, und Budge entschloß sich, seine Geschäftstüchtigkeit auf einer Reise dorthin zu testen. Gewisse Risiken bestanden immerhin, selbst wenn es ihm gelang, die Beamten der Altertümerverwaltung abzuschütteln. In seinem *Luxor-Führer* hatte Mariette geschrieben, »Luxor ist Zentrum eines mehr oder weniger legalen Antiquitätenhandels ... die Stadt besitzt Werkstätten, wo Statuen, Stelen und Skarabäen so täuschend echt nachgemacht werden, daß oft auch der erfahrenste Sammler kapitulieren muß.« Amelia war bei ihrem Besuch dort von ganzen Händlerhorden belagert worden:

Einige dieser Herren waren Araber, andere Kopten, alle höflich, sehr überzeugend und verlogen... Beide Sorten verkaufen mehr Fälschungen als Echtes. Egal, was nachgefragt wird – sie stehen zu Diensten. Weder ist ihnen Thutmosis zu schwer noch Kleopatra zu leicht... Was die echten, uralten Skarabäen betrifft, so werden sie jede Saison im Dutzend auf den Markt geworfen. Sie werden geritzt, glasiert und wie Klöße Truthähnen verfüttert, woraufhin ihnen deren Verdauung ein ehrfurchtgebietendes, unwiderstehliches Äußeres verleiht.

Budge würde seinen ganzen Scharfblick, jahrelang unter Anleitung Samuel Birchs entwickelt und geschult, aufbieten müssen, um Luxor mit wirklich echten Schätzen zu verlassen.

Die Händler in Luxor gaben ihm ihren Bericht zur Marktlage: Alle Altertümer Ägyptens, ob über oder unter dem Erdboden, gehörten kraft Gesetz dem ägyptischen Staat. Jeder Einheimische, der Antiquitäten besaß oder damit handelte, verstieß gegen das Gesetz. Andererseits hatte keine Regierung jemals versucht, dieses Gesetz auch anzuwenden, und sowohl Mariette als auch Maspero hatten öffentlich von Händlern gekauft – und mit Regierungsgeldern bezahlt. Die Einheimischen, die schlau genug waren, sich von europäischen Mächten zu Konsuln oder Beauftragten ernennen zu lassen, standen ihrer Meinung nach über dem Gesetz und beteiligten sich häufig offen an Ausgrabungen und am Handel, bis zu dem Grad, daß einige von ihnen sogar die pflichtgemäß einschreitenden Beamten der Altertümerverwaltung ausgeschaltet hatten.

So verfügte z. B. Mustafa Aga, der britische Konsul in Luxor, über eine schöne Sammlung im Haus. Aus seiner tiefen Sympathie für das englische Volk und im Bestreben, aus dem Britischen Museum »das beste der Welt« zu machen, bot er Budge die besten Stücke an. Er stellte ihm auch die Familie Rasul vor, die das Versteck in Deir el-Bahri entdeckt hatte. Die Leute hatten Papyri, Alabastergefäße, blauglasierte Vasen und Elfenbeinartefakte gestohlen und versteckt. Sie waren bereit, sie dem Britischen Museum zu verkaufen, wohl zum Teil auch deshalb, weil es ihnen Spaß machte, der Altertümerverwaltung eins auszuwischen. Nach Auskunft Rasuls nämlich verweigerten die Beamten des Bulaqer Museums, wenn man ihnen Altertümer ordnungsgemäß übergab, die Bezahlung der Ausgrabungen und die Übernahme sonstiger Unkosten, wie es das Gesetz vorsah. Statt dessen behaupteten sie, die Objekte seien Fälschungen, speisten die Überbringer mit Almosen ab und verkauften die Stücke dann selbst an Touristen. Budge präsentierte sich als Retter in der Not, der den Händlern einen anständigen Preis zahlte und die Altertümer an einen sicheren Aufbewahrungsort brachte. Er verließ Luxor mit einer ansehnlichen Sammlung.

Zu diesem Zeitpunkt erhielt Budge auch von Professor Alexander Macalister von der Universität Cambridge, der mittels anthropobiologischer Befunde die Geschichte der Menschheit erforschte, einen ungewöhnlichen Auftrag. Der Professor brauchte ein paar Schädel der alten Ägypter und fragte an, ob Budge sie ihm beschaffen könnte. Nun geschah es, daß eine tiefe Grube mit Mumien von Priestern der dritten und vierten Klasse entdeckt wurde. Da es sich um niedere Ränge handelte, waren die Priester nicht besonders gut mumifiziert worden, und ihre Köpfe saßen nicht sehr fest am Rumpf. Budge ließ einige Mumien in Kisten verpacken und zum Weitertransport nach Alexandria schicken. Aber hier gab es ein Problem. Der Export von mumifizierten menschlichen Überresten war gesetzwidrig, und da Budge den Inhalt der Kisten vorschriftsmäßig deklariert hatte, wurden sie beim Zoll in Alexandria angehalten. Der Zollbeamte wollte Budges Erklärung, die Schädel hätten wissenschaftlichen Wert, nicht gelten lassen. Der einzige Wert, den sie seiner Meinung nach haben könnten, sei der als »Knochendünger«. Diese amtliche Klassifikation verpaßte er ihnen denn auch. Professor Macalisters Untersuchungsobjekte verließen Ägypten schließlich mit der amtlichen Kennzeichnung »Knochendünger«, nachdem der für Dünger vorgesehene Zoll von einem Prozent entrichtet war.

Mit dem Transport seiner eigenen Schätze hatte Budge mehr Probleme. Eine Technik der Altertümerverwaltung zur Eindämmung des illegalen Handels war, daß man Boote, die im Verdacht standen, Altertümer geladen zu haben, beschlagnahmte. Sowohl Mariette als auch Maspero bedienten sich dieser Technik, und die Sammlung in Bulaq hatte ihr manchen Zuwachs zu verdanken. Zum Glück für Budge hatte General de Montmorency aber immer noch Lust, die Altertümerverwaltung zugunsten des Britischen Museums zum Narren zu halten. Er holte sich Budges Kisten und ließ sie, zusammen mit Militärgepäck, offiziell auf Lastschiffen nach Alexandria befördern.

Sir Evelyn Baring war wütend. Seine Pflicht war es, dem Gesetz nicht nur in Ägypten, sondern auch bei seinen eigenen Landsleuten Geltung zu verschaffen. Er ließ Budge kommen, fuhr ihn an, der Export ägyptischer Altertümer sei gesetzwidrig, und befahl ihm, alle gekauften Objekte den Händlern zurückzugeben. Budge erwiderte, er sei auf Staatskosten in Ägypten, die Sammlung, die er von Sir Francis Grenfell erwerben sollte, sei auf unerklärliche Weise verschwunden und er habe es daher für seine Pflicht gehalten, aus anderen Quellen Ersatz zu beschaffen. Es kam zu einem Patt: Baring bestand darauf, Budge müsse auf alle weiteren Käufe verzichten und seine bisherigen Erwerbungen zurückgeben. Budge hielt dem entgegen, er gehöre nicht zu Barings Stab und Baring habe ihm nichts zu befehlen. Ja, er werde auch künftig alles tun, um im Wettbewerb mit anderen großen und »vielen kleineren Mächten Europas«, deren Beauftragte in Ägypten arbeiteten, die Bestände des Britischen Museums zu mehren. Das Gespräch »endete abrupt«, wie Budge später schrieb.

Hierauf schickte der Generalkonsul Budge ein amtliches Schreiben ins Haus und stellte noch einmal klar, der Export seiner Erwerbungen sei gesetzlich verboten. Er wies die Altertümerverwaltung in Alexandria an, die Verschiffung der Objekte um jeden Preis zu verhindern. Doch Budge hatte wieder einmal Glück. Sein Freund Montmorency war von Assuan nach Alexandria versetzt worden und mächtig genug, alle Hindernisse zu beseitigen. Budge erinnerte sich: »General de Montmorency zeigte sich weder Wünschen noch Drohungen zugänglich, und eines Tages standen er und ich am Kai und schauten zu, wie meine 24 Kisten unter der Aufsicht eines freundlichen Offiziers aus Assuan den Hafen verließen.«

Zwei Tage später folgte Budge ihnen nach England und freute sich, die offiziellen Glückwünsche der Kuratoren des Britischen Museums entgegennehmen zu können. Am 2. April 1887 schrieb ihm der Sekretär: »Diesen Morgen gaben die Kuratoren ihrer Anerkennung wärmsten Ausdruck. Sie lobten Ihre Klugheit und Energie, mit der Sie die ihnen anvertraute Mission begonnen und zu einem so schnellen und guten Abschluß geführt haben.«

So warm war die Anerkennung der Kuratoren für Budge, daß er sich schon im Dezember wieder in Ägypten befand. Er hatte erfahren, daß im westlichen Theben ein großes Versteck mit Papyri gefunden worden sei und seine Vorgesetzten auf die Notwendigkeit hingewiesen, sie zu kaufen, bevor die anderen Museen davon Wind bekamen. In Alexandria suchte Budge den britischen Konsul, Charles Cookson, auf, der ihm erzählte, er sei telegrafisch aus Kairo benachrichtigt worden, man habe in Oberägypten einen bedeutenden Papyrusfund gemacht. Das Britische Museum habe einen Beauftragten geschickt, ihn zu erwerben. Wenn Budge dieser Beauftragte sei, könne er nicht auf amtliche Hilfe zählen. Denn der Export von Altertümern sei illegal. Besser wäre es also, er würde den Sonnenschein und die Gastfreundschaft seines Freundes General de Montmorency genießen. Sollte Budge trotzdem versuchen, die Papyri auftragsgemäß an sich zu bringen, so werde er, der Konsul, mit allen ihm zur Verfügung stehenden Mitteln den Export verhindern. Denn diese Papyri müßten in Ägypten bleiben, »um den heutigen Ägyptern den Glanz ihrer Vergangenheit zu sichern«. General de Montmorency dagegen meinte trocken, Budge solle den Job ruhig ausführen, zu dem er gekommen sei. Falls es irgendwelche Probleme gäbe – er wisse schon, an wen er sich wenden müsse.

Der hartnäckigste und nicht zu umgehende Gegner Budges war der pedantische Eugène Grebaut, Generaldirektor der Altertümerverwaltung, der diese Stelle nach dem Abgang Masperos angetreten hatte. Grebaut war fest entschlossen, mit der freizügigen Praxis seines Vorgängers Schluß zu machen und die Altertümerverwaltung zu einer Organisation auszubauen, die das Gesetz, nach dem sie selbst angetreten war, buchstabengetreu erfüllte.

Er suchte Budge im Royal Hotel in Kairo auf. Der hatte beim ersten Gespräch den Eindruck, es komme Grebaut mehr auf sein Prestige als die ordnungsgemäße Erfüllung seiner Pflichten an. Sein Ehrgeiz war es, als würdiger Nachfolger Masperos angesehen zu werden, und er erinnerte Budge daran, daß das Britische Museum seinem Vorgänger eine vollständige Sammlung der ägyptologischen Publikationen des Museums geschenkt habe, als öffentliche Anerkennung für dessen wissenschaftliche Leistungen. Könne Budge nicht dahingehend auf die Kuratoren einwirken, daß sie ihn in derselben Weise ehrten? Budge deutete an, das hänge davon ab, wieweit Grebaut dem Museumsrepräsentanten in Ägypten entgegenkomme. Für einen Moment hatte er das Gefühl, Oberwasser zu haben. Aber noch in derselben Nacht schickte Grebaut die Polizei und ließ Budges Hotel überwachen.

Budges Schelmenroman über die folgenden Ereignisse ist gewiß durch seine lebhafte Phantasie und seinen Wunsch gefärbt, sich als gewieftes Schlitzohr darzustellen, das die Schätze am Nil vor dem ungeschickten Bürokraten Grebaut in Sicherheit bringt.

Budge schüttelte Grebauts Wachen ab und reiste nach Luxor, wo er die dortigen Behörden beschwatzte, ihm die umfangreiche, wirklich bedeutende Papyrussammlung zu zeigen. Am nächsten Tag wurde er vom dortigen Polizeichef auf Befehl Grebauts verhaftet, der Budge auf einem Dampfboot folgte. Nun hatte der

Kapitän des Schiffes eine Tochter, die gerade an diesem Tag in einem Dorf am Nilufer verheiratet werden sollte. Der Dampfer aber lief genau am Vorabend der Hochzeit auf eine Sandbank auf und wollte erst wieder flott werden, als die Zeremonie vorüber war.

Grebaut rief nach einem Esel, um die Jagd auf Budge fortsetzen zu können, doch als die Bauern hörten, es handle sich um den verhaßten Direktor der Altertümerverwaltung, trieben sie alle Esel aufs Feld hinaus und behaupteten, keiner ließe sich einfangen.

Sehr erfreut über diese Nachricht, die ihm ein Kurier überbrachte, war Budge doch noch keineswegs über den Berg. Der Rückstand Grebauts bedeutete, daß Budge immerhin einen ganzen Tag zur Verfügung hatte, um seinen Fund wegzuzaubern. Doch befand sich der Schatz in einem Haus, das von Polizisten umstellt war: einer auf dem Dach, einer an jeder Ecke. Zunächst schien das kein unüberwindliches Hindernis zu sein. Die mit Budge im Bunde stehenden Händler griffen in solchen Fällen zu einer altbewährten Technik. Man brauchte die Wachen nur betrunken zu machen und zu bestechen. Doch diesmal lehnten die Posten den ihnen zugedachten Cognac ab. Da empfahlen die Händler die Polizisten hämisch ihrer Treu und Redlichkeit und zogen scheinbar gräßlich enttäuscht wieder ab.

Sie gingen aber nur eine Tür weiter zum Manager des »Luxor Hotel«, dessen Gartenmauer an die Außenmauer des besagten Hauses stieß. Der Manager verstand sofort, worum es ging, und ließ seine Gärtner einen Durchgang durch die Mauer graben. Da diese aus ungebrannten Tonziegeln bestand, die fast geräuschlos entfernt werden konnten, schien es erst nötig, die Wachen abzulenken, als die Seiten des Tunnels mit Holzplanken verkleidet werden mußten. Zum Lohn für ihre unbestechliche Lauterkeit und Staatstreue schickte ihnen der Manager ein großes Messingtablett, auf dem ein riesiger Haufen Reis mit Rosinen lag, und obendrauf ein halbes Schaf. Das Ganze schmorte in brutzelndem Hammelfett.

Während die Polizisten, aber immer wachsam und auf dem Posten, schmausten, schafften die Gärtner sämtliche Altertümer durch den Tunnel ins Hotel. Eine Mumie mit ihrem Sarg paßte nicht durch das Loch, und Budge ließ sie zurück, damit Grebaut doch etwas zu konfiszieren hatte, wenn er schließlich eintraf.

Bis hierher erinnert die Story stark an eine »opera buffa«. Doch endet sie als Farce, so grotesk, daß es schon fast unglaubwürdig klingt. Laut Budge machte er sich mit den Kisten, in denen sich seine illegalen Altertümer befanden, nach Kairo auf den Weg, wobei ihm in einiger Entfernung von Grebaut beauftragte Polizisten folgten. Den letzten Abschnitt legte er per Eisenbahn zurück und kam um Mitternacht am Kairoer Bahnhof an. Da er keine Träger entdecken konnte, setzte er sich im Bahnhof neben die Kisten und wartete, bis sich im Morgengrauen Träger einstellten. Die Polizisten ließen sich in einer gewissen Entfernung nieder und observierten ihn. Beim ersten Tageslicht erblickte Budge zwei britische Offiziere auf dem Morgenritt. Es waren Bekannte von ihm, und er grüßte sie. Sie erkannten, daß sich hier ein englischer Gentleman in Trägerschwierigkeiten befand, und befahlen den Budge beschattenden Polizisten, die Kisten mit der Schmuggelware zu schultern und in die Stadt zu tragen. Die auf der Kasr-an-Nilbrücke stationierten Zollbeamten, die sahen, wie eine Schar Polizisten unter Führung zweier berittener britischer Offiziere Kisten auf den Schultern trugen, salutierten schneidig und winkten sie weiter.

Die letzte Hürde wurde genommen, als Major Hepper von den Royal Engineers hörte, der Inhalt der Kisten sei mit Geldmitteln des Britischen Museums und staatlichen Zuschüssen erworben worden. Er erklärte sie zu öffentlichem Eigentum, zu dessen Schutz er verpflichtet sei, und verlud sie zusammen mit seinem persönlichen Gepäck.

Budge bereitete es Genugtuung, daß die Altertümerverwaltung weitgehend ineffizient und ihre Beamten korrupt waren. Daß er die Unterstützung der britischen Offiziere gegen den doch großen Einfluß Sir Evelyn Barings so leicht gewonnen haben sollte, mag befremdlich klingen. Doch hatte der Generalkonsul durch seine distanzierte und herrschsüchtige Art seine Landsleute gegen sich aufgebracht. Außerdem haben Besatzungssoldaten immer Verständnis dafür, wenn Gesetze, die Bürgern der Besatzungsmacht schwere Nachteile bringen, nicht strikt eingehalten werden.

Budge selbst vertrat überzeugend die Auffassung, er schmuggle die Schätze Ägyptens nur zum Besten der Ägypter ins Ausland. Ägypten war die Wiege der Zivilisation, also gehörten seine Schätze der zivilisierten Welt. Man konnte sie nicht einfach der Laune der einheimischen Händler, der Erosion durch Wind und Sand oder der unwirksamen, ja geradezu destruktiven Betreuung durch die Altertümerverwaltung überlassen. Der richtige Aufbewahrungsort der Altertümer Ägyptens war für ihn das Britische Museum. Dort waren sie sogar vor den Ägyptern sicher:

Seit undenklichen Zeiten haben die Ägypter die Gräber ihrer Toten geplündert. Die Ägypter der Jungsteinzeit stahlen Feuersteine, Steinwerkzeuge und irdene Krüge ... Zur Zeit der ägyptischen Dynastien, als Edelsteine, Ringe, Schmuck, Amulette usw. mit den Toten bestattet wurden, brachen Räuber in die Gräber ein und räumten sie aus ... Ob ein König eine Pyramide errichtete, um seinen künftigen Leichnam zu schützen, oder ein Grab tief in die Felsen hauen ließ, es war immer dasselbe. Der Dieb fand seinen Weg in die Grabkammer und raubte sie aus ...

Heutzutage jedoch, schrieb Budge weiter, würden die Schätze ins Bulaqer Museum gebracht, wo sie verrotteten, die Wellen des Nils gegen die Mauern spülten und die Dünste des Flusses sich an den Glaskästen der Mumien niederschlugen. Wie konnten die Seelen der toten Könige Ägyptens in Frieden ruhen, wenn man ihre sterblichen Überreste so schäbig behandelte? So mancher Hellseher hatte die Mumien im Britischen Museum beobachtet und bestätigt, daß sie nachts von den entwichenen Seelen besucht wurden. Die Verhältnisse in diesem Museum waren derart, daß der »freie Verkehr zwischen den Körpern der Könige und ihren Seelen gewährleistet ist«. In Kairo konnten die Seelen der Könige keine Verbindung mit ihren Körpern aufnehmen, weil diese von der Altertümerverwaltung mit solcher Nachlässigkeit und Mißachtung behandelt wurden. Budge war mit diesem Argument in der Lage, sich die Unterstützung der alten Ägypter selbst zu sichern:

Welchen Vorwurf man auch gegen Archäologen erheben mag, die Mumien aus Ägypten abtransportieren: Jeder Unvoreingenommene, der etwas von diesen Dingen versteht, muß zugeben, daß eine Mumie, die im Britischen Museum aufbewahrt wird und unter der Aufsicht der Kuratoren steht, dort weit bessere Chancen hat, wohlbehalten die Zeiten zu überdauern als in irgendeinem ägyptischen Grab, sei es das eines Königs oder einer Privatperson.

9

Archäologie der unbeachteten Kleinigkeiten

In seiner ersten Broschüre bekannte sich der »Verein zur Erforschung Ägyptens« zur »sentimentalen Archäologie« und identifizierte sich damit von vornherein mehr mit der Politik Sir Evelyn Barings als mit den Methoden Wallis Budges:

> Wir haben einen Verein zum Zweck der Kooperation mit Professor Maspero, Direktor der Museen und Ausgrabungen in Ägypten, bei seinen Forschungsvorhaben ins Leben gerufen. Die Stiftung fördert Ausgrabungen vor allem an Stellen, die von Interesse für die Bibel und die klassische Antike sind, ohne das ägyptische Gesetz zu mißachten, welches alle eventuellen Funde dem Bulaq-Museum zuspricht. M. Maspero seinerseits stimmt der Veröffentlichung der Forschungsergebnisse durch den Verein zu.

Vielleicht war es unklug von einem auf neue Mitglieder spekulierenden Verein, von vornherein zu erklären, man verzichte darauf, die bei Ausgrabungen gemachten Funde ins Ausland zu bringen. Doch die Gründer des Vereins durften zu Recht annehmen, daß das Publikum sie unterstützen würde, solange sie der öffentlichen Debatte über die Heilige Schrift Material lieferten. Noch in den 80er Jahren des vergangenen Jahrhunderts konnten sich die orthodoxen Bibelgelehrten Englands Hoffnungen auf einen Sieg der traditionellen Sichtweise machen. Als Professor William Robertson Smith in seinen populären Vorträgen und Büchern etwas liberalere Ansichten vertrat, mußte er sich vor dem Presbyterium der Freikirche in Aberdeen verantworten und wurde 1881 seines Amtes enthoben. Der Prozeß führte zu einem öffentlichen Skandal. Zur Debatte stand die Zuverlässigkeit des Alten Testaments als historischer Bericht.

Fast ein Jahrhundert war vergangen, seit das Ägypteninstitut den Weg zur Erforschung der Vergangenheit des Landes freigemacht hatte. Vom Delta bis zum Zweiten Katarakt hatte man Ausgrabungen durchgeführt. Gewichtige Bände waren veröffentlicht worden, die die Funde in allen Einzelheiten beschrieben und die Geschichte des Niltals darlegten. Doch immer noch gab es Lücken. Selbst Birchs »Verein für biblische Archäologie« war der Öffentlichkeit bisher den Beweis für die im alten Testament berichteten Ereignisse schuldig geblieben. Deshalb mußte der »Verein für die Erforschung Ägyptens« Projekte unterstützen, die das öffentliche Interesse an der aktuellen Kontroverse erregten und wachhielten. Er mußte als leitenden Archäologen einen Mann finden, der substantielle Beiträge zu dieser Frage liefern konnte.

Edouard Naville war Schweizer Ägyptologe und Bibelgelehrter. Seine Ausbildung war ungewöhnlich umfassend. Er hatte an der Universität Genf, am King's College in London und an den Universitäten Bonn, Paris und Berlin studiert.

Als Mitarbeiter und Schüler Lepsius' hatte er an der Publikation der großen *Denkmäler* mitgewirkt. Seine Interessen waren hauptsächlich philologischer Natur, seine religiöse Einstellung konservativ. Er wandte sich mit einem Forschungsprojekt an den Verein, das sich mit dessen Zielsetzungen genau deckte.

Im ersten Kapitel des »Exodus« wird berichtet, daß sich die Kinder Israels in Ägypten vermehrten und so zahlreich und mächtig wurden, daß ein neuer König, der nichts mehr von Joseph wußte, sie als Bedrohung empfand. Dieser König setzte Aufseher über das Volk, machte die Kinder Israels zu Sklaven und zwang sie, »Vorratsstädte« zu bauen: Pithom und Ramses. Lepsius hatte Ramses identifiziert, was Reginald Stuart Poole in Smith' *Wörterbuch der Bibel* wiederum bestritten hatte. Als Naville dem Verein den Vorschlag machte, an anderer Stelle nach diesen Städten zu graben, schien dies das ideale Mittel zu sein, das Publikum zu interessieren. Waren die großen »Vorratsstädte« wirklich gebaut worden, so mußten Spuren von ihnen übriggeblieben sein. Gelang es, sie auszugraben und den König, der ihren Bau veranlaßt hatte, zu identifizieren, hätte man einen von der Bibel unabhängigen, wissenschaftlichen Beweis für den Exodus.

Die antiken Schriftsteller hatten Hinweise auf die Lage der Städte gegeben. Herodot hatte erwähnt, der Kanal, der das Rote Meer mit dem Nil verband, berühre »Patumos, eine Stadt in der arabischen Nome«. Patumos war als die Stadt Pa-Tum oder Pi-Tum identifiziert worden, was »Haus des Tum« hieß. Tum war der alte, in Heliopolis beheimatete ägyptische Sonnengott. Der französische Gelehrte Chabas hatte 1864 aufgezeigt, daß das Pi-Tum der alten Ägypter das Pithom des Alten Testaments sein müsse. Nach seiner Meinung lag es wahrscheinlich entweder bei Abu-Keshed oder Tell el-Maskhuta, etwa 15 km südwestlich von Ismailia, eine These, von der er jedoch später wieder abrückte. Naville aber untersuchte geografische Texte und fand heraus, daß die Monumente in Ismailia von Ramses II. dem Tum geweiht worden waren. Er entschloß sich, Chabas' Hypothese wieder aufzugreifen und bei Tell el-Maskhuta zu graben. Bevor er im Delta losschlagen konnte, mußte er allerdings erst warten, bis die Kriege des Jahres 1882 beendet und das Hochwasser des Nils weit genug gesunken war. Im Januar 1883 brach er auf, mit einer Spende über 500 Pfund von Sir Erasmus Wilson in der Brieftasche, der, falls nötig, weitere 100 Pfund in Aussicht gestellt hatte.

Navilles und seiner Förderer großes Ziel war es, eine archäologisch greifbare Verbindung zur Bibel herzustellen. Dieses Ziel erreichte er. Er entdeckte die Ruinen einer Stadt, ein befestigtes Militärlager und eine Reihe anderer Gebäude, die Magazine hätten sein können. Es fanden sich auch Beweise, daß die Stadt von Ramses II. erbaut worden war, jedoch kein Hinweis auf irgendeine Verbindung zu den Israeliten. Trotzdem betitelte die »Illustrated London News« ihren Bericht über die Entdeckungen mit der Schlagzeile: »Eine begrabene Stadt aus dem Exodus« und schloß mit den Worten:

> Die erste definitive geografische Tatsache im Zusammenhang mit dem Aufenthalt der Israeliten in Ägypten ist durch die Ausgrabungen in Pithom ans Licht gebracht worden. Die Funde zeigen auch, daß Ramses II. mit dem die Israeliten unterdrückenden Pharao identisch ist. Ein einziges kleines Forschungsprojekt hat Hunderte von Theorien zu Makulatur gemacht und den historischen Charakter des Buches Exodus mit aller wünschenswerten Deutlichkeit demonstriert.

Die »wünschenswerte Deutlichkeit« überzeugte dennoch nicht alle beteiligten Parteien. Nicht zum erstenmal hing die Interpretation des Beweismaterials von der religiösen Einstellung des Interpreten ab. Jene, die unbedingt Beweise für die Historizität des Alten Testaments finden wollten, waren nur allzu geneigt, sie in Navilles Ausgrabungen in Tell el-Maskhuta hineinzulesen. Andere waren skeptischer, und die daraus entstehende Kontroverse verschaffte dem Verein wunderbare Publizität und weitere Mitglieder. Noch ein anderer kleiner Sieg wurde in Tell el-Maskhuta errungen. Man fand unter anderem einen Falken aus Granit und die Figur eines hockenden Schreibers. Maspero überredete den Khediven, diese schönsten Skulpturen des Fundes Sir Erasmus Wilson zu schenken, der sie an das Britische Museum weitergab.

Der Start des Vereins in Ägypten hätte nicht besser verlaufen können. Man hatte die Mauern entdeckt, die die in Knechtschaft seufzenden Israeliten mit eigener Hände Arbeit errichtet hatten. Der Pharao des Exodus war endlich identifiziert worden. Eine herrlich hitzige Gelehrtendebatte hatte für Publizität gesorgt, und als Belohnung für den bisher nie dagewesenen kühnen Entschluß, sich streng an das den Export von Altertümern verbietende Gesetz zu halten, hatte der Verein die schönsten Schätze, die ausgegraben worden waren, im Triumph an sich reißen können.

Das nächste Ziel Navilles war der alte Königssitz der Pharaonen, die Stadt Zoan, Hauptstadt Ägyptens, wo nach der Heiligen Schrift Mose seine Wunder gewirkt hatte. Über die Lage dieser Stadt war man sich einig: ein unfruchtbarer, fieberverseuchter Ort im östlichen Delta, der bei den Griechen Tanis, bei den Arabern San hieß.

Amelia Edwards versuchte mit gewohntem Elan Spenden zusammenzutrommeln. Sie korrespondierte mit einem Kirchenmann in Amerika, dem Reverend William Copley Winslow, der eine Pressekampagne unter dem Slogan »Spaten für Zoan« aufzog. Der Hymnendichter John Greenleaf Whittier schloß sich, wenngleich zögernd, an und schrieb an den Kassenwart des Vereins:

Ich freue mich, auf die Ausgrabung von Zoan aufmerksam gemacht worden zu sein. Das Unternehmen empfiehlt sich jedem eifrigen Bibelleser und allen Erforschern der Geschichte und architektonischen Wunder Ägyptens von selbst. Gerne würde ich dabei mithelfen. Nur habe ich doch noch Bedenken, die Ruhe einer alten Mumie zu stören, die vielleicht dem Pharao zuprostete oder eine Kupfermünze Homer in den Hut warf oder den seinigen beim Vorbeigehen der Königin Dido lüftete. Doch ist meine Neugier stärker als meine Rücksicht, und so folge ich dem Beispiel Dr. Holmes' (Oliver Wendell Holmes) und lege eine Anweisung für Lieut. Governor Ames auf eine seiner besten Schaufeln bei.

Sir Erasmus Wilson, der zum Vorsitzenden des Vereins gewählt worden war, versprach 1000 Pfund, und Mr. W. Fowler, einfaches Mitglied, stellte 50 Pfund in Aussicht, wenn sich 19 andere fanden, die den gleichen Betrag spendeten.

Naville hatte die Stelle bereits inspiziert und war zuversichtlich, er würde seinen Erfolg bei Tell el-Maskhuta wiederholen, die Heilige Schrift verifizieren und die Bestände des Britischen Museums vergrößern können. Doch unversehens machte er einen Rückzieher und erklärte, Arbeitsüberlastung zwinge ihn, auf einen Aufenthalt in Ägypten zu diesem Zeitpunkt zu verzichten. Seine Feinde meinten, er hänge wohl einfach zu sehr an seiner bequemen Pfründe in der Heimat. Und in der Tat, Wilkinsons Beschreibung von Tanis als »armseliges, von Fieberdünsten geplagtes Fischernest, wo wilde Tiere hausen und es von Schlangen nur so wimmelt« konnte einen Wissenschaftler in mittleren Jahren schon das Gruseln lehren. Auf jeden Fall machte sich Naville wieder an seine Arbeit am *Totenbuch* und ließ den »Verein zur Erforschung Ägyptens« verwaist zurück.

Der Mann, der zu seinem Nachfolger bestimmt wurde, wurde zum berühmtesten und einflußreichsten modernen Archäologen in Ägypten, Pionier einer fortschrittlichen Archäologie und der erste Professor für Archäologie in England. »Als er begann, war die äyptische Archäologie Schatzgräberei, als er aufhörte, Wissenschaft«, schrieb sein Biograph.

William Flinders Petrie erhielt keine reguläre Ausbildung, weil seine Eltern der Gemeinschaft der »Brüder der ernsten Christen« angehörten, die glaubten, sich der profanen Welt strikt fernhalten zu müssen. Sein Vater, der den Sonntag so streng heiligte, daß er einmal seinem Nachbarn schrieb, er solle »seinem Papagei sonntags gefälligst das Maul verbieten«, gab William Unterricht im wörtlichen Verständnis der Heiligen Schrift. Was die Ausbildung in weltlichen Dingen betraf, ließ er ihm seinen eigenen Willen. Als Junge entwickelte William eine Leidenschaft für Chemie, Geologie und Numismatik, wodurch er mit dem Britischen Museum in Kontakt kam. Er lernte bald, Fälschungen von echten Stücken zu unterscheiden.

1866 lasen Vater und Sohn *Das Erbe der Großen Pyramide* und waren begeistert. Der Autor, Charles Piazzi Smythe, hervorragender Astronom und Mitglied der Royal Society, war ein Freund der Familie, außerdem ungeheuer fromm. Beides mochte die Petries dazu veranlaßt haben, die grotesken Theorien seines Buches ernst zu nehmen. Diese beruhten auf John Taylors Buch *Die Große Pyramide – warum und von wem wurde sie erbaut?*, das 1859 erschienen war. Taylor behauptete, die Große Pyramide könne nicht von Menschen errichtet worden sein. Zu vollkommen sei sie in ihren Abmessungen, zu genau auf die vier Himmelsrichtungen abgestimmt, zu nahe am 30. Breitengrad gelegen. Unmöglich könne die Menschheit in der kurzen Zeit seit Erschaffung der Welt im Jahre 4004 v. Chr. solche technischen Fortschritte gemacht und ohne fremde Hilfe die Pyramide erbaut haben. Daraus folge, daß diese unter göttlicher Führung entstanden sei. Deute man ihre Lage und Abmessungen richtig, könne man Gottes Botschaft an die Menschheit an ihr ablesen.

Aufgrund der Messungen Vyses und Perrings stellte Taylor fest, die Höhe der Pyramide verhalte sich zu ihrem Umfang genauso wie der Durchmeser eines Kreises zu dessen Peripherie. Also hatten die alten Ägypter, von Gott geführt, die Quadratur des Kreises gefunden. Von dieser Theorie ausgehend postulierte Taylor einen »Pyramidenzoll«, der 1,001 englischen Zoll entsprach. 25 solcher Zoll bildeten eine »heilige Elle«. Piazzi Smythe seinerseits entwickelte seine Thesen auf der Grundlage dieser Taylorschen Maßeinheit. Die Abmessungen der Großen Pyramide beruhten, so Smythe, tatsächlich auf diesem Maß. Des weiteren war der gesamte Gang der Geschichte seit frühesten biblischen Zeiten in den Gängen, Stufen und Neigungswinkeln

Frontispiz aus dem Buch von Charles Piazzi Smythe Das Erbe der Großen Pyramide.

der Korridore, die in die Große Galerie der Pyramide führten, verschlüsselt. Die Petries, Vater und Sohn, schwärmten geradezu für diese Gedanken, die wissenschaftliche Methode und biblischen Bericht in Einklang zu bringen schienen. William schrieb an Smythe, wie begeistert er sei, und wies darauf hin, daß die Entfernung der Sonne von der Erde genau »die Höhe der Großen Pyramide mal 109« betrage – eine weitere Bestätigung für ihren göttlichen Ursprung. 1870, im Alter von 17, schrieb William an die Zeitschrift »English Mechanic and World of Science« und verteidigte die Pyramidentheorie gegen ihre Kritiker. Vier Jahre später, 1879, erschien sein erstes Buch »Untersuchung der Großen Pyramide«. Darin versuchte er »die ihrer Gestalt und ihrem Bau zugrundeliegenden Prinzipien zu bestätigen, die der Scharfsinn eines John Taylor und Professor Piazzi Smythe entdeckt hat«.

1880 nahm William Flinders Petrie seine erste Gelegenheit wahr, Ägypten zu besuchen. Er wollte die Große Pyramide noch einmal aufs gründlichste erforschen, um weitere Beweise für seine Theorien zu finden. Zwar beschränkte sich seine Arbeit im Land auf die Pyramide selbst, doch äußerte er sich auch mißbilligend über die Zerstörung, die durch die Ausgrabungen der Altertümerverwaltung in benachbarten Gräbern angerichtet wurde:

Die Rücksichtslosigkeit und Gleichgültigkeit der Araber, mit der sie nach seiner Entdeckung durch Mariette sogar die Alabasterverkleidung des Granittempels abgerissen haben – und niemand gebietet ihnen Einhalt! –, wird nur noch durch die Barbarei übertroffen, mit der die offiziellen Archäologen hier die Altertümer behandeln. Niemand scheint einen Überblick zu haben oder planmäßig vorzugehen. Man fängt irgendein Projekt an und läßt es unvollendet wieder liegen ... Es macht mich ganz krank, wenn ich sehe, wie alles sukzessive zerstört wird und wie wenig man an Konservierung denkt. Würde man das ganze Gelände in Bezirke einteilen, sie den Museen der verschiedenen europäischen Staaten zuweisen, ihnen dann bei ihren Grabungen freie Hand geben sowie die Möglichkeit, das Ganze ordentlich zu konservieren, so käme viel mehr dabei heraus. Das wäre weit besser, als alles stehen- und liegen- und verrotten zu lassen. Besser, die Hälfte zu plündern und die andere Hälfte zu konservieren, als das Ganze zu verderben.

Sir William Flinders Petrie im Jahre 1923.

Petrie sammelte eine Anzahl kleinerer Stücke. Wenn sich die Reisesaison ihrem Ende näherte, gaben die Händler im Umkreis der Pyramiden ihre Waren billiger ab, und Petrie kannte sich gut genug aus, um keinen Fälschern auf den Leim zu gehen. Er kaufte Bronzen, Münzen und Skarabäen, auch kleine, sonst gern übersehene Keramiken, um die ihn Dr. Birch vom Britischen Museum gebeten hatte. Allem Anschein nach war er überrascht, ja vielmehr leicht schockiert, daß Maspero, Direktor der Altertümerverwaltung, ihm riet, seine Funde beim Zoll nicht anzugeben, sondern in seinen Taschen herauszuschmuggeln.

Die Kritiken von Petries Buch waren im allgemeinen wohlwollend. Besonders begeistert zeigten sich »The Times« und »The Saturday Review«. Amelia Edwards verfaßte eine längere Rezension und schloß:

Es kann kein Zweifel am ganz besonderen Wert der Arbeit des Mr. Flinders Petrie und seines Buches bestehen. Doch gibt er sich so bescheiden, daß die Leser wahrscheinlich gar nicht erkennen werden, welch große Verdienste er sich um Geschichte und Wissenschaft erworben hat.

Petrie zeigte sein Buch Poole vom Britischen Museum. Dieser empfahl den jungen Mann dem »Verein zur Erforschung Ägyptens« sofort als Ersatz für Naville, und Amelia Edwards unterstützte diesen Vorschlag energisch.

Petrie wurde zu einem Gehalt von 250 Pfund monatlich eingestellt, womit er seine Ausgrabungen und seine persönlichen Bedürfnisse bestreiten mußte. In einem wichtigen Punkt jedoch legte Petrie Wert darauf, daß sich sein Anstellungsvertrag von dem Navilles unterschied: Er wollte auch unscheinbare Stücke, die seine Arbeiter fanden oder die von Händlern angeboten wurden, kaufen dürfen. Denn er betrachtete sie als grundlegendes Beweismaterial, aus dem die alte Geschichte Ägyptens erschlossen werden konnte. Sicher, das Gesetz bestimmte, daß alle Antiquitäten, wie klein auch immer, Eigentum des Museums in Bulaq sein sollten. Doch Petrie fand eine Lösung: Er würde sich Maspero vorstellen und ihn um Erlaubnis bitten, in Ägypten als Beauftragter von dessen Museum zu wirken, autorisiert zum Erwerb von Objekten für das Museum. Am Schluß würde er seine Sammlung Maspero übergeben und ihn bitten, wenigstens die Stücke mitzunehmen zu dürfen, die Maspero selbst nicht wollte. Diese sollten dann der Stiftung zur Verteilung an die britischen und amerikanischen Museen zur Verfügung stehen, wobei »der Hinweis nicht fehlen sollte, daß Spenden sehr willkommen« wären. Der Plan schien ausgezeichnet, nur Maspero mußte noch zustimmen. Petrie reiste also zuerst nach Paris, wo er Maspero, den Direktor der Altertümerverwaltung, aufsuchte und um seine Einwilligung bat. Maspero gab sie ihm gerne, nur unter der Bedingung, daß sie bis zu seiner Rückkehr nach Kairo geheimgehalten wurde.

Petrie fuhr von Paris aus weiter und traf schließlich in Tanis ein. Naville hatte den Ort bei seinem Besuch als öde und häßlich beschrieben. Das konnte Petrie nur bestätigen:

Man kann die brettflache, mit langsam austrocknenden Salzwassertümpeln bedeckte Ebene Meile um Meile durchfahren, ohne etwas anderes zu sehen als endlos sich abwechselnde Sandstreifen, schwarze Schlammfelder, Wasser und dann wieder Schlamm ... das einzige, was den monotonen Horizont manchmal unterbricht, sind die niedrigen Hügel der Totenstädte. Sie allein deuten daraufhin, daß diese Gegend einst ein blühendes Land mit lebendigen Menschen war ... Zuerst fällt der Blick auf die elenden Araberhütten von San ... auf der einen Seite ein trüber Flußarm, in den sie ihre toten Büffel werfen und aus dem sie trinken, auf der anderen Sümpfe mit verrottenden Gräben und Moor. Doch unter den hohen Erdhügeln, die sich hinter dieser widerwärtigen Mischung aus toten Fischen und lebendigen Babys, Pfützen und Fliegen erheben, verbergen sich die

Ruinen des römischen und griechischen Tanis, einer weiträumig und nach guter Ordnung angelegten Stadt.

Petrie baute sich eine kleine Holzhütte und stellte an die 70 Männer, Frauen und Halbwüchsige zur Säuberung des Geländes ein. Er bestand darauf, sie eigenhändig zu bezahlen, damit das Geld auch wirklich an jene Leute kam, die fleißig gearbeitet hatten. Mit einer Trillerpfeife gab er das Zeichen zum Arbeitsbeginn, sobald sich die Ausgräber 5.30 früh aufgestellt hatten. Zwischen 8 und 9 zog er sich zum Frühstück in seine Hütte zurück, behielt aber die Arbeiter von seiner Tür aus mit einem Fernrohr im Auge. Er war ein gestrenger Chef, erspähte Faulenzer sofort und strafte sie unnachsichtig. Täglich nahm er eine Dosis Chinin und Strychnin, um sich das Sumpffieber vom Leibe zu halten, und lebte von Büchsennahrung aus Kairo. Auch führte er Tagebuch und schickte seine Aufzeichnungen seiner Familie und seinen Freunden nach Hause. Als das Amelia Edwards erfuhr, ergriff sie die Gelegenheit beim Schopf, arbeitete die Notizen zu einer Serie von Artikeln für »The Times« aus und ließ Petrie die Hälfte des Honorars zukommen. Am Ende seiner ersten Saison schrieb sie ihm mit der Überschwenglichkeit einer glühenden Verehrerin.

In Tanis entdeckte Petrie zwei der größten Bauwerke, die die alten Ägypter errichtet hatten: den Tempel und den gewaltigen Koloß Ramses' II., seiner Meinung nach die größte jemals ausgegrabene Statue. Sie bestand aus rotem Granit aus Assuan und mußte einst fast 30 Meter hoch gewesen sein. Sie nahm hieratische Haltung ein, die Arme angelegt, den linken Fuß etwas vorgesetzt – eine majestätische, einsam aufragende Gestalt, die früher viele Kilometer weit über die flachen, dunklen Sümpfe sichtbar gewesen sein mußte. Nur Bruchstücke waren noch übrig.

Trotzdem waren es nicht die größten, sondern die kleinsten Altertümer, für die sich Petrie interessierte. Verstreut auf dem Boden des ganzen Tempels lagen Hunderte von Perlen, lackierten Amuletten, Tonscherben und Schmuck aus Terrakotta und Glas, Bronze- und Elfenbeingegenstände aus den Häusern der ptolemäischen Periode, ebenso Münzen aus den Villen der reichen

Römer. Um derartige Kleinigkeiten hatten sich Petries Vorgänger nicht gekümmert, waren sie doch weder besonders auffällig noch künstlerisch wertvoll, noch aus kostbaren Metallen hergestellt. Doch für Petrie waren es Schlüssel, die ihm nach und nach die Tür zu Ägyptens Vergangenheit aufsperrten. Er zimmerte Holzkisten für diese unbeachteten Kleinigkeiten und verpackte sie mit eigener Hand.

Zuerst mußten die Stücke ins Bulaqer Museum gebracht werden, wo Petrie zu seinem Leidwesen feststellen mußte, daß Maspero doch ziemlich viele für sein Museum zurückbehielt. So war es zwar vereinbart, aber Petrie nährte den Verdacht, daß sie nur im Museumsladen landeten, wo sie an Touristen verkauft wurden. Und auch solche, die in die Ausstellungsräume gelangten, hatten kaum eine Chance, bei den gewaltigen Mengen der unidentifizierten und unetikettierten Stücke dort Beachtung zu finden.

Immerhin konnte Petrie noch eine ansehnliche Sammlung zur Ausstellung im Königlichen Archäologischen Institut in London mitnehmen, bevor sie zwischen dem Britischen Museum und dem Museum of Fine Arts in Boston aufgeteilt wurde.

Petrie wollte unbedingt noch im folgenden Winter nach Ägypten zurückkehren, um einer Spur nachzugehen, auf die er im Westen des Deltas gestoßen war. Zufällig hatte er eines Tages von Händlern in Gizeh die kleine Alabasterfigur eines wunderbar geformten Kriegers gekauft, die ihm eher griechischer als ägyptischer Herkunft zu sein schien. Er erkundigte sich nach der Fundstelle und wurde auf einen Ort namens Nerib bei Kafr Dowar im Delta verwiesen. Petrie fand dort zwar keinen Ort dieses Namens, begegnete aber durch einen glücklichen Zufall zwei Händlern aus Gizeh, die ihn nach Nebeira führten, von wo, wie sie sagten, die Statue stamme. Er schrieb in sein Tagebuch:

Ein wahres Tonscherbenfest: Der ganze Boden übersät mit Tongefäßen aus der griechischen Frühzeit. Mir kam es fast wie ein Sakrileg vor, auf die Haufen der schönen, schwarzglänzenden Scherben zu treten, die unter den Stiefeln knirschten ... wie wenn alle Vasen des Museums zerbrochen wären und man in den Scherben herumwanderte. So eine Stunde habe ich noch nie erlebt.

Offenbar war Petrie auf eine reiche griechische Siedlung gestoßen und er hielt diesen Fund geheim, bis er Gelegenheit zur Ausgrabung fand. Im Winter 1884 gab sie ihm der Verein, und schon im November war er wieder in Kairo, kaufte Vorräte und arbeitete Pläne aus. In der Nähe der Stelle mietete er sich ein altes Bauernhaus aus Stein. Er begann, Schicht auf Schicht auszugraben und die Tongefäße zu registrieren. Plötzlich entdeckte er auf seinem eigenen Grundstück einen halben Stein, der teilweise als Pfosten des Eingangstores diente. Es stand eine griechische Inschrift darauf. Die Inschrift begann mit den Worten: »Diese Stadt Naukratis ...« Petrie hatte das bedeutendste griechische Handelszentrum der Antike entdeckt.

Herodot schreibt, Naukratis sei die einzige griechische Siedlung der Frühzeit in Ägypten gewesen. Es besaß im 6. Jahrhundert v. Chr. ein Handelsmonopol und war bis zur Gründung Alexandrias zur wichtigsten griechischen Stadt in Ägypten herangewachsen. Seit einer Generation hatten sich die Ägyptologen über ihre Lage die Köpfe zerbrochen.

Petrie gab diese Neuigkeiten sofort telegrafisch an Poole weiter und sah sich nach Arbeitskräften um. Er mußte bis zum Ende der Maisernte warten. Jetzt kamen die Bauern und suchten Arbeit. Wieder war Petrie Zahlmeister und Vorarbeiter in einer Person, leitete den Tag mit seiner Trillerpfeife ein und beobachtete den Gang der Arbeiten durch sein Fernrohr. Störungen vor Ort gab es durch die Händler aus Gizeh, die, begierig nach neuen Funden, herumlungerten und sich über den Rand der Gräben beugten, um die Altertümer möglichst sofort nach Freilegung anzukaufen.

Mitunter sprang Petrie von der täglichen Grabungsarbeit auf, jagte die Händler über die Felder, setzte über Kanäle und benützte Büsche als Deckung. Weniger aufregend waren die Störungen aus London. Poole und Amelia Edwards erkundigten sich brieflich regelmäßig nach den Fortschritten Petries und gaben widersprüchliche Berichte über die Vorgänge im Verein. Poole hatte nach Empfang des Telegramms, das die Entdeckung anzeigte, die Nachricht nicht weitergegeben. Er wollte noch Bestätigungen abwarten. Amelia dagegen war stets hinter neuen Spenden für ihren Verein her. Sie ließ sich einen neuen Werbegag einfallen: den Verkauf ohne Stroh hergestellter Backsteine, ähnlich jenen, die die israelitischen Sklaven auf Befehl des grausamen Pharao herstellen mußten. Würde Petrie so gut sein, ihr 1000 solcher Backsteine aus Pithom zu schicken? Petrie antwortete, der Handel mit Altertümern sei moralisch nicht zu vertreten, die Kosten wären gewaltig und es wäre nicht ehrlich, zu behaupten, die Backsteine seien wirklich von israelitischen Sklavenarbeitern hergestellt. Denn alte ägyptische Backsteine wurden auch sonst häufig ohne Stroh angefertigt. Der Plan wurde wieder fallengelassen.

Die Entdeckung von Naukratis war eine Sensation, vor allem für den wachsenden amerikanischen Zweig des »Vereins zur Erforschung Ägyptens«. Amelia Edwards, die durch unermüdliches Briefeschreiben diesen Zweig ins Leben gerufen hatte, berichtete, er habe 171 Mitglieder, von denen »drei Universitätspräsidenten, 27 kirchliche Würdenträger, 19 bekannte Universitätsprofessoren und 32 Mitglieder des Kongresses sind«.

Gelehrte aber streiten gern, und Archäologie, hat einmal jemand gesagt, ist keine Wissenschaft, sondern eine Vendetta. Die Feinde des Vereins in England wetzten schon ihre Messer. Die Nachrichten über Navilles Entdeckungen in Tell el-Maskhuta hatten Animositäten geweckt, und mit der Veröffentlichung seines Buches *Pithom* war der Anlaß zu einer Attacke auf den ihn unterstützenden Verein gegeben. Poole und Naville betrachteten den Einfluß der »beiden B's«, wie sie Amelia nannte, mit Mißtrauen: Birch und Budge vom Britischen Museum arbeiteten weiter gegen den Verein, obwohl sie die Hauptnutznießer der von dessen Ausgräbern legal ins Land gebrachten Altertümer waren. Birch war erklärter Gegner des Vereins seit seiner Gründung, auch wenn er Petrie gebeten hatte, ihm ein paar Musterexemplare ägyptischer Tongefäße mitzubringen. Und die Maßstäbe, die Wallis Budge bei der Bewertung von Altertümern anlegte, hatten weit mehr mit den Vorstellungen der Händler in Kairo und Bloomsbury gemein als mit denen von Flinders Petrie.

Budge war es denn auch, der ein Schreiben des Museums an den Verein verfaßte und sich beklagte, die dem Museum geschenkten Stücke seien wertlos. Man könne den Kuratoren, so hieß es in dem Brief, nicht gut den Erwerb »großer Mengen Tongefäße und kleiner Objekte empfehlen, die von unserem Standpunkt aus nichts wert sind«.

Zwar nahm er diese Behauptung später wieder zurück, aber Petrie war wütend. »Bei den falschen Behauptungen in diesem Brief«, schrieb er an Amelia, »und der schieren Ignoranz in Sachen wissenschaftlicher Archäologie will ich mit diesen Leuten niemals mehr etwas zu tun haben.« Die Entfremdung dauerte für den Rest seines Lebens an.

Das alles kam überdies zu einem ungünstigen Zeitpunkt. Einen Monat vorher hatte Petrie beim Verein gekündigt, verärgert über die angebliche Verschwendung von Geldern und das Mißmanagement, außerdem enttäuscht, weil man Naville zur Fortsetzung der vom Verein finanzierten Ausgrabungen im nächsten Jahr auserkoren hatte. Petrie war vorübergehend auf seine eigenen Mittel angewiesen. Dann aber schrieb ihm Amelia, mit der er weiter auf gutem Fuße stand, »ein sehr reicher und intelligenter Mann (Kaufmann seines Zeichens), der Ägypten bereist hat und begeisterter Liebhaber ägyptischer Altertümer ist«, habe ihm eine beträchtliche Summe in Aussicht gestellt. Sie habe den Mann erst vor kurzem kennengelernt, aber gleich das Gefühl gehabt, er könne sich als »eine Art neuer Sir Erasmus Wilson« entpuppen. Sie würde aber erst aktiv werden, wenn Petrie grünes Licht gebe: »Wenn Sie Lust haben, werde ich sofort meine Tunnels graben und Sprengsätze legen.«

Der Mann, den Amelia belagerte, war Jesse Haworth, ein reicher Geschäftsmann aus Manchester. Bald stellte Haworth Petrie ohne jede Bedingung Geldbeträge zur Verfügung. »Er ist ein frommer Mann«, schrieb Amelia, »und wenn Sie wieder ein neues Licht auf die Bibel werfen könnten ... er würde sich sehr freuen. Aber von Raub will er nichts wissen, möchte auch ganz im Hintergrund bleiben, also nirgends erwähnt werden.«

Das war der Beginn von Petries Karriere als freiberuflicher Archäologe, unterstützt von der einflußreichsten Publizistin und dem bereitwilligsten Sponsor in der Geschichte der Archäologie.

Die finanziellen Probleme waren nun also aus der Welt geschafft. Blieb als Haupthindernis die Altertümerverwaltung. Petrie geriet wie Budge mit Grebaut aneinander, doch aus ganz anderen Gründen. Petries sehnlichster Wunsch war, zu graben und aufzunehmen, nicht zu plündern. Er machte sich Sorgen, weil das Museumspersonal der Zerstörung, zu deren Verhinderung es angestellt war, eher Vorschub leistete: »Das Vorgehen des Bulaqer Museums in Ägypten«, schrieb er, »erinnert mich an die Amsel in unserem Garten, die alle schönen Johannisbeertrauben abpickt, nur eine frißt und den Rest auf dem Boden verfaulen läßt.«

Als selbständig arbeitender Archäologe mußte Petrie Grebaut um Erlaubnis fragen. Grebaut machte darauf aufmerksam, die Engländer hätten schon Grabungsbewilligungen im Delta und in Assuan. Das übrige Ägypten wollte er für die Franzosen reservieren. »Das Geld ist da«, klagte Petrie, »die Arbeiter sind da, aber der Hund liegt in der Hütte auf schönem warmem Heu und möchte nicht gestört sein.«

Es kam das Gerücht auf – welche Ironie! –, Petrie habe Kisten mit Altertümern herausgeschmuggelt. Sofort klärte er die Lage bei Maspero, und ein Brief des zurückgetretenen Direktors brachte die Dinge wieder ins Lot. Doch Petrie war empört, daß man ihm Budges offensive Methoden in die Schuhe schob. Er schrieb Amelia Edwards:

Wenn Grebaut erfährt, wie der Popanz (ihr Spitzname für Budge) sich benommen hat, wird er einen Tobsuchtsanfall bekommen. Nahm doch dieser Unhold 6 Kisten und schickte sie nach Bulaq, hielt aber 17 andere zurück, die er zur Bestürzung seiner Freunde vom Militär als Militärgepäck deklarierte. Nach seiner Abreise schwammen die 17 Kisten den Nil hinunter, um außer Landes gebracht zu werden. In einer war ein Steinblock mit einer Dreivierteltonne Gewicht. Man hatte in Assuan zunächst nicht gewußt, was man mit ihm anfangen sollte. Dann aber verpackte man ihn in Eisenbahnschwellen, und vernagelte sie mit 15 cm langen Nägeln! Ein hübscher Brocken Militärgepäck! Doch Major Bagnold (von ihm habe ich es) wickelte Leinwand darum herum, strich Farbe drüber, malte eine schöne Adresse drauf – und ab ging die Post.

So sehr ging Petrie der Export von Schätzen aus Ägypten gegen den Strich, daß er bei der Gründung eines Komitees in London mitwirkte, das sich zu einem »Verein für die Konservierung der Monumente des alten Ägypten« entwickelte. Die ersten Mitglieder gehörten zu den Intellektuellen- und Künstlerkreisen der Hauptstadt: Amelia Edwards natürlich, die Maler Holman Hunt, Burne-Jones und G.F. Watts, Archibald Sayce, Professor für

Assyriologie in Oxford, und Sir Henry Layard, der später britischer Botschafter in Konstantinopel wurde. Die Kommission überredete die Altertümerverwaltung, von jedem Touristen eine Abgabe von 100 Piastern zu erheben. Die Erträge sollten, zusammen mit dem Eintrittserlös im Bulaqer Museum und der Antiquitätenverkäufe im Museumsladen, zur Reparatur und Konservierung einiger Tempel in Theben und zur Anbringung von Türen an den Königsgräbern verwendet werden. Der Verein verlangte die Ernennung eines englischen Inspekteurs, der die schon aufgetretenen Schäden begutachten und Empfehlungen für die Zukunft ausarbeiten sollte.

Lord Salisbury, der Außenminister, ließ sich überreden, an Sir Evelyn Baring zu schreiben und ihn zu bitten, diese Vorschläge der ägyptischen Regierung zu unterbreiten. Baring sympathisierte zwar mit den Zielen des Vereins, war aber immer noch bestrebt, Rücksicht auf die Franzosen zu nehmen. Seine ursprüngliche Hoffnung auf einen Rückzug der britischen Besatzungssoldaten in absehbarer Zeit hatte er aufgegeben und war Mitte der 80er Jahre zu dem Schluß gekommen, es wäre sogar unklug, einen Termin für den Abzug der Engländer festzulegen. Das Land könnte nur allzu schnell in die frühere »unbewegliche Starre und orientalische Barbarei« zurückfallen. Eine andere, immer denkbare Möglichkeit war, daß die Franzosen einmarschierten, wenn die Engländer das Land verließen. Wie weit und in welcher Form sich die Briten in die innerägyptischen Angelegenheiten mischten, blieb von Fall zu Fall dem Urteil Barings überlassen – nirgendwo gab es offizielle Richtlinien –, doch war ihm bewußt, daß jede seiner Entscheidungen von den Franzosen, die er einmal als »anglophob« bezeichnete, mit Mißtrauen beobachtet und kritisiert wurde. Im Februar 1888 schrieb er an Lord Salisbury: »Sie sind dermaßen verbohrt und hassen England so glühend, daß ich in diesem Moment vor jedem Säbelrasseln in Ägypten warne.«

Baring empfand auch Unbehagen bei dem Gedanken, daß die Franzosen die ersten waren, die sich für die alten Denkmäler Ägyptens interessiert hatten. Sie hatten das Museum und die Altertümerverwaltung zu einem Zeitpunkt gegründet, als die Engländer derlei Projekte noch der Initiative einzelner überlassen hatten. Die Altertümerverwaltung war fast der letzte Brückenkopf französischen Einflusses in Ägypten, und Baring mischte sich ungern in ihre Angelegenheiten, besonders wenn es um die Eindämmung der Sammelleidenschaft seiner eigenen Landsleute ging. Er spielte daher die Vorschläge des Vereins herunter und legte nicht den geringsten Wert auf ihre Verwirklichung. Deshalb wurde, da Grebaut ohnehin opponierte, nichts daraus. Baring rief zwar einen Ausschuß ins Leben, der Empfehlungen für Grabungsgenehmigungen aussprach. Doch ließ er anscheinend Grebaut meist seinen Willen. Bei einer Gelegenheit beschwerte sich Petrie bei Baring über die Verzögerungstaktik und Ineffizienz der Altertümerverwaltung. Baring zeigte Verständnis, blieb aber untätig. Petrie schrieb, Baring »stand dem Projekt sehr aufgeschlossen und wohlwollend gegenüber, doch sind ihm offenbar die Hände gebunden. ›Das große Problem ist nur dieser Grebaut‹, sagte er immer wieder und schlug dabei mit der Faust auf den Tisch.«

1892 wurde Grebaut nach Frankreich zurückbeordert, und man sah etwas optimistischer in die Zukunft. Doch noch vor seiner Abreise gelang es ihm, neue Verordnungen durch den Ministerrat zu bringen. Die am 17. November 1891 durch Dekret des Khediven in Kraft getretenen Neuregelungen bestimmten, daß keine Ausgrabung in Ägypten ohne ausdrückliche Erlaubnis des »Direktors der Museen und Ausgrabungen« vorgenommen werden durften, und vorher das Ständige Komitee für Ägyptologie seine Stellungnahme abgeben mußte. Alle gefundenen Objekte gehörten gesetzlich dem Staat und mußten im Museum deponiert werden. Was die Kosten der Ausgräber betraf, so schlug die Regierung eine geniale Methode der Entschädigung vor: Die Gesamtheit der Objekte wurde in zwei gleich wertvolle Hälften geteilt, um die die Behörde und der Ausgräber losten. Die Behörde behielt sich das Recht vor, jedes beliebige Stück aus der dem Ausgräber zugefallenen Hälfte anzukaufen. Sie machte ein entsprechendes Angebot, das der Ausgräber ablehnen konnte, wenn er einen höheren Preis für richtig hielt. Dann konnte die Behörde das Stück zum Preis ihres ursprünglichen Angebots kaufen oder den Ausgräber vor die Wahl stellen, es zum höheren Preis wieder zurückzukaufen.

Diese Regelungen schienen ganz vernünftig zu sein, doch stellte Petrie fest, sie seien weit mehr auf die Schatzjäger-Archäologen zugeschnitten als auf ihn. Denn da er nicht wußte, was man ihm lassen würde, war er gezwungen, jedes an der Ausgrabungsstelle gefundene Objekt aufzunehmen, um dann doch die Hälfte ans Museum zu verlieren. Für ihn waren diese Verordnungen der Beweis, daß die britische Diplomatie beim Schutz der britischen Interessen versagt hatte. Seinen Freunden erzählte er schon, er wolle die französische oder deutsche Staatsbürgerschaft beantragen, um die Hilfe, die er brauchte, von anderer Seite zu bekommen. Man riet ihm ab, und zum Glück für die britische Archäologie blieb er. Denn Petrie gab der Archäologie nicht nur ganz neue Ziele, sondern revolutionierte auch ihre Methoden.

Drei Tage nach Inkrafttreten des Erlasses, am 20. November 1891, begann Petrie mit Grabungen in Tell el-Amarna, wohin der Ketzerpharao Echnaton die neue Hauptstadt Ägyptens nach der Aufgabe der alten, Theben, verlegt hatte. Hier verehrten Echnaton und seine Gemahlin Nofretete, von ausgewählten, devoten Höflingen umgeben, den Sonnengott Aton. Tell el-Amarna ist wie ein weitläufiges Amphiteater, das sich in die Felsen schmiegt, fast gleich weit von den von Echnaton verschmähten Städten Theben und Memphis entfernt. Petrie machte erschrockene Augen: »Es wartet hier eine die Kräfte eines Menschen übersteigende Aufgabe auf mich«, schrieb er. »Stellen Sie sich vor, Sie müßten die Ruinen von Brighton ausgraben, denn so groß ist diese Stadt ungefähr.«

Petrie machte nach kurzer Zeit auf dem Gelände des Palastes einen Fund, den er als »die künstlerisch bedeutendste Entdeckung seit Mariettes Statuen aus dem Alten Reich« bezeichnete. Es war ein bemalter Plattenhof im Palast mit 75 Metern im Quadrat, begrenzt von einem Muster, bei dem Lotussträuße mit gefüllten Speiseschalen abwechselten. Ein Pfad durchquerte die Fläche, und an jeder Seite war ein Teich mit Fischen und Pflanzen gemalt. Um diese Teiche tummelten sich Kälber in Büschen, und Spießenten tauchten aus Schilf- und Papyrusstauden auf.

Petrie entwarf und baute einen Steg 20 cm über dem Boden, so daß Besucher darüber hinweggehen konnten, ohne das Kunstwerk zu beschädigen. Außerdem überzog er die ganze Fläche mit einer dünnen Schicht Tapioka-Wasser. Er trug sie sorgfältig mit dem Zeigefinger auf, und getrocknet diente sie als dünner Schutzfilm. Die Stelle wurde zur Touristenattraktion. Einige Jahre wurde sie von Cooks Dampfern auf der Nilroute angelaufen. Der Verein zur Konservierung der Monumente Ägyptens hatte zwar ein Schutzdach über der Stelle errichtet, unglücklicherweise aber vergessen, für einen Weg von der Anlegestelle bis zum Palast zu sorgen, so daß die Touristen unterwegs die bebauten Felder zertrampelten. Eines Nachts zerhackte der Bauer, dem die Felder gehörten, den bemalten Boden in Stücke, die einzige Möglichkeit für ihn, seine Ernte zu retten.

1882, ein Jahr nach Petries Entdeckung, starb Amelia Edwards und hinterließ testamentarisch eine Stiftung, mit der am University College in London ein Lehrstuhl für ägyptische Archäologie errichtet werden sollte. Es waren jedoch Bedingungen daran geknüpft.

Kein Beamter des Britischen Museums sollte für den Posten in Frage kommen – dadurch war Budge eliminiert –, und der Bewerber durfte nicht älter als 40 Jahre sein, was die meisten anderen in Frage kommenden prominenten Kandidaten ausschloß. Tatsächlich hatte Amelia schon an einen bestimmten Kandidaten gedacht und ihren Testamentsvollstreckern diesen Wunsch mitgeteilt.

Es war Petrie, und er wurde auch ordnungsgemäß ernannt. Die Stellenbeschreibung nahm Rücksicht auf seinen Wunsch, »aktive Feldarbeit zu betreiben« und ließ ihm die Wintermonate frei, so daß er seine Grabungen in Ägypten fortsetzen konnte. Sie wandten sich immer mehr der Erforschung der prädynastischen Kulturen am Nil zu.

Da sich die Ausgräber früher auf wertvolle und gut verkäufliche Artefakte konzentriert hatten, wußte man wenig über die Ursprünge der ägyptischen Kultur. Die Ägyptologen stellten Theorien auf, deren populärste war, daß die ägyptischen Herrscher ihre Kultur aus Mesopotamien mitgebracht und dem eroberten Volk aufoktroyiert hatten. In Quft, einer kleinen Stadt nördlich Luxor, entdeckte Petrie roh gearbeitete Gipsstatuen des Schutzgottes Min, offensichtlich primitiver als alle bisher gefundenen Figuren. Hierauf stieß er in Naqada etwas weiter südlich auf einen großen Friedhof mit tausenden primitiver Bruchstücke: Feuersteinmesser, Steinpaletten und Stockknäufe, ferner nicht mit der Töpferscheibe hergestelltes Tongeschirr. Nirgendwo fanden sich Spuren einer Schrift. Petrie war klar, daß er hier mit einer Kultur in Berührung gekommen war, älter als die bis jetzt bekannten. Zuerst dachte er, es müsse sich um ein Einwanderervolk, wahrscheinlich aus Libyen, gehandelt haben, doch dann zeigten genauere Untersuchungen des Keramikstils, daß sich die Kultur über eine lange Zeitperiode entwickelt hatte. Man konnte also die ägyptische Vorgeschichte im Niltal ohne Rückgriff auf »Wanderungstheorien« als eigenständiges Phänomen behandeln.

Die Jahrhundertwende brachte auch eine Wende im Schicksal der englischen Ägyptologie. 1899 ließ sich Maspero überreden, als Direktor der Altertümerverwaltung nach Kairo zurückzukehren. Er verschärfte die Maßnahmen gegen illegale Ausgrabungen und veranlaßte die Behörde für öffentliche Arbeiten, zwei Inspekteure, beides Engländer, zu ernennen – einen für Mittelägypten bis Abydos, den anderen für den Süden. Maspero gab der Ägyptologie außerdem einen neuen Impuls, indem er die Grabungskonzession für Abydos an Petrie vergab.

Abydos ist für das Gräberfeld von Thinis berühmt, der ersten Pharaonenhauptstadt Ägyptens, wo sich auch das Grab des Osiris befunden haben soll. Dort wurden alljährlich die Mysterienspiele vom Tod und der Auferstehung des Gottes aufgeführt. In alten Zeiten war es ein Wallfahrtsort, und die meisten Ägypter wollten entweder dort begraben sein oder wenigstens vor dem endgültigen Begräbnis als Mumie hingebracht werden, um eine Zeitlang dort zu verweilen und dem Gott Ehre zu erweisen. Sowohl Mariette und Maspero hatten schon in Abydos gegraben und Statuen fürs Bulaqer Museum sichergestellt. Petrie hatte viele Male um Grabungsgenehmigung nachgesucht, war aber immer zugunsten der Franzosen abgewiesen worden. 1895 war Emile Amélineau die Konzession erteilt worden. Er hatte ein Heer von Arbeitern eingesetzt, um marktfähige Altertümer auszugraben, und behauptete, diese Leute hätten alle Objekte von Wert auf die Seite gebracht und den nicht transportablen Rest in Stücke zerhauen. Aber Petrie fand die eigentlich wertvollen Stücke: Er identifizierte Königsnamen auf Steinscherben und Krugsiegeln, ordnete sie nach stilistischen Ähnlichkeiten und Unterschieden und war so in der Lage, eine Chronologie zu entwerfen. Bei der Ausstellung seiner Funde in London bemerkte Petrie, daß die unbeachteten Kleinigkeiten den Geschmack des Publikums langsam zu verändern begannen: »Eine neue Einstellung der Besucher bildete sich heraus. Statt sich nur für besonders schöne oder auffällige Dinge zu interessieren, beugten sie sich fasziniert über die Tische mit Fragmenten der 1. Dynastie. So mancher Arbeiter verbrachte seine ganze Mittagspause in dem Saal.«

Vierzig Jahre lang reiste Petrie alljährlich nach Ägypten und führte Ausgrabungen durch. Niemand hat jemals an so vielen Stellen gearbeitet und so viele bedeutende Entdeckungen gemacht. Petrie begründete eine neue Schule verantwortungsbewußterer Ägyptologen, die durch Konzentration auf die sehr kleinen, ja scheinbar belanglosen Objekte eine lange Epoche vorgeschichtlicher Entwicklung identifizieren konnten. Auf dieser Grundlage ließen sich durch die Methode der Sequenzdatierung immer höher organisierte Kulturen feststellen. Sequenzdatierung beruht auf der einfachen Erfahrung, daß ein heute weggeworfener Gegenstand auf dem gestern weggeworfenen landet. Es ist deshalb legitim anzunehmen, daß weiter oben gefundene Gegenstände historisch jünger sind als weiter unten liegende. Dieses Prinzip wandte Petrie auf verschiedene in Schichten unterschiedlicher Tiefe gefundene Keramikstile an und vermochte auf diese Weise sieben aufeinanderfolgende Stufen vordynastischer Keramik zu identifizieren, wobei jede mit der vorhergehenden oder nachfolgenden durch mindestens ein gemeinsames Merkmal verbunden war. Objekte, die dann zusammen mit Tongefäßen eines bestimmten Stils gefunden wurden, stammten mit größter Wahrscheinlichkeit aus derselben Zeit. Petrie erläuterte den Mitgliedern des »Vereins zur Erforschung Ägyptens« diese Methode mit Hilfe einer einfachen Analogie:

Wenn man beim Tod der einander folgenden Eigentümer eines alten Landhauses jeweils einen Raum zugesperrt hätte, könnte man später beim Vergleich des Inventars leicht feststellen, welche Räume den verschiedenen Zeitepochen zugehörten. Niemand käme auf die Idee, ein Regency-Zimmer zwischen den Epochen Marias und Annas anzusiedeln oder einen Saal aus dem elisabethanischen Zeitalter Räumen aus der Zeit Georgs III. zuzuordnen. Die Reihenfolge der Räume könnte durch den Vergleich aller Möbel und Einrichtungen mit Sicherheit festgestellt werden. Und jeder hätte ein paar Stilmerkmale mit den Nachbarräumen gemeinsam und weniger Ähnlichkeit mit zeitlich weiter entfernten ... Die Methode paßt auf Gräber und Zimmer, Geschirr und Möbel gleichermaßen.

Petries Vorgehen war jedoch zeitraubend und ermüdend, da die genaue Lage jedes Objekts gewissenhaft beschrieben werden mußte. Es gab Archäologen, die lieber schnell gruben und nach den auffälligeren Trophäen Jagd machten. Naville z. B., ungeduldig und impulsiv wie alle Männer der alten Schule, hielt von Petries Techniken gar nichts: »Ebensogut könnten Sie einen Lageplan der Rosinen in einem Pudding erstellen«, schrieb er. Dennoch setzte sich Petries Methode der Grabungsarchäologie durch. Seine sorgfältige Beobachtung und Aufnahme jedes gefundenen Gegenstandes, wie bescheiden auch immer, ersetzte die hastige Schatzsucherei seiner Vorgänger.

Petrie gelangen auch bedeutende Entdeckungen: Der Stadt Naukratis folgte Kahun, eine dicht bebaute, ummauerte Stadt des Mittleren Reiches, die großen, vordynastischen Friedhöfe in Naqada, Schätze aus Tell el-Amarna und schöne archaische Artefakte aus den Königsgräbern zu Abydos, wo es ihm durch seine Funde glückte, die ersten Könige Ägyptens in chronologische Reihenfolge zu bringen. Kein Mann in der gesamten Geschichte der Ägyptologie hat so viele bedeutende Entdeckungen gemacht.

Als seine Techniken in weiteren Kreisen bekannt und von einer zunehmenden Anzahl Archäologen angewendet wurden, bat man Petrie, ein Handbuch zu schreiben. Aus *Methoden und Ziele der Archäologie* (1904) läßt sich vielleicht entnehmen, warum Petrie nicht so schnell in Mode kam. Als für einen guten Archäologen erforderliche Eigenschaften nennt er z. B. unter anderem: einen stark ausgeprägten Sinn für Geschichte, gute Vorbildung in Kunstgeschichte und Naturwissenschaft, Fähigkeit zu scharfer Beobachtung und verläßliches visuelles Gedächtnis, Beherrschung der Sprachen der zu untersuchenden alten Kultur und der jetzigen Sprache des Landes, in dem man gräbt. Der Archäologe sollte außerdem körperlich robust und bereit sein, stundenlang mit Hacke und Schaufel zu arbeiten. Die körperliche Verfassung läßt sich ablesen an »der Kürze seiner Fingernägel und seiner rauhen Haut... Nichts ersetzt beim Herausziehen von Objekten aus dem Boden und ihrer Freilegung die tastenden Finger. Man könnte ebensogut in Handschuhen Geige spielen wollen wie mit sauberen Fingern und glatter Haut Ausgrabungen durchführen.« Der überzeugte Jünger der Archäologie muß auch die Kleidung seiner Rolle anpassen:

»Wer bei der Arbeit seine Kleidung schonen möchte, nicht die Strümpfe ausziehen und ins Wasser steigen oder durch glitschigen Schlamm in unbekanntem Gelände waten will, sollte besser nicht Archäologe werden.«

In seinem Handbuch gab Petrie auch ausführliche Ratschläge für die Auswahl von Arbeitern. Das beste Alter sei zwischen 15 und 20. Danach »würden viele stumpf«. Über die richtige Behandlung von Arbeitskräften schrieb er: »Am besten stellt man sich zu den Arbeitern wie zu persönlichen Freunden, wie zu treuen alten Dienern in einem gediegenen Haushalt.« Viel besser ist es, ohne einen Aufseher auszukommen, von dem man doch nicht weiß, ob man ihm trauen kann. Der Archäologe sollte diese Aufgabe selbst übernehmen. Gut hat sich ein System »überraschender Stichproben« bewährt, wobei man sich den Gruben am besten in tarnenden Mulden nähert. Unschätzbar ist in dieser Hinsicht das Fernrohr. Petrie erzählt eine Anekdote aus Tanis, wo er aus der Ferne eine Reihe Frauen beobachtete. Eifrig kletterten sie aus einer tiefen Grube heraus und balancierten die Körbe auf dem Kopf. Aber das Fernrohr zeigte, daß die Körbe alle leer waren.

Petries Art zu leben wurde zur Legende. Alles Geld, was er verdiente, mußte zwischen seinen persönlichen Bedürfnissen und den Grabungen geteilt werden, weshalb er seinen eigenen Anteil auf ein Minimum zurückschraubte. Er besaß einen eigenen Tisch, an dem er zu arbeiten und zu essen pflegte:

... der von ein paar winzigen Wandöffnungen knapp unter der Decke erhellt wurde. In einem Trog unter dem Tisch standen zwei Reihen Büchsen mit verschiedenen Speisen, daneben lag ein Büchsenöffner.

Immer, wenn der Hunger ihn übermannte, machte er sich über eine Büchse her, welche ihm gerade in die Finger kam. Er erwartete von seinen Leuten, daß sie es genauso machten.

So schilderte ein amerikanischer Besucher das Leben im Camp Petries und fügte hinzu, zwei von Petries Mitarbeitern seien nicht zu sprechen gewesen, weil sie sich gegenseitig auf Fleischvergiftung behandeln mußten. Ein anderer Amerikaner schrieb: »Er muß durch diese ständige Rücksichtslosigkeit gegen die eigene Person gegen viele Annehmlichkeiten des Lebens ganz abgestumpft sein. Ich saß und sprach mit ihm, als er plötzlich, direkt vor mir, den Schuh auszog und die Steine ausschüttelte. Er trug keine Strümpfe, seine staubigen Füße waren nackt.«

Die beste Charakterisierung Petries bei der Arbeit findet sich in der von James Breasted verfaßten Biographie. Breasted war der erste amerikanische Professor der Ägyptologie und brachte es in diesem Fach zu großen Ehren. Es war in den Flitterwochen und auf seinem ersten Ägyptenbesuch, daß er Petrie kennenlernte. Er wurde im Lager Petries herzlich willkommen geheißen:

Er wurde seinem Ruf, nicht nur nachlässig, sondern absichtlich schlampig und schmutzig gekleidet zu sein, vollkommen gerecht. Total ungekämmt, Hemd und Hosen nur noch dreckige Lumpen, die Sandalen ausgelatscht, trug er natürlich auch keine Socken. Zu seinen vielen Spleens gehörte es auch, daß er sich freute, wenn seine Helfer es ihm darin gleichtaten... Sein Essen war so erbärmlich schlecht, daß nur Leute mit eiserner Konstitution es vertrugen, und selbst sie stillten ihren Hunger zusätzlich, indem sie wie die Fellachen vergleichsweise luxuriöse Bohnengerichte und ungesäuertes Brot aßen... Bleibt zu konstatieren, daß er nicht nur die Praxis überstand, die er predigte, sondern bei allen Schrullen am Ende mit einem Minimum an Aufwand ein Maximum an Erfolg erzielte. Das soll ihm mal einer nachmachen.

10

Zwischenspiel und grosses Finale

Die Bilder des amerikanischen Malers Joseph Lindon Smith waren so wirklichkeitsgetreu gemalt, daß sie leicht mit der Realität verwechselt werden konnten. Man fotografierte den Künstler mit dem Pinsel in der Hand z. B. in einem ägyptischen Tempel, vor zwei offensichtlich identischen Dingen: einem echten Gegenstand und seiner Abbildung. So realistisch war Smith' Wiedergabe, daß man dem Betrachter erklären mußte, welches der Gegenstand und welches das Bild war. Joseph Smith (1863–1950) verbrachte so manches Jahr in Ägypten und schuf diese erstaunlichen Werke. In dieser Zeit ergriff die Geschichte vom »Fluch des Aton« von ihm Besitz.

Als König Echnaton (1353–1335 v. Chr.) die Religion seiner Ahnen verleugnete, zerstörte er alle Bilder ihres Gottes Amun-Re in der Hauptstadt Theben und ließ die Amun-Priester verfolgen. Nach dem Tod des Königs wurde die frühere Religion wieder eingeführt. Joseph Smith hatte nun davon gehört, daß die Priester einen Fluch gegen Echnaton ausgesprochen hatten. Durch den Fluch waren Echnatons Seele und Körper dazu verdammt, getrennt voneinander den Raum zu durchwandern und für alle Ewigkeit nicht mehr zueinander zu finden.

Joseph Smith hatte den Einfall, ein rituelles Schauspiel zu inszenieren, bei dem Königin Teje, die Mutter Echnatons, die Götter der Unterwelt, vertreten durch den falkenköpfigen Horus, um Gnade für ihren Sohn anflehte. Er gedachte dieses Spiel vor einem Publikum im Tal der Königinnen aufzuführen. Smith' Frau sollte die Rolle der Königin Teje übernehmen, Hortense Weigall, verheiratet mit dem Inspekteur der Altertümerverwaltung in Luxor, den Part Echnatons, und Smith selbst, obwohl von unscheinbarem Äußeren, klein und sanft, mit Kahlkopf, Brille und Walroßschnurrbart, wollte den Horus, den falkenköpfigen Sonnengott, spielen. Aber das Unternehmen sollte mehr sein als nur ein Laienschauspiel. Durch seinen Ausflug in die Welt des Theaters hoffte das Trio Echnatons ruhelos wandernde Seele seinem Körper wiederzugeben.

Mit Hilfe des Inspekteurs von Luxor wurde das Skript, das, wie Joseph Smith berichtet, »auf verläßlichen archäologischen Daten beruhte«, sorgfältig ausgearbeitet. Man bat den Direktor der Altertümerverwaltung, Maspero, um seine Zustimmung und erhielt sie auch. Nur geladene Gäste waren zugelassen. Die Einladung bestand »aus einem ausführlichen, mit vielen Zitaten gespickten Dokument, beginnend mit ein paar Zeilen aus einer demotischen Inschrift«, in dem die tragische Geschichte des Fluchs erzählt wurde.

Die hervorragendsten Persönlichkeiten der Ägyptologie nahmen die Einladung an: die Masperos, die Petries, Lord und Lady Carnarvon, die Navilles, Legrain, G. Elliot Smith, John Garstang, Howard Carter und Ernesto Schiaparelli, um nur einige zu nennen. Auch der berühmte Schauspielermanager Herbert Beerbohm Tree war zu dieser Zeit in Luxor. Er las voll Bewunderung das Skript und bat ebenfalls um eine Einladung.

Die Truppe hatte gewaltiges Lampenfieber, als die erste und einzige Probe über die Bühne ging, drei Tage vor der angesetzten Aufführung. Der Start war verheißungsvoll, Smith absolvierte seinen ersten Auftritt als Gott Horus mit Bravour. Dann aber kam Hortenses Auftritt. Sie war anscheinend nicht ganz bei der Sache, und Smith erinnert sich: »Ich wollte, da ihrer Darbietung das Feuer fehlte, ihr als Regisseur ein paar Stellen vorspielen.« Er sprang auf die Bühne und deklamierte schwungvoll ihre Verse, als jählings eine unerwartete Antwort erfolgte: »Ohne jegliche Vorwarnung übertönte ein furchtbarer Donnerschlag mit Blitzen und wilder Windsbraut« seine Stimme. Er brach abrupt ab, ebenso plötzlich hörte der Sturm auf. Smith machte weiter und übernahm wieder seine eigene Rolle. Volltönend deklamierte er die heiligen Worte, und glühend von innerem Feuer erschien jetzt Corinne. Kaum aber hatte sie mit dem Gesang von Echnatons Hymne an die aufgehende Sonne begonnen, als ein Wolkenbruch niederging und faustdicke Hagelkörner niedersausten. Alle gingen schleunigst in Deckung.

Joseph Smith machte sich Mut mit der Theaterregel: schlechte Generalprobe – gute Premiere. Die Nacht vor der Premiere jedoch hatten die Frauen in den beiden Hauptrollen ein und denselben Traum. Sie standen, jede für sich allein, im Ramesseum. Da kam unversehens Leben in die große, dem Amun-Re geweihte Steinfigur. Sie bewegte die Arme und schlug mit ihrem Stab nach den beiden Frauen – Hortense auf den Bauch, Corinne auf die Augen. Am Morgen mußte Corinne mit akutem Trachom in ein Kairoer Krankenhaus eingeliefert werden – »man fürchtete um ihr Augenlicht« – und Hortense lag nach einer Bauchoperation, die »fast tödlich verlaufen wäre«, im Nachbarraum. Smith berichtet, »48 Stunden nach der Probe war kein Schauspieler und kein Probenzuschauer mehr in Luxor zu sehen. Alle waren schwer erkrankt.«

Arthur Weigall, Inspekteur der Altertümerverwaltung, dessen veröffentlichter Bericht über die Vorgänge im wesentlichen mit dem Smith' übereinstimmt, konnte sich dennoch nicht davon überzeugen, daß hier böswillige Tote am Werk gewesen sein sollten. »Ich glaube, man hat bei dieser Tragödie die Rolle des Zufalls, der ohnehin meist unterschätzt wird, noch nicht genügend berücksichtigt... trotzdem lasse ich hier alles offen.«

Das große Finale der Entdeckungen in Ägypten ist ein archäologisches Drama von epischer Breite. Es »fängt an wie ›Aladins Wunderlampe‹ und endet als griechische Schicksalstragödie«. So schrieb die Schwester des Hauptdarstellers, George Edward Stanhope Molyneux Herbert, Sportsmann, Kunstsammler und fünfter Earl of Carnarvon.

Als sich nach einem schweren Autounfall Atembeschwerden einstellten, schlugen die Ärzte Lord Carnarvon vor, die Winter im Ausland zu verbringen. Sein Sohn schreibt: »1902 entschloß er sich, Mitte Januar, nach Beendigung der Fasanensaison, nach Ägypten zu gehen.« Dort begegnete er Lord Cromer, der sich sehr anerkennend über das Land äußerte, doch auch meinte, der andere werde sich ohne ein Hobby zu Tode langweilen. Er empfahl ihm die Archäologie. Lord Carnarvon bemerkte tatsächlich sehr bald, er könne seiner Spiel- und Sammelleidenschaft am besten dadurch frönen, daß er Geld und Energie in Ausgrabungen steckte. Wie beim Spiel war dabei niemals vorauszusagen, was passierte. In dem langen Weizengürtel zu beiden Seiten des Nils konnte ein begeisterter Amateur ebensogut wie ein nüchterner Experte immer über vergrabene Schätze stolpern. Aber man konnte seine Chancen verbessern, indem man die Orte aussuchte, wo die Wahrscheinlichkeit, fündig zu werden, am größten war, und Lord Carnarvon war schnell klar, daß er einen Agenten brauchte, der sich in den Örtlichkeiten auskannte. Seine Wahl fiel auf einen Mann, der sich damals als Aquarellist in Ägypten durchschlug – Howard Carter.

Carter war 1891, im Alter von 17, nach Ägypten gekommen und hatte bei einem Forschungsprojekt als Zeichner mitgewirkt. Kein geringerer als Flinders Petrie war bei Amarna sein Chef gewesen, doch hatte Carter bei dem großen Mann keinen besonderen Eindruck hinterlassen: »Mr. Carter ist ein guter Junge«, schrieb dieser, »und interessiert sich ausschließlich für Malen und die Natur ... es wäre sinnlos, ihn zum Ausgräber auszubilden.« Doch Carter hatte dann mit Naville, Griffith und Maspero weitergemacht, bis er 1899 von der Altertümerverwaltung zum Generalinspekteur der oberägyptischen Monumente ernannt wurde. Ein Streit mit französischen Touristen hatte zur Folge, daß er 1905 bei der Verwaltung kündigte, und so verdiente er sich zu dem Zeitpunkt, wo er Carnarvon kennenlernte, sein Geld wieder mit Malen.

Die nächsten fünf Jahre über gruben Carter und Carnarvon an 15 verschiedenen Stellen im Bereich Thebens, wodurch sie allmählich eine hübsche Sammlung zusammenbrachten. Sorgfältig nahmen sie jeweils die Lage ihrer Funde auf. 1912 veröffentlichte Carnarvon unter Mithilfe Carters *Fünf Jahre Forschung in Theben*, einen ausführlichen Bericht über ihre gemeinsame Arbeit.

Carters Interesse richtete sich auf das Gelände jenseits des Flusses, das Tal der Könige. Hier waren die Gräber der größten ägyptischen Herrscher entdeckt worden, hier konnte man am ehesten hoffen, daß sich der Traum aller Ausgräber verwirklichte: ein noch unberührtes Königsgrab.

Seit den ersten Entdeckungen Belzonis war im gesamten 19. Jahrhundert das Tal von Dutzenden emsiger Forscher durchkämmt worden. Belzoni hatte den Platz in der Überzeugung, man werde nichts von Bedeutung mehr finden, schon aufgegeben. So auch Henry Salt: Er hatte sich dort »vier Monate aufgehalten und ebenso eifrig gearbeitet, um ein weiteres Grab zu entdecken – doch vergeblich«. Lepsius hatte das ganze Areal mit preußischer Gründlichkeit vermessen und erklärt, was zu entdekken sei, sei entdeckt. Aber um die Jahrhundertwende war der französische Ägyptologe Victor Loret, damals Direktor der Altertümerverwaltung, im Grab Amenophis' II. auf ein Versteck mit neun Pharaonenmumien gestoßen.

Ab 1903 besaß der reiche amerikanische Geschäftsmann Theodore M. Davis, dessen erste Ausgrabungen unter der Aufsicht Carters stattfanden, die Grabungskonzession für das Tal der Könige. Davis war es gelungen, weitere Gräber freizulegen. Er hatte über seine Funde in sechs dicken Bänden berichtet. Da er für die Altertümerverwaltung arbeitete, wanderten die schönsten der von ihm entdeckten Objekte ins Kairoer Museum. 1912 sah es so aus, als ob das Tal und Davis endlich voneinander genug hätten, aber es widerstrebte ihm doch, die Konzession abzugeben. Carter und Carnarvon mußten bis 1914 warten, bevor sie das Gelände von ihm übernehmen konnten. Die Grabungserlaubnis sah vor, daß »die Ausgrabungen von Mr. Howard Carter auf Kosten, Risiko und Gefahr des Earl of Carnarvon durchgeführt werden«. Es war Bedingung, daß Carter bei den Grabungen stets zugegen sein mußte. Die Genehmigung konnte jährlich verlängert werden, bis zum 16. November 1923.

Der Ausbruch des Ersten Weltkriegs verzögerte den Beginn der Arbeiten. Carnarvon eilte nach England zurück, und Carter wurde einem zivilen Arbeitsdienst zugeteilt: Er mußte Arbeitstrupps organisieren. Nach Gallipoli marschierten die Türken 1916 in Ägypten ein, wurden aber schnell zurückgeschlagen. Damit war der Krieg in diesem Abschnitt beendet. 1917 konnte Carter seine Kampagne im Tal der Könige starten.

»Die Schwierigkeit bestand darin«, schrieb er, »zu wissen, wo wir anfangen sollten. Denn Berge von Schutt, den die früheren Ausgräber aufgeworfen hatten, erfüllten den Talboden nach allen Richtungen.« Die meisten dieser Ausgräber hatten nur die vergrabenen Schätze im Sinn gehabt und sich nicht die Mühe gemacht, aufzuzeichnen, wo sie den Boden durchwühlt hatten. Der einzig vernünftige Weg, der Carter blieb, war, »sich ganz planmäßig bis auf den Felsboden hinunterzuarbeiten«.

1917 verging ohne Ergebnis. Im nächsten Jahr kam Carnarvon wieder nach Ägypten, und beide gruben sieben Monate – umsonst. 1919 stießen sie auf ein Versteck mit 13 Alabasterkrügen mit den Siegeln Ramses' II. »So nahe an einem wirklichen Fund waren wir bisher bei all unseren Arbeiten im Tal nie gewesen, so daß wir natürlich etwas erregt waren«, schrieb Carter. Die gehabte Aufregung mußte als Motivation für weitere unfruchtbare Jahre, 1920 und 1921, ausreichen. Sie gruben Monat um Monat in der mörderischen Hitze des Talkessels, ohne etwas Nennenswertes zutage zu fördern.

Im Sommer 1922, während Lord Carnarvon in Highclere weilte, erhielt Carter dessen Mitteilung, die Suche im Tal solle abgebrochen werden. Carnarvon hatte an die 50 000 Pfund in die Grabungen gesteckt. Er war 56 und bei schlechter Gesundheit. Sein Vermögen litt unter der Nachkriegsinflation. Er hatte den Glauben daran verloren, daß sich noch weitere Gräber in dem Tal befinden könnten. Und selbst wenn man doch noch auf ein königliches Mausoleum stieße, wäre es höchstwahrscheinlich, wie alle übrigen, längst ausgeraubt.

Doch Carter weigerte sich aufzugeben. Wenigstens noch eine Saison wollte er durchhalten, um den einzigen Platz im Tal, der noch nicht durchwühlt worden war, zu untersuchen. Er war sogar bereit, auf eigene Kosten zu graben, wenn ihm Carnarvon erlaubte, seine Konzession zu benutzen. Hätte er dann Erfolg, sollte die Entdeckung doch als Leistung Carnarvons gelten. Angesichts einer solchen Großzügigkeit willigte Carnarvon ein, vor dem endgültigen Abschied von Ägypten noch eine Saison zu bezahlen.

Das kleine Stück Land, auf das Carter seine letzte Hoffnung setzte, lag schräg unterhalb des Eingangs zum Grab Ramses' VI., einer besonderen Touristenattraktion. Carter hatte hier eine Ansammlung von Arbeiterhütten aus der 20. Dynastie entdeckt, wollte aber zunächst nicht weiter unterhalb graben, weil man dadurch den Touristen, die das Grab besuchten, den Weg abgeschnitten hätte. Doch alle anderen Stellen auf dem Gelände waren bereits durchsucht worden, und jetzt mußten die Touristen eben

Platz machen. Am 3. November 1922 rief Carter seine Arbeiter zusammen und befahl ihnen, mitten im Hüttengelände in die Tiefe zu graben.

Am nächsten Morgen erschien Carter kurz nach Tagesanbruch an der Arbeitsstelle. Die Arbeiter standen schweigend und starrten in den Graben hinunter. Auch Carter spähte hinab. Dort drunten glänzte, direkt in die Kalksteinunterlage gehauen, eine saubere weiße Stufe. Sie führte zu einer nächsten, dann zu einer dritten, und noch weiter hinab. Bei der zwölften Stufe wurde der Oberteil einer mit Mörtel verputzten versiegelten Tür freigelegt. Carter bohrte oben ein Loch hinein und spähte hindurch. Er sah einen Gang voller Schutt und Geröll. Es konnte sich um den Eingang zu einem Königsgrab handeln oder auch zu einem Versteck mit Kostbarkeiten. Die Arbeiter räumten den Gang frei und entdeckten vier weitere Stufen. Auf der Tür selbst war das Siegel der Hohenpriester der Totenstadt angebracht: ein Schakal über neun hingestreckten Gefangenen. Es war also der Eingang zu einem Grab. Das Siegel der Totenstadt machte es wahrscheinlich, daß es ein Königsgrab war, das seit Errichtung der Arbeiterhütten nicht mehr betreten worden war. Da man die Hütten anläßlich des Baus von Ramses' VI. Grab in der 20. Dynastie erstellt hatte, mußte alles, was sich hinter der Tür befand, seit über 3000 Jahren unberührt geblieben sein. Carter ließ die Treppenspindel wieder mit Schutt füllen, stellte einen Posten auf und schickte ein Telegramm an Carnarvon: »HABE ENDLICH WUNDERBARE ENTDECKUNG IM TAL GEMACHT. EIN GROSSARTIGES GRAB MIT UNBESCHÄDIGTEN SIEGELN. BIS ZU IHRER ANKUNFT ALLES WIEDER ZUGEDECKT. GRATULIERE.«

Carter mußte 18 Tage warten, bis sein Mäzen auftauchte. In der Zwischenzeit ging ihm durch den Kopf, was hinter den 16 Stufen liegen könnte. Aufgrund mancher Hinweise, auf die man früher in der Umgebung schon gestoßen war, dachte er an das noch unentdeckte Grab König Tutenchamuns.

1907 hatte Theodore M. Davis eine unterirdische Kammer mit einer Alabasterfigur ohne Inschrift und einem zerbrochenen Holzkästchen entdeckt, in dem sich mehrere Goldplättchen befanden. Eingeritzt darin waren die Namen Tutenchamuns und seiner Gemahlin. Gleich in der Nähe grub Davis ein Fayencegefäß aus, ebenfalls mit Tutenchamuns Namen darauf. Er hielt die unterirdische Kammer für das leere, ausgeräumte Grab des Königs. In der Nachbarschaft stieß er weiter auf etwa ein Dutzend weiße Tonkrüge, die Leinwandballen mit dem Namen Tutenchamun enthielten, einige Beutel mit Häcksel und Natron sowie Vogel- und Tierknochen. Davis schickte das alles zum Metropolitan Museum in New York, wo sie der Konservator der ägyptischen Abteilung teils als Materialien identifizierte, die zur Einbalsamierung der Leiche Tutenchamuns verwendet worden waren, teils als Überreste des Festes, das die Mumifizierer nach vollbrachter Arbeit gefeiert hatten. Allem Anschein nach war Tutenchamun wirklich in diesem Tal begraben, wohl unweit der Stelle, wo Davis seine Funde gemacht hatte.

Dennoch war es nicht sehr wahrscheinlich, daß ein Königsgrab an einem so unauffälligen Ort und so nahe bei einem anderen angelegt worden sein sollte. Aber alle anderen, wahrscheinlicheren Möglichkeiten waren inzwischen ausgeschöpft, und Carter zeigte sich optimistisch. Er errichtete an Ort und Stelle eine Steintafel mit dem Wappen Lord Carnarvons.

Am 23. November hatte Carter, in Erwartung der Ankunft Lord Carnarvons, die Treppenspindel wieder freigelegt. Eindeutig waren es die Siegel Tutenchamuns, die unten an der Tür leuchteten. Am folgenden Nachmittag stieg Lord Carnarvon die 16 Stufen hinab und sah zu, wie Carter die Siegel erbrach. Aber schon kam die erste Ernüchterung. Die Siegel Tutenchamuns waren zwar auf dem ursprünglichen Verputz angebracht, jene der Behörden der Totenstadt dagegen auf offensichtlich erneuerter Unterlage. Das Grab mußte schon in frühester Zeit aufgebrochen und neu versiegelt worden sein, was die von Davis gefundenen Objekte erklärte, die offenbar von Dieben herausgeholt worden waren. Das war ein Rückschlag. Doch der Umstand, daß das Grab wieder versiegelt worden war, zeigte, daß die Behörden überzeugt waren, es enthalte noch Dinge von Wert. Carnarvon und Carter schöpften wieder vorsichtig Hoffnung und machten weiter.

Am 25. November entfernten sie den Schutt aus dem abschüssigen Gang hinter der Tür und fanden dabei Topfscherben, Alabasterkrüge und Bruchstücke kleinerer Gegenstände, was alles darauf hindeutete, daß das Grab schon geplündert war. Am Nachmittag des folgenden Tages stießen sie, neun Meter hinter dem Eingang, auf eine zweite versiegelte Tür, fast genauso gearbeitet wie die erste. Sie trug die Siegel Tutenchamuns und der königlichen Totenstadt. Wieder fanden sich Anzeichen, daß die Tür schon geöffnet und neu versiegelt worden war. Die Gruppe wartete gespannt, was Carter als nächstes tun würde:

Der entscheidende Augenblick war gekommen. Mit zitternden Händen machte ich eine kleine Öffnung in der linken oberen Ecke. Dunkelheit und Leere zeigten, soweit eine hindurchgesteckte Eisenstange reichen konnte, daß das, was auch hinter der Tür lag, leer und nicht wie der eben ausgeräumte Gang ausgefüllt war. Lichtproben wurden aus Vorsicht gegen möglicherweise vorhandene giftige Gase angewandt, dann erweiterte ich das Loch, führte eine Kerze hindurch und spähte hinein, während Lord Carnarvon, Lady Evelyn und Callender neben mir standen, begierig, den Urteilsspruch zu hören. Zuerst konnte ich nichts sehen, da die aus der Kammer entweichende heiße Luft das Licht der Kerze zum Flackern brachte. Als meine Augen sich aber an das Licht gewöhnten, tauchten bald Einzelheiten im Innern der Kammer aus dem Nebel auf: seltsame Tiere, Statuen und Gold – überall glänzendes, schimmerndes Gold! Für den Augenblick – den anderen, die neben mir standen, muß es wie eine Ewigkeit erschienen sein – war ich vor Verwunderung stumm. Als Lord Carnarvon die Ungewißheit nicht länger ertragen konnte und ängstlich fragte: »Können Sie etwas sehen?«, war alles, was ich herausbringen konnte: »Ja, wunderbare Dinge!«

Drinnen befanden sich vergoldete Streitwägen und zwei lebensgroße Statuen des Königs aus schwarzem, mit Bitumen präpariertem Holz. Sie trugen goldene Schurze und Kopfschmuck und blickten einander in die Augen. Weiter gab es drei goldene Bahren mit geschnitzten Seitenrändern, Betten, Stühle, Kästchen mit Einlegearbeiten und Alabastergefäße. Ein goldener mit Halbedelsteinen geschmückter Thron stand da, umgeben von Fayence-Vasen, Statuen, Bögen, Stäben und sonstigen Kostbarkeiten. Für jede einzelne von ihnen hätte sich die Grabung schon gelohnt. Carter erweiterte das Loch, und seine Gefährten betrachteten der Reihe nach die Wunder hinter der Tür. »Sicher hatte man nie vorher in der ganzen Geschichte von Ausgrabungen so Wunder-

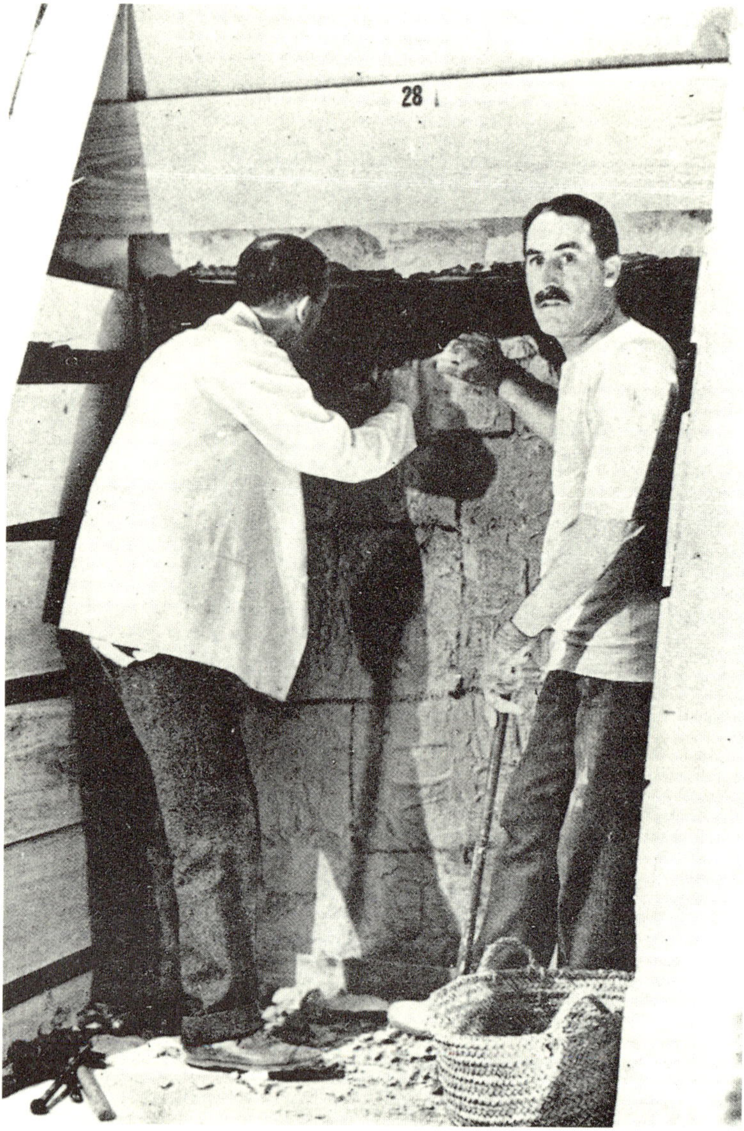

Howard Carter (rechts) und Lord Carnarvon entfernen am 26. November 1922 die ersten Steine von der zweiten versiegelten Tür zum Grab des Tutenchamun.

bares geschaut, wie uns jetzt das Licht unserer elektrischen Lampe enthüllte«, schrieb Carter. Der 26. November 1922 war »der Tag der Tage, so wunderbar, wie ich nur jemals einen erlebt habe und wie ich niemals wieder einen erleben kann«.

Am nächsten Tag kamen sie wieder und untersuchten beim Schein elektrischer Lampen den Raum mit größter Sorgfalt. Es lag auf der Hand, daß jemand früher einmal die Tür aufgebrochen und die Gegenstände in der Kammer durcheinandergeworfen hatte. Doch war kaum vorstellbar, daß Diebe so viele Schätze zurückgelassen haben sollten. Vielleicht waren sie gestört worden. Der Zweck des Raumes war nicht klar. Es schien eher eine Schatzkammer zu sein als ein Grab. Kein Sarkophag und keine Mumie waren zu erblicken. Doch in der Nordwand, zwischen den beiden Statuen des Königs, sahen sie jetzt eine versiegelte Tür mit einer kleinen Öffnung im unteren Teil, die wieder verschlossen worden war, groß genug, einen Knaben oder schlanken Mann durchzulassen. Auch fanden sie unter einer der beiden Bahren ein kleines, unregelmäßiges Loch in der Westwand, das nicht wieder zugemauert worden war. Hier waren die Diebe durchgeschlüpft. Als Carter einen Blick hineinwarf, erkannte er einen Haufen Grabbeigaben in wirrem Durcheinander, wie wenn jemand in größter Eile geplündert hätte. »Der Dieb«, schrieb Carter, »hatte seine Arbeit mit der Gründlichkeit eines Erdbebens ausgeführt.« Jetzt erst wurde ihnen klar, daß sie sich in einem Vorraum befanden und möglicherweise noch eine Anzahl Räume dahinterlag. »Visionen von Kammern über Kammern, jede gleich der ersten, zogen in Gedanken vorüber und ließen uns den Atem stocken«, schrieb Carter.

Während sie entdeckten, daß auch die zweite Kammer, die Carter die Seitenkammer nannte, mit Gegenständen angefüllt war, wurde ihnen bewußt, daß man hier zur fotografischen Aufnahme und Registrierung Hilfe brauchte. Es mußten erfahrene Experten sein, denn bei Berührung mit der Luft konnten viele Objekte Schaden nehmen. Carter bat das Metropolitan Museum of Art in New York um Unterstützung. Man sagte ihm die Dienste zweier Fachleute zu: des Fotografen Harry Burton und des Archäologen A.C. Mace. Alfred Lucas, Direktor der Chemieabteilung der ägyptischen Regierung, der gerade einen dreimonatigen Urlaub antreten wollte, verschob ihn, um wenn nötig einspringen zu können. Dr. Alan Gardiner und Professor James H. Breasted von der Universität Chicago boten ihre Hilfe bei der Entzifferung von Inschriften an. Der spektakulärste Fund in der Geschichte der Ägyptologie brachte zwei internationale Koryphäen der Wissenschaft an einen Tisch.

Carter bereitete alles für eine offizielle Öffnung des Grabes am 29. November vor. Eine kleine Schar prominenter Gäste, unter ihnen Lady Allenby, die Frau des britischen Hochkommissars, der Provinzgouverneur, weitere ägyptische Standespersonen und ein Reporter der Londoner »Times« hatten sich eingefunden. Tags darauf traf Pierre Lacau, Generaldirektor der Altertümerverwaltung, ein und wurde im »Vorraum« herumgeführt. Am 3. Dezember wurde der Gang mit schweren Balken erneut verbarrikadiert und die Treppenspindel bis obenhin aufgefüllt.

In London teilte »The Times« vom 30. November 1922 ihren Lesern eine Sensation mit. »Es dürfte sich um die Jahrhundertentdeckung der Ägyptologie handeln.« Am folgenden Tag würdigte Wallis Budge in einem Artikel den Fund unter archäologischen Gesichtspunkten. In Anbetracht der Entdeckungen, die noch kommen sollten, klingen seine »Trostworte« einigermaßen deplaziert:

Es ist natürlich enttäuschend, daß es den Dieben damals gelungen ist, allen Schmuck, der zweifellos mit dem König bestattet wurde, beiseite zu schaffen. Doch finden sich ja große Schmuckbestände im Kairoer Museum, und viele Interessierte werden sich mehr über die Entdeckung der Grabbeigaben freuen, als wenn man Gold- und Edelsteinschmuck gefunden hätte.

Carter fuhr nach Kairo und gab eine Stahltür in Auftrag. Mit ihr konnte man das Grab sichern und mußte es nicht bei jeder Arbeitsunterbrechung neu mit Schutt auffüllen. Auch kaufte er chemisches und fotografisches Material, ein Auto, Packkisten aller Größen und Verpackungsmaterial für zerbrechliche Objekte, unter anderem 32 Ballen Baumwollstoff und fast zwei Kilometer Watte und Binden. Am 17. Dezember war die Tür fertig, und am 18. begann man mit dem Ausräumen des Vorraums und der Seitenkammer.

Man ging pedantisch genau vor. Carter hatte sich das Vorbild Petries aus seinen ersten Archäologenjahren sehr zu Herzen genommen und legte Wert darauf, daß jeder Gegenstand mit der Hand herausgeholt und seine Lage zu den benachbarten Objekten notiert wurde. Er schrieb:

Es ging nur langsam voran, peinlich langsam, und dabei nervenaufreibend. Man fühlte die ganze Zeit eine schwere Last von Verantwortung. Sie wird jeder Ausgräber fühlen, wenn er überhaupt ein archäologisches Gewissen besitzt. Was er findet, ist nicht sein Eigentum, das er richtig behandeln oder vernachlässigen kann, wie es ihm gefällt. Es ist ein unmittelbares Vermächtnis der Vergangenheit an die Gegenwart. Er ist nur der bevorzugte Vermittler, durch dessen Hände dieses Vermächtnis zu uns kommt...

Jedes Objekt wurde fotografiert, sorgfältig identifiziert und beschrieben, bevor man es, in Watte und Binden eingepackt, abtransportierte. Eines der schönsten Kunstwerke, ein wunderbar bemaltes Holzkästchen, das nach dem Urteil Carters »alles übertrifft, was in dieser Art in Ägypten je hergestellt worden ist«, enthielt eine Anzahl kleinerer Kostbarkeiten. So peinlich genau nahm es Carter mit der Konservierung und Beschreibung jedes Details, daß er drei Wochen brauchte, bis das Kästchen leer war. Jeder Gegenstand wurde ausführlich beschrieben und mit chemischen Schutzstoffen behandelt, bevor man ihn aus der Vorkammer in das nahe gelegene Grab Sethos' II. brachte, das als Werkstatt diente. Hier wurden die Schätze hinter einer mit vielen Vorhängeschlössern versehenen, eineinhalb Tonnen schweren Stahltür aufbewahrt. Arthur Weigall, Inspekteur der Altertümer, war der amtlich bestellte Wächter:

Täglich wuchs die Anzahl der Menschen, die der Sicherstellung der Objekte zuschauen wollte. Hier wurde ein glänzender Streitwagen in die Werkstatt gebracht, dort eine vergoldete Truhe oder ein Kästchen, dann wieder ein Tablett mit Totensträußen und allerlei Überbleibseln darauf. Und wenn das alles gut verpackt durchs Tal getragen wurde, marschierten Soldaten mit Gewehren hinterdrein und Presseleute und Touristen begleiteten den Zug mit klickender Kamera und fliegenden Bleistiften.

»Archäologie im Rampenlicht«, schrieb Carter, »ist eine neue und ziemlich verwirrende Erfahrung für die meisten von uns.« Noch Wochen nach der Bekanntgabe der Entdeckung liefen Telegramme aus allen Himmelsrichtungen ein. Auch Briefe kamen sowie gute Ratschläge, wie man die Altertümer konservieren und sich vor bösen Geistern schützen könne. Es hagelte religiöse Traktate und Kritik, ebenso lukrative Angebote für Filmrechte und Illustriertenreportagen. Am 15. Januar 1923 berichtete »The Times«:

Alle Wege führen heute zu Tutenchamun, und wenn man am romantischen Kanalufer entlangreitet, vorbei an der Gräberstadt, die sich zum Tal der Könige hinzieht, begegnet man einem nicht enden wollenden Zug von Menschen auf Eseln und in Wagen auf der Straße und über die Hügel. Alle bewegen sich in Richtung auf das neu entdeckte Grab oder kommen von dorther. An jeder Kurve stehen Straßenjungen und strecken einem Gipsfiguren Tutenchamuns entgegen, die natürlich gut auch einen anderen König darstellen könnten...

Mit der Weihnachtszeit vermehrten sich die Touristenscharen noch, denn Pilger von Bethlehem zogen hierher weiter. Die Ägyptische Staatsbahn setzte einen neuen Zugdienst zwischen Kairo und Luxor ein, den »Tutenchamun Extra«.

Alle Objekte wurden sorgfältig restauriert, in Kisten verpackt und nach Kairo geschickt. Offenbar hatten die Eindringlinge seinerzeit nicht allzuviel mitnehmen können. Immerhin fand Carter ein vergoldetes Podest ohne die dazugehörige Statue, die fast mit Sicherheit aus Gold gewesen war, und ein Tuch, in das eine Handvoll Goldringe verknotet war, wie wenn die Diebe überrascht worden wären und eiligst das Weite gesucht hätten. Er gelangte sogar zu dem Schluß, daß zweimal ins Grab eingebrochen worden war. Bei der ersten Gelegenheit mußte die Passage zwischen den beiden Außentüren freigeräumt worden sein, denn Carter fand Grabbeigaben unter dem Schutt. Die ersten Diebe waren an Gold und Silber interessiert gewesen, während die zweiten hinter den kostbaren, in den Alabastergefäßen enthaltenen Ölen und Fetten her waren. Sie hatten diese zum besseren Transport in Wasserschläuche abgefüllt. Von einem Dieb waren noch die Fingerabdrücke an einem Gefäß zu sehen, dessen Salbeninhalt ausgeleert war.

Die aufregendste Entdeckung jedoch war die versiegelte Tür in der Nordwand der Vorkammer, hinter der sich das Geheimnis des Grabes verbarg. Hinter dieser Tür, das prophezeite Carter zuversichtlich, befand sich der Sarkophag mit der Mumie Tutenchamuns. Wenn er recht hatte, handelte es sich bei dem jungen König, der Echnaton im Alter von neun Jahren abgelöst, mit 18 gestorben und in dem schlichtesten der Königsgräber im Tal der Könige bestattet worden war, um den einzigen Pharao, der die Zeit bis ins 20. Jahrhundert unversehrt überdauert hatte. Zum erstenmal seit einem Jahrhundert archäologischer Forschung im Niltal wußten die Ausgräber mit Sicherheit, daß sich hinter einer versiegelten Tür noch alles befand, was man beim Königsbegräbnis dort zurückgelassen hatte.

Carter und Carnarvon gaben am 3. Dezember 1922 eine gemeinsame Presseerklärung, man könne »aufgrund der noch unerbrochenen Siegel an der Tür mit Sicherheit davon ausgehen, daß sich dahinter der Pharao Tutenchamun befindet«. Das Grab sei zwar geplündert worden. Aber daß die Siegel der Friedhofsbehörde wieder angebracht wurden, bedeute, daß »man den König selbst unbeschädigt auffinden wird, gleichgültig, was mit den Wertobjekten aus Metall geschehen ist«. Diese Sicherheit und Kenntnisse bezog Carter aus seinem Studium der Papyri, insbesondere aus einem in Turin aufbewahrten Plan des Grabes Ramses' IV. Der Leichnam des Königs würde, wie es die alte Sitte vorschrieb, im Innersten einer dreifachen Hülle aus Särgen liegen. Daneben würden eine Anzahl »Kanopen« stehen, Krüge mit den inneren Organen der Mumie. »Wir werden«, so lautete die Voraussage weiter, »auf einen unermeßlich reichen, archäologisch bedeutsamen Fund stoßen.«

Am 16. Februar 1923 nahmen 20 privilegierte Persönlichkeiten, unter ihnen die Carnarvons, der ägyptische Minister für öffentliche Arbeiten, Pierre Lacau, Direktor der Altertümerverwaltung, Albert M. Lythgoe, Konservator der ägyptischen Abteilung des Metropolitan Museums, weitere prominente Archäologen, hohe ägyptische Beamte und ein Vertreter der Londoner »Times«, ihre Plätze auf Stühlen in dem leeren Vorraum ein, genau gegenüber der Nordwand des Grabes mit der großen, versiegelten Tür. Vor der Tür war ein kleines Podest errichtet worden. Die Männer im Publikum zogen in Erwartung der Mittagshitze und der elektrischen Lampen das Jackett aus. Carter bestieg bleich, gespannt und erwartungsvoll das Podest und erklärte kurz, alles, was man bisher gefunden habe und noch finden werde, sei Lord Carnarvon zu verdanken. Dann drehte er sich, den Hammer in der Hand, zu der versiegelten Tür. Arthur Weigall erinnert sich, es sei genau 13.50 Uhr gewesen:

... als die ersten Schläge durch den Raum hallten, durchschoß meine Adern Erregung wie ein glühender Strom. Es war mir, als erwachte der Pharao im Dunkel an jener Seite der Tür plötzlich aus seinem langen Schlaf und lauschte. Die alten Ägypter glaubten, der Schlaf der Toten dauere 3000 Jahre. Also war die Frist genau verstrichen, und es könnte dem König durchaus so scheinen, als sei der Tag der Auferstehung angebrochen ...

Nach zehn Minuten hatte Carter ein Loch ausgehämmert, groß genug, um seine Hand mit einer Taschenlampe hindurchzustrekken. Das Licht wurde von einer glänzenden Oberfläche zurückgeworfen. Wohin er den Strahl der Lampe auch richtete, nach links und rechts, nach oben und unten – nirgends fand diese glänzende Oberfläche ein Ende. Da stand also, schrieb er, »den Eingang zur Kammer versperrend, offenbar eine Mauer aus massivem Gold«. Als Carter noch mehr Steine an der Tür entfernte, konnte auch das Publikum hinter ihm diese Goldmauer sehen. »Wir konnten wie durch eine elektrische Leitung das Prickeln der Erregung spüren, in das die Zuschauer hinter der Schranke gerieten.«

Um 15.30 Uhr war das Loch groß genug, daß man hindurchkriechen konnte. Beim Schein der Bogenlampen erkannte man nun einen riesigen Goldschrein, der einen Meter unterhalb des Vorraumniveaus stand. Er war 5 Meter hoch und 3,5 Meter breit, füllte fast den ganzen Raum und war von oben bis unten mit Gold überzogen. Die Wände des Schreins bedeckten Paneele aus leuchtend blauer Fayence, beschrieben mit magischen Symbolen und Zeichen, die die Macht und Sicherheit des Königs garantieren sollten. Erst als sich Carnarvon und Carter am Schrein vorbeidrängten, sahen sie zwei goldene Türen am entfernteren Ende in schweren Bronzeangeln. Sie waren geschlossen und verriegelt, aber nicht versiegelt. Das war der entscheidende Moment: Waren schon Diebe in den Schrein eingebrochen? Carter schob die Riegel zurück und zog die Türen auf. Da sah er einen zweiten Schrein mit ähnlich verriegelten Türen. Und diesmal trugen sie ein Siegel, und es war nicht erbrochen. Sie brauchten nicht weiter vorzudringen.

»In diesem Augenblick«, schrieb Carter, »wünschten wir gar nicht, das Siegel zu lösen, denn schon beim Öffnen der Türen fühlten wir uns als Eindringlinge... Wir fühlten, daß wir in Gegenwart des toten Königs waren und ihm Ehrfurcht erweisen mußten.« Man konnte den König tatsächlich für eine Weile sich selbst überlassen, bis die in den äußeren Räumen liegenden Schätze sichergestellt waren. Carter und Carnarvon schlossen die Türen des Schreins wieder und verließen die innere Kammer, um jetzt den Gästen den Zutritt zu überlassen. »Es war interessant«, schrieb Carter, »von der Vorkammer aus zu beobachten, wie sie einer nach dem andern in der Tür auftauchten. Allen glänzten die Augen, und alle nacheinander erhoben ihre Hände, wie in unbewußter Unfähigkeit, mit Worten die Wunder zu beschreiben, die sie sahen.«

Es ist erstaunlich, daß Carter und Carnarvon die Geduld aufbrachten und sich drei Monate Zeit ließen, bevor sie herausfanden, was sich hinter der Tür befand. Carter besaß Charakterstärke genug und widerstand der Versuchung, das Grab hastig auszuräumen. Er war imstande, erst die notwendigen Vorarbeiten der Konservierung und Beschreibung der Funde zu leisten, ehe er feststellte, ob noch eine Mumie da war oder nicht.

Es gibt noch eine andere Erklärung für Carters Kaltblütigkeit: Er habe genau gewußt, was hinter der Tür lag, weil er insgeheim schon dort gewesen war. Das würde auch erklären, daß er so genau vorhersagen konnte, was man dahinter finden würde. Die Vermutung ist also, daß er schon bei der ersten Gelegenheit im November 1922, als er mit Lord Carnarvon und Lady Evelyn den Vorraum betrat, die Türen aufbrach. Die drei hätten dann die inneren Räume untersucht und die Türen wieder versiegelt. Und sie hätten die dann folgenden, geschickt publizierten »Entdekkungen« gestellt, um ein Maximum an Aufmerksamkeit in der Weltpresse zu erregen. So hätte es durchaus sein können, und es wäre auch nichts Unrechtes dabei gewesen. Carter und Carnarvon waren im Rahmen ihrer Konzession vollauf berechtigt, das von ihnen entdeckte Grab zu betreten und zu untersuchen. Sie konnten sehr wohl ein Interesse an absoluter Diskretion haben, um den Zugang zu den Geheimnissen hinter der Wand unter Kontrolle zu behalten. Am besten war diese Kontrolle gewährleistet, wenn sie die Kammern und ihre Schätze erst allmählich und Schritt für Schritt den Blicken des Publikums preisgaben.

Dann aber beschlossen Carter und Carnarvon, die Sache vorläufig nicht fortzuführen. Es war üblich geworden, die Grabungssaison im Februar zu beenden und die Kühle des Herbstes abzuwarten. Also schloß man am 26. Februar die Türen, setzte ein schweres Eisentor davor, und verrammelte es noch mit Holzbalken. Ein Trupp von 80 Arbeitern schleppte dann Hunderte von Körben mit Sand und Gipsplatten herbei und füllte den Schacht des Grabes mit insgesamt 1700 Tonnen dieser Materialien. Carter zog sich in die Werkstatt zurück und befaßte sich mit Katalogisierungsarbeiten und der Verpackung der Objekte zum Verschicken ins Kairoer Museum.

Ein großes Problem war inzwischen die Presse geworden. Lord Carnarvon hatte sich davon überzeugt, es sei besser, der »Times« die Exklusivrechte an der Berichterstattung zu überlassen. So brauchte er sich nicht mit den vielen konkurrierenden internationalen Zeitungen herumzuschlagen. Aber diese waren natürlich mit einer solchen Regelung nicht einverstanden. Der »Daily Express« murrte:

»Sie haben, was man Journalistenrechte am Tal der Gräber nennen könnte, allein der ›Times‹ überlassen und verhalten sich, als sei der Fund ihr Privateigentum.« ... Das Blatt fährt fort: »Statt dessen ist die ägyptische Regierung in ihrem neu erwachenden Nationalstolz der Ansicht, König Tutenchamun und seine Schätze seien Eigentum des ägyptischen Staates.«

Damit war ein heikles Thema angesprochen. Es wirkte tatsächlich so, als hätten Carnarvon und »The Times« Ägypten dazu gratuliert, gerade von Engländern mit den bewährten nationalen Tugenden der Fairneß, Integrität und Unbestechlichkeit erforscht zu werden. Doch nicht alle Ägypter wollten sich damit abfinden, bei den Ausgrabungen nur eine dienende Rolle zu spielen. Ägyptische Zeitungen verdroß es, daß sie in ihrer Berichterstattung über Vorgänge im eigenen Land auf Einzelheiten aus der ausländischen Presse angewiesen waren. Der ägyptische Minister für öffentliche Arbeiten beklagte sich: »Es ist unerhört, daß wir Ägypter in einer Londoner Zeitung nachlesen müssen, was sich im Grab eines unserer Könige befunden hat.« Die »Egyptian Gazette« beschwerte sich: »In London lebende Ägypter, die Lord Carnarvons Artikel gelesen haben, sind verärgert, weil er sich bei den Ägyptern nur für ihre Rolle als Wächter und Arbeitsknechte bedankt hat.« Die Stimmung in Ägypten anläßlich der großen Entdeckung wurde von »The Times« folgendermaßen beschrieben:

Bei den Ägyptern konzentriert sich das Interesse an dem Fund vor allem auf seine Bedeutung für das Land selbst. Man fürchtet, zu viele Objekte könnten in britische Hände übergehen... Kein noch so stichhaltiges Argument vermag diese Sorge des durchschnittlichen Ägypters zu beschwichtigen, und die Mehrzahl der Ägypter ist fest davon überzeugt, daß Lord Carnarvon die wertvollsten Stücke aus den Kammern bereits gestohlen hat.

Ägyptische Nationalisten forderten öffentlich, man solle die Schätze verkaufen und die ägyptische Staatsschuld damit abtragen. Carter und Carnarvon waren über die Frage, wie über den Fund verfügt werden solle, unterschiedlicher Meinung. Carters Wunsch war, daß man den Grabinhalt in einem besonderen Flügel des Kairoer Museums unterbringe. Er glaubte fest daran, die ägyptische Regierung werde Carnarvon großzügig entgegenkommen, wenn dieser auf alle Rechte verzichtete. Die Differenzen zwischen den beiden sprachen sich herum, und die Presse jubelte. »Wo das Aas ist, sammeln sich die Geier«, zitierte der »London Star«. Vorbei waren die Tage, in denen, wie sich Carter erinnerte, Streitigkeiten unter rivalisierenden Ausgräbern mit dem Gewehr ausgetragen wurden. Doch die Meinungsverschiedenheiten zwischen den beiden Männern ließen sich nicht beilegen. Sie wurden unter den Augen der Weltöffentlichkeit ausgetragen und berührten sogar die internationale Politik. Das Verhältnis zwischen Carter und Carnarvon wurde niemals endgültig bereinigt. Der heutige Lord Carnarvon schreibt in seinen Memoiren: »Im Frühjahr 1923 wurde mein armer alter Vater im Schlaf von einem Moskito gestochen. Am nächsten Morgen rasierte er sich wie üblich mit einem Rasiermesser und schnitt aus Versehen den Pickel am Einstich auf, hielt es aber für ausreichend, ein mit Jod getränktes Stoffstückchen auf die Wunde zu legen.« Es kam zu einer Blutvergiftung, und am 5. April 1923 starb Lord Carnarvon im Alter von 57 Jahren. Petrie bezeichnete seinen Tod als Katastrophe, da Carnarvon das ganze Unternehmen finanziert hatte und weit und breit kein Nachfolger zu sehen war. Percy Newberry, der die beiden Männer miteinander bekanntgemacht hatte, sagte: »Niemals hat sich in der Geschichte der Archäologie eine solche Tragödie ereignet wie der Tod Lord Carnarvons.« Die eigentliche Tragödie dürfte aber sein, daß Lord Carnarvon starb, ohne zu wissen, ob er sein Ziel erreicht hatte. Lag nun die Mumie Tutenchamuns in der inneren Kammer oder nicht?

Im Herbst 1923 machte sich Carter daran, diese Frage endgültig zu klären. Carnarvons Witwe hatte eingewilligt, das Projekt unter den bisherigen Bedingungen fortzuführen. Am 23. Oktober begann Carter mit dem Wegräumen der 1700 Tonnen Schutt aus dem Treppenschacht. Am 20. November war er fertig, installierte elektrische Beleuchtung und nahm die Arbeiten im Grab selbst auf. Die Arbeiter rissen die Kalksteinwand nieder, die den Vorraum von der Gruft trennte, und trafen Vorkehrungen zum Abtransport der Schreine.

Das Abmontieren der Schreine dauerte 84 Tage. Um jeden Schrein lief ein Seil, an dem Siegel mit intakten Knoten befestigt waren. Das Grab war also unversehrt. Die Türen jedes Schreins waren mit Riegeln aus Ebenholz verschlossen. Mit der Entfernung jeder weiteren Hülle wurde das Gold glänzender. Endlich kamen sie zu dem vierten und letzten Schrein. Das Seil wurde durchtrennt, Carter schob die Ebenholzriegel zurück, und als er die Türen öffnete, fiel sein Blick auf »einen ungeheuren gelben Quarzitsarg, unberührt, als hätten fromme Hände ihn eben erst geschlossen«.

Die abschließende Zeremonie bestand in der Öffnung des Sarges selbst. Nach 3000 Jahren im Dunkel sollte der Körper Tutenchamuns wieder ans Licht gebracht werden. Der Termin wurde auf den 12. Februar 1924 festgesetzt, und Carter lud 19 Gäste: Zwei Ägypter, nämlich den Provinzgouverneur und einen Beamten des Ministeriums für öffentliche Arbeiten, drei Franzosen, unter ihnen selbstverständlich Pierre Lacau, Direktor der Altertümerverwaltung, und eine Anzahl englischer und amerikanischer Archäologen, unter anderem einen Vertreter des Metropolitan Museums, der Universität Chicago, der Universität Liverpool und des Kairoer Museums. Es zeigte sich, daß der Sargdeckel aus rötlichem Granit gesprungen war, was das Abheben sehr erschwerte. Man zog Winkeleisen unter beide Seiten der Platte, so daß man die Teile gemeinsam hochwinden konnte.

Die Gäste (nicht die Frauen, sie durften nicht hinein) stiegen hinunter, um Zeugen der Hebung des Deckels zu werden. Carter beschrieb den Augenblick:

Unter tiefem Schweigen hob sich die riesige Platte mit ihrem Gewicht von mehr als zwölf Zentnern. Das Licht fiel in den Steinsarg. Der erste Blick verwirrte und enttäuschte uns zunächst. Nichts war zu sehen als deckende feine Leinentücher. Aber als die Platte höher emporgewunden war, als wir die verhüllenden Leinentücher eins nach dem anderen wegziehen konnten und als das letzte entfernt war, da brachen wir alle in einen Ruf erstaunten Entzückens aus. Strahlend war das Bild, das sich uns bot! Ein goldenes Abbild des jungen knabenhaften Königs in herrlichster künstlerischer Ausführung lag im Sarg.

Die Gruppe verließ das Grab wieder, wie betäubt von dem gesehenen Glanz. Der Sargdeckel hing noch in der Luft. Tags darauf berichtete »The Times« über die Entdeckung und sprach in ihrem Leitartikel in den höchsten Tönen davon, daß Carter und seine Mitarbeiter

etwas erblickt haben, was seit 32 Jahrhunderten kein menschliches Auge gesehen hat – den Sarg und das modellierte Antlitz eines Herrschers, der 500 Jahre, bevor Homer dichtete, und zu einer Zeit, da das Volk Israel in Knechtschaft in Ägypten lebte, begraben wurde ... der Kunst und der Geschichte ist ein unschätzbarer Dienst geleistet worden. Ein großes Unternehmen ist mit Sorgfalt, Geschick und höchstem Können ausgeführt worden.

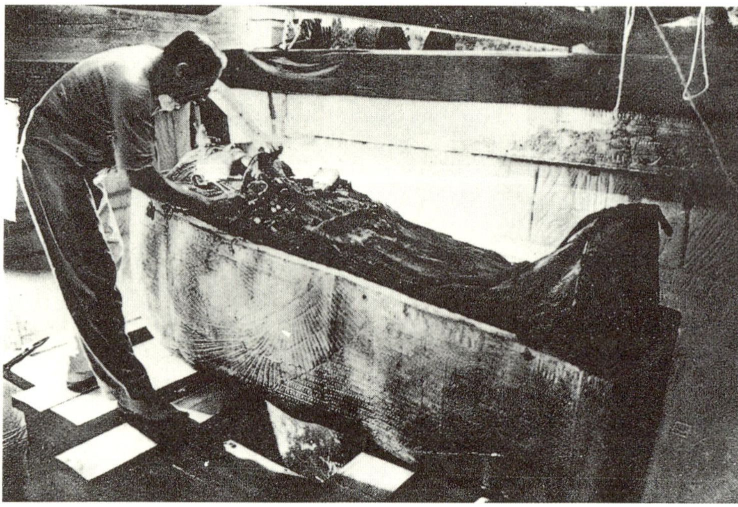

Howard Carter schlägt die Hülle über dem zweiten Sarg zurück, nachdem der erste entfernt worden ist.

Am Grab selbst jedoch stand es mit der Harmonie nicht zum besten. Carter wollte tags darauf die Frauen seiner Mitarbeiter in die Gruft hinunterführen, nur um zu entdecken, daß Polizeiposten am Eingang aufgestellt waren mit dem Befehl, die Frauen, falls sie das Grab betreten wollten, daran zu hindern. Carters Mitarbeiter weigerten sich weiterzumachen, wenn ihren Frauen nicht erlaubt würde, die Früchte ihrer Arbeit zu betrachten. Wutentbrannt trat Carter auf das Grab zu, riß die elektrischen Kabel heraus, sperrte die Stahltür ab und versenkte die Schlüssel in der Tasche. Lacau, Direktor der Altertümerverwaltung, verlangte die Herausgabe der Schlüssel. Carter weigerte sich. Im britischen Parlament wurde der Außenminister aufgefordert, gemeinsam mit der US-Regierung zu protestieren. Aber Ramsay MacDonald meinte, ein solches Vorgehen empfehle sich zum gegenwärtigen Zeitpunkt nicht.

Nun hing über der Mumie Tutenchamuns eine massive, zentnerschwere Granitplatte, gehalten von einer Vorrichtung, die nur zur Hebung großer Gewichte, nicht zur Aufhängung über längere Zeit bestimmt war. Die Weltpresse nahm sich der Sache an. In Paris forderte das »Journal des Débats«, Carter solle die Schlüssel Lacau ausliefern. »The Times« wollte nicht zurückstehen und meinte, Frankreich habe hier die Finger im Spiel: »Der Konflikt, der die Schließung des Grabes und die plötzliche Einstellung der Arbeiten zur Folge hatte, ist leider einer ganz unnötigen Einmischung des Auslands zu verdanken.«

Am 20. Februar ermächtigte das ägyptische Kabinett Lacau, »das Grab zu öffnen und die Arbeiten baldmöglichst wieder aufzunehmen«. Man lud die Ägyptologen des Metropolitan Museum of Art in New York ein, das Projekt zu übernehmen. Sie lehnten ab. Nun erklärte Lacau, es stehe Carter frei, auf Kosten und unter Aufsicht der ägyptischen Regierung weiterzumachen. Aber auch er lehnte ab und versicherte grimmig, niemals mehr werde er einen Fuß in dieses Grab setzen. Am 22. Februar führte Lacau, begleitet von bewaffneter Polizei unter dem Polizeichef selbst, einen Trupp Arbeiter mit Brecheisen, Äxten und Bohrern zu dem Grab. Sie feilten die Ketten an den Schlössern durch, sprengten die Riegel der inneren Tür und gelangten durch den Vorraum zur Grabkammer. Der Granitdeckel des Sargs hing noch über dem Leichnam. Sie legten Bretter über die Ränder des offenen Sarges und ließen den Deckel darauf nieder.

Zwar hatte nun der ägyptische Staat mit Gewalt von dem Grab Besitz ergriffen. Aber die Frage, wem die Schätze Tutenchamuns gehörten, war damit nicht gelöst. Die ursprüngliche, Carnarvon bewilligte Konzession bestimmte, daß Gräber, die »unversehrt aufgefunden werden, in Gänze dem [ägyptischen] Museum zu überlassen« seien. Aber niemand rechnete damit, daß solche Gräber wirklich entdeckt wurden. Im Fall von »Gräbern, die schon durchsucht worden sind« – und das galt für alle bis dahin entdeckten Gräber –, reservierte sich das Museum das Recht an allen Mumien, Särgen, Sarkophagen und »allen Objekten, die aus historischer und archäologischer Sicht von besonderer Bedeutung sind«. Das Eigentum an den übrigen Gegenständen war nicht genauer definiert, aber die Konzession sah vor, daß »der dem Antragsteller zufallende Anteil eine angemessene Entschädigung für seine Mühe und Arbeit darstellen sollte«.

Es war klar, daß das Grab Tutenchamuns »schon durchsucht« worden war, und die Carnarvons machten sich einige Hoffnung auf Entschädigung für ihre fünfzehnjährige Arbeit im Tal.

Howard Carter wischt den Staub vom zweiten Sarg, der noch im ersten liegt.

Jedoch die gesetzlichen Ausgrabungsbestimmungen in Ägypten seit 1835 hatten niemals jemanden an persönlicher Willkür gehindert, und die Carnarvons machten sich wenig Hoffnungen, ihre, wie sie meinten, berechtigten Ansprüche durchzusetzen. Der Erbe des Vermögens berichtet in seinen Erinnerungen, sich an Sir Edward Marshall Hall, einen prominenten Anwalt, um Rat gewendet zu haben. Er erhielt die Auskunft, im Falle einer Klage werde die Sache vor einem aus fünf Richtern bestehenden Gericht verhandelt werden: einem Engländer, einem Franzosen, einem Italiener und zwei Ägyptern. »Die Ägypter werden Instruktionen erhalten, die Klage abzuweisen, und um den Ausgang todsicher zu machen, wird man den Italiener kaufen. Also vergaß ich die leidige Angelegenheit.«

Aber Carter und Lady Carnarvon klagten doch gegen den ägyptischen Staat, und am 12. März 1924 entschied ein gemischtes Gericht zu ihren Gunsten. Die Richter waren jedoch nicht stark genug, ihr Urteil gegen die ägyptische Regierung durchzusetzen. Es wurde von der Berufungsinstanz in Kairo kassiert. Am 2. April hieß es in deren Urteilsbegründung, »gemischte Gerichte sind nicht befugt, den Verwaltungsakten der Regierung vorzugreifen«. Die ägyptische Regierung demonstrierte ihre

Macht, indem sie Carter und Mitgliedern der Familie Carnarvon verbot, jemals wieder das Grab Tutenchamuns zu betreten.

Der Fall erregte in England großes Aufsehen. Es gab Anfragen im Parlament, doch die Minister, die den wachsenden ägyptischen Nationalismus mit Sorge betrachteten, vermieden es peinlichst, sich in die Sache hineinziehen zu lassen. Ramsay MacDonald, Premierminister der Labourpartei, sah keinen Grund, sich einzuschalten. Am 12. Februar 1924 sagte er vor dem Unterhaus: »Howard Carters Ausgrabungen in Ägypten sind seine Privatsache. Es gelten für ihn die Richtlinien des ägyptischen Altertümergesetzes.«

Das hätte der Schlußstrich sein und Carter hätte seine Tage mit den damals von ihm durchgeführten lukrativen Vortragsreisen in Amerika beenden können, wäre nicht Sir Lee Stack, britischer Oberkommandierender in Ägypten und Generalgouverneur des Sudan, am 19. November in Kairo ermordet worden. Britische Kriegsschiffe kreuzten vor Alexandria auf, britische Truppen paradierten in Kairo, und die ägyptische Regierung wurde zur Zahlung von Reparationen aufgefordert. Zaghlul Pascha trat zurück und wurde von dem britenfreundlicheren Ziwar Pascha abgelöst. Carter, nach Kairo zurückgerufen, konferierte dort mit dem neuen Premierminister und seinem Kabinett über die Modalitäten einer Wiederaufnahme der Arbeiten. Am 13. Januar 1925 wurden Briefe zwischen Carter und dem Minister für öffentliche Arbeiten ausgetauscht. Die Gräfin Carnarvon verzichtete auf das Grab Tutenchamuns, und als Gegenleistung versprach ihr der Minister, sie dürfe sich Duplikate der dort gefundenen Objekte anfertigen lassen. Am 25. Januar wurde das Grab wieder geöffnet, Carter war verantwortlich für das weitere Vorgehen.

Im darauffolgenden Herbst waren das Grab ausgeräumt und die erforderlichen Hebevorrichtungen und elektrische Beleuchtung installiert, so daß man den Sargdeckel erneut heben konnte. Im Innern des Steinsargs fand man drei ineinander verschachtelte Särge. Der innerste, 1.80 Meter lang, war aus massivem Gold und enthielt den mumifizierten Körper des jungen Königs. Über dem Kopf lag eine Goldmaske, die Gesicht, Hals und Brustansatz bedeckte. An den Füßen trug der König goldene Sandalen, und jeder einzelne Zeh war mit einer Goldhülse eingefaßt. Den Kopf schmückte ein goldenes Königsdiadem. Außerdem besaß die Mumie vier Krägen aus Gold, Amulette und heilige Symbole, 13 Armreifen mit Halbedelsteinen darauf und fünf Pektorale aus Gold und Juwelen. In den um den Körper gewickelten Binden fand Carter insgesamt 143 Kleinodien aus Gold und Edelsteinen. Wie üblich ging er bei der methodischen Beschreibung und Konservierung jedes Objektes peinlich gewissenhaft vor. Doch der Anblick des Königs selbst ließ ihn keineswegs ungerührt:

> In solchen Augenblicken versagt die Sprache, tausend Gefühle bestürmen den ehrfürchtigen Forscher und Menschen. Über dreitausend Jahre waren vergangen, seit Menschen zum letztenmal in den goldenen Sarg geblickt hatten. Hier bot sich ein Schauspiel, das einem die Religion einer verschwundenen Zivilisation aufs lebhafteste ins Gedächtnis zurückrief. Man gewann auch ganz andere Zeitmaßstäbe als die Spanne eines kurzen Menschenlebens. Doch es ist sinnlos, solchen Empfindungen nachzugeben ... Der Archäologe hat sein Gefühl zu unterdrücken und nur zu forschen.

Hinter der Grabkammer lag ein kleiner Raum mit Beigaben, dessen Tür man noch nicht aufgebrochen hatte. Carter nannte ihn die Schatzkammer. Er hatte ihn zunächst nur flüchtig in Augenschein genommen und dann wieder geschlossen, um von seinen Arbeiten in der eigentlichen Grabkammer nicht abgelenkt zu werden. Es wirft wieder ein Licht auf die geradezu übermenschliche Selbstüberwindung Carters, daß er den Raum vier Jahre lang geschlossen hielt.

Im Durchgang zur Schatzkammer fand sich die Figur des schakalgestaltigen Gottes Anubis, der die Schätze drinnen bewachte, und auf der Türschwelle und vor dem Anubis eine kleine Schilffackel mit einem Fuß in Ziegelform. Darauf stand die Beschwörungsformel: »Zur Vertreibung des Feindes des Osiris [des toten Königs], in welcher Gestalt er auch kommen möge.« Entlang der Südwand stand eine Reihe schwarzer, versiegelter Kästen und auf der gegenüberliegenden Seite mehrere Schatztruhen, verziert mit Elfenbein, Ebenholz und Goldstuck.

Man brauchte zwei Jahre, um den Inhalt dieser Kisten auszuräumen und sie – eine ungeheuer reichhaltige Sammlung – ins Museum nach Kairo zu transportieren. Über 2000 Artefakte wurden dort für das staunende Publikum ausgestellt. Man hatte sich schließlich dahingehend geeinigt, daß sie dem ägyptischen Staat gehören sollten.

Doch die Vereinbarung, die Carter mit Premierminister Ziwar Pascha und seinem Kabinett getroffen hatte, überdauerte die fünf aufeinanderfolgenden Regierungswechsel der nächsten fünf Jahre nicht. 1930 kündete die Regierung Nahas Pascha an, sie werde nicht gestatten, daß auch nur eines der Altertümer außer Landes gebracht werde. Doch versprach sie, den Carnarvon-Nachlaß finanziell zu entschädigen. Die Frage, wer ein Anrecht auf Tutenchamuns Mumie hatte, machte ebensoviel internationalen Wirbel wie Tutenchamuns Schätze. Kurz vor seinem Tod hatte Carnarvon den Wunsch geäußert, der Leichnam Tutenchamuns, falls man ihn in dem Grab finde, solle dort bleiben. Es kam zu internationalen Auseinandersetzungen. In England und Amerika wurden unzählige Leserbriefe geschrieben mit Stellungnahmen für oder gegen den Verbleib der Mumie im Grab. Sollte sie dem Museum in sicheren Gewahrsam gegeben werden oder weiter in Frieden in ihrer Gruft ruhen? Auch »The Times« druckte Leserbriefe zu diesem Thema ab. Rider Haggard erklärte, er fühle sich sehr unbehaglich bei dem Gedanken, Tutenchamuns endgültiges Schicksal solle sein, daß er »halb nackt unter einem Glassturz im Kairoer Museum verrottet«.

Auch das britische Parlament konnte eine Angelegenheit, die einen internationalen Skandal auslöste, nicht gut ignorieren, und wiederholt wurden Anfragen im Unterhaus eingebracht. Die Regierung gab stets ausweichende Antworten. Die Sache gehe nur die ägyptische Regierung etwas an. Unter Heiterkeitsbezeugungen des Hohen Hauses fragte der Abgeordnete William Leech den Premierminister:

> ... Wenn Sie von ägyptischen Bürgern um Erlaubnis gebeten würden, die Gräber der britischen Könige und Königinnen in Westminster Abbey und andernorts zu plündern, wenn das Britische Museum die sterblichen Überreste, Särge, Leichname usw. der königlichen Personen beanspruchte und sich an Sie wenden würde – welche Antwort würden Sie geben?

Man erhielt sogar Mitteilung aus Kairo, König Georg habe an die ägyptischen Behörden geschrieben und der Hoffnung Ausdruck gegeben, die Mumie Tutenchamuns werde nicht in Kairo ausgestellt. Diese Nachricht wurde in Ägypten natürlich als weiteres Beispiel für den britischen Imperialismus und seine Einmischung in ägyptische Angelegenheiten gewertet.

Man bestimmte schließlich, daß die Mumie in ihrem Grab bleiben sollte. Sie war in schlechtem Zustand, und Carter befürchtete, die lange Reise nach Kairo würde sie noch mehr beschädigen. Außerdem war das trockene Klima Oberägyptens weit besser zur Konservierung geeignet als das feuchte Delta, und Luxor war natürlich darauf erpicht, seine größte Touristenattraktion nicht zu verlieren. Am 31. Oktober 1926 umwickelte Carter die Mumie wieder mit Binden und bettete sie in den äußeren Holzsarg. Dieser wurde in den Sarkophag gelegt und durfte also dort bleiben, wo er entdeckt worden war.

Die Entdeckung des Tutenchamun-Grabes gab der Archäologie in Ägypten unwiderruflich eine neue Richtung. Erstens weckte sie ein neues Interesse des Publikums. In Europa und Amerika nahmen Hunderttausende an dem Fortsetzungsroman der Räumung des Grabes Anteil, dem die Presse ständig neuen Stoff lieferte. Museen bemerkten, daß die Beliebtheit ihrer ägyptischen Bestände wuchs, und machten Platz für die seltsamsten Objekte, wenn sie nur mit Tutenchamun in Verbindung gebracht werden konnten. Das Metropolitan Museum in New York stellte die Gegenstände aus, die von Theodore Davis im Tal der Könige ausgegraben worden waren und die ihn zur Vermutung geführt hatten, er habe das Grab schon gefunden. Das Publikum strömte nur so. Der »Geschichtsverein« in New York entdeckte in der Abbott-Antikensammlung ein blaues Fayence-Siegel mit dem Zeichen Tutenchamuns und plazierte es an exponierter Stelle – die Leute standen Schlange vor dem Gebäude. Tausende von Anträgen auf Handelsmarken mit dem Namen »Tutenchamun« überschwemmten das Patentamt der Vereinigten Staaten. Es gab Tutenchamun-Hüte, -Badeanzüge, -Regenschirme und Spazierstöcke. In Paris, London und New York ertranken die Konfektionshäuser in einer ägyptischen Flut von Turbanen, hautengen

Kleidern und Anzügen, die mit Motiven aus Grabgemälden bestickt waren.

Die Entdeckung Tutenchamuns war nicht nur das prächtigste, spektakulärste und meistpublizierte Ereignis in der Geschichte der Ausgrabungen im Niltal. Es bildete auch den Übergang zwischen den ganz verschiedenen Ausgrabungsmethoden des 19. und 20. Jahrhunderts. Als Carnarvon mit seinen Forschungen in Ägypten begann, konnte einem sich langweilenden englischen Aristokraten noch der Ratschlag erteilt werden, sich eben der Archäologie zuzuwenden. Lord Cromer, der Carnarvon diese Empfehlung gab, war die mächtigste Persönlichkeit im Lande, und Ägypten war dazu verurteilt, die ihm geleisteten Dienste ausländischer Archäologen dankbar anzunehmen. Doch während der Jahre, in denen Carter und Carnarvon im Tal der Könige arbeiteten, änderte sich das Klima. Zum Zeitpunkt der Bekanntgabe der Entdeckung war Ägypten bereits ein souveräner Staat, der eifersüchtig über sein Recht der Kontrolle ausländischer Aktivitäten wachte und alle Überlegenheitsgesten der Fremden übel vermerkte. Vor Tutenchamun wurde akzeptiert, daß der Ausgräber der rechtmäßige Eigentümer vielleicht nicht der Schätze, aber doch der Geheimnisse war, die er entdeckte. Er konnte sie enthüllen, wo und wann er wollte. Doch nach Carnarvons Exklusivvertrag mit »The Times«, den er in aller Unschuld abschloß, wurde sein Recht, Informationen über Ägyptens Vergangenheit zu verkaufen, in Frage gestellt, ja sein Recht, sich überhaupt im Land aufzuhalten. Seitdem die ägyptische Regierung anläßlich des Tutenchamun-Projekts die bisherige Praxis öffentlich scharf kritisiert hatte, galten Grabungslizenzen als Entgegenkommen der ägyptischen Regierung gegenüber im Land arbeitenden Experten, nicht mehr umgekehrt.

Bonaparte und seine Gelehrten hatten nicht daran gezweifelt, daß sie als Kulturbringer kamen, die die Einwohner des Landes vom Mamelukenregiment befreiten und der Weltöffentlichkeit zeigten, welche Rolle das alte Ägypten in der Entwicklung der Zivilisation gespielt hatte. Die ihnen folgenden Ausgräber bereicherten mit ihren Funden Privatsammlungen oder die großen Nationalmuseen. Als die Ägypter erkannten, welchen Wert man ihren Altertümern beimaß, bauten sie einen schwunghaften Handel mit Antiquitäten auf. Demgegenüber gaben sich die europäischen und amerikanischen Museen als Depots, die die Schätze des alten Ägypten vor den raubgierigen Ägyptern der Jetztzeit in Sicherheit brachten. Das war noch die herrschende Einstellung, als Carnarvon mit seinen Forschungen begann. Doch am Ende der Entwicklung blieben die Schätze Tutenchamuns in Ägypten. Eine unabhängig gewordene ägyptische Regierung bestimmte, daß der Leichnam des Königs in seinem Grab belassen wurde. Ägypten war jetzt entschlossen, das Eigentumsrecht an den alten Denkmälern innerhalb seiner Grenzen durchzusetzen und die Konservierung des Erbes der Vergangenheit in die eigenen Hände zu nehmen.

Kunst und Architektur

im Eugen Diederichs Verlag

Henri und Anne Stierlin

Alhambra

Aus dem Französischen von Ingrid Hacker-Klier

220 Seiten mit über 200 Farb- und s/w-Abbildungen

Leinen im Schuber

Gleich, ob man Henri Stierlins weitgespannter, leidenschaftlich insistierender Argumentation folgt, oder aber sich ganz der außerordentlichen Suggestionskraft von Anne Stierlins Photographien überläßt – schöner, betörender, ja bezwingender läßt sich eine Huldigung islamischer Baukunst eigentlich nicht denken.

Süddeutsche Zeitung

Eugen Diederichs Verlag